# P O L I S

Schriften zur Ethik und Sozialphilosophie

HERAUSGEGEBEN VON AXEL HONNETH

BAND 3

*Harry G. Frankfurt*

# Freiheit und Selbstbestimmung

Ausgewählte Texte

Herausgegeben von Monika Betzler
und Barbara Guckes

Akademie Verlag

Titelbild: Isolde Frepoli: Aus der Installation »Torsi im Watt«, Bronze, Hooksiel 1996, Foto: Claudio Hils

Die Deutsche Bibliothek – CIP-Einheitsaufnahme

Ein Titeldatensatz für diese Publikation ist bei
Der Deutschen Bibliothek erhältlich
ISBN 3-05-003510-2

© Akademie Verlag GmbH, Berlin 2001

Das eingesetzte Papier ist alterungsbeständig nach DIN/ISO 9706.

Lektorat: Mischka Dammaschke
Einband und Gestaltung: Matthias Gubig
Satz: BlackArt, Berlin
Druck und Bindung: Druckhaus „Thomas Müntzer", Bad Langensalza

Printed in the Federal Republic of Germany

# Inhalt

# Vorbemerkung

Das anhaltende Interesse an Harry G. Frankfurts Philosophie verdankt sich bis heute zweier Thesen. Zum einen verteidigte er das Argument, daß alternative Handlungsmöglichkeiten keine notwendige Bedingung für Freiheit und Verantwortlichkeit sind. Um zu zeigen, daß unser Wille dennoch frei sein kann, entwickelte er zum anderen ein mentales Modell, demzufolge unsere volitionalen Einstellungen hierarchisch strukturiert sind. Frankfurt setzt hierbei Willensfreiheit mit Autonomie als der Fähigkeit gleich, uns selbst zu kontrollieren.

Im 1. Teil der Einleitung diskutiert Barbara Guckes die Implikationen der beiden Thesen Frankfurts für die Debatte um den möglichen Zusammenhang von Freiheit und Determinismus, die bis heute maßgeblich von Frankfurts ursprünglichen Überlegungen geprägt ist.

Der Entwicklung von Frankfurts hierarchischem Wunschmodell zu seiner jüngst vertretenen Konzeption des ‚caring‘ widmet sich Monika Betzler im 2. Teil der Einleitung. Aufgezeigt wird – ausgehend von der an Frankfurts ursprünglichem Modell geäußerten Kritik –, wie sich seine Autonomie-Konzeption, die er verschiedentlich als „Identifikation" mit gegebenen volitionalen Einstellungen faßt, verändert. In diesem Zusammenhang wird diskutiert, ob Frankfurts spätere Überlegungen seinen ursprünglichen Anspruch erfüllen können, eine nicht-normative Theorie personaler Autonomie vorzustellen.

Die Aufsätze Frankfurts sind im vorliegenden Band chronologisch angeordnet. In der Mehrzahl handelt es sich um Neuübersetzungen. In einzelnen Fällen konnten wir auf bereits vorhandene deutsche Übersetzungen zurückgreifen. Aus diesem Grunde waren Unterschiede in der Terminologie nicht ganz vermeidbar.

Wir danken insbesondere Harry G. Frankfurt, der uns bei der Herausgabe dieses Bandes sehr unterstützt hat. Unser Dank gilt ebenso Axel Honneth für die Aufnahme in die von ihm herausgegebene Reihe POLIS, Mischka Dammaschke für die Betreuung sowie unserem Übersetzer, Veit Friemert, der sämtliche im Band erstmals auf Deutsch vorgestellte Texte Frankfurts übertrug.

An dieser Stelle möchten wir auch auf den von uns herausgegebenen ebenfalls im Akademie Verlag erschienenen Band *Autonomes Handeln* hinweisen, der eine aktuelle, deutsch- und englischsprachige Diskussion der verschiedenen Aspekte der Philosophie von Frankfurt dokumentiert und zur vertieften Beschäftigung mit seinem Werk anregen soll.[1]

*Monika Betzler und Barbara Guckes*

---

1    Vgl.: Monika Betzler/Barbara Guckes (Hg.), Autonomes Handeln. Beiträge zur Philosophie von Harry G. Frankfurt, Berlin 2000.

# Einleitung

## Willensfreiheit und Selbstbestimmung in der Philosophie Harry G. Frankfurts

### 1. Willensfreiheit trotz Ermangelung einer Alternative?

*Harry G. Frankfurts hierarchisches Modell des Wünschens*

Die der frühen Philosophie Harry G. Frankfurts zuzurechnenden Beiträge zur Willensfreiheit, moralischen Verantwortlichkeit und zum Begriff der Person,[1] denen diese Einführung gewidmet ist, haben sich längst einen Rang unter den klassischen Texten der Philosophie erobert. Bis heute beeinflussen sie die Diskussion zu den genannten Themenbereichen maßgeblich.

Das Herzstück der in diesen Aufsätzen dargelegten Überlegungen besteht in einer Zurückweisung der Bedingung des „x hätte anders handeln können" als notwendiger Bedingung für Freiheit und Verantwortlichkeit und der Entwicklung einer Freiheitstheorie, die entsprechend ohne eine Bezugnahme auf diese Bedingung auskommt. Eine solche Theorie hat Frankfurt uns mit seinem Modell des hierarchischen Wünschens vorgelegt. Zunächst wende ich mich Frankfurts Argumenten dafür zu, daß wir unter bestimmten Umständen selbst dann frei und verantwortlich handeln können, wenn wir keine alternative Handlungsmöglichkeit haben, bevor ich seine Theorie hierarchischen Wünschens darstelle und die dagegen vorgetragenen Haupteinwände formuliere.

Mit seinen Argumenten dafür, daß die Bedingung des „x hätte anders handeln können" keine notwendige Bedingung für Freiheit ist, erregte Frankfurt deshalb so großes Aufsehen, weil die Anerkennung dieser Bedingung als notwendige Bedingung für Freiheit eines der Hauptprobleme für den Kompatibilismus darstellt. Kompatibilisten verteidigen die Ansicht, daß Freiheit mit dem

---

1 Frankfurt, Alternate Possibilities and Moral Responsibility, in: Frankfurt (1988), 1–10; ders., Freedom of the Will and the Concept of a Person, in: ebd., 11–25; ders., Three Concepts of Free Action, in ebd., 47–57.

Determinismus[2] vereinbar ist; Inkompatibilisten sind der gegenteiligen Auffassung. Wie aber sollte Freiheit in einer deterministischen Welt möglich sein, wenn man, um frei sein zu können, einer alternativen Handlungsmöglichkeit bedarf?[3] Das scheint nicht einsehbar zu sein. Würde die Bedingung aber als notwendige Bedingung für Freiheit fallen, dann wäre diese grundlegende Schwierigkeit, mit der der Kompatibilismus von jeher konfrontiert war, verschwunden, so daß der Kompatibilismus entsprechend gestärkt wäre.

*1.1. Kann jemand auch dann frei und verantwortlich handeln, wenn er nicht anders handeln kann?*

Frankfurt argumentierte in seinem nach wie vor stark rezipierten Aufsatz »Alternate Possibilities and Moral Responsibility« aus dem Jahre 1969, daß unsere bis dahin nicht in Frage gestellte Überzeugung, man sei nur dann in dem, was man tut, frei, wenn man anders hätte handeln können, falsch ist. In der Literatur wird die Bedingung des „x hätte anders handeln können" (CDO), wenn sie als notwendige Bedingung für Verantwortlichkeit formuliert wird, als das „Prinzip alternativer Möglichkeiten" (PAP) bezeichnet. Die beiden Bedingungen sind folgendermaßen zu formulieren:

(CDO)   Ein Handlungssubjekt S handelt nur dann frei, wenn S auch anders hätte handeln können.

(PAP)   Ein Handlungssubjekt S ist nur dann für sein Handeln verantwortlich, wenn es auch anders hätte handeln können.

Frankfurt betont, „Handeln" umfasse hier sowohl Vollzugs- als auch Unterlassungshandlungen.[4] Er verteidigt folgende These:

---

2   Unter der Determinismusthese ist folgende These zu verstehen:
(Det)   In allen logisch möglichen Welten kann, gegeben die Naturgesetze und die Geschehnisse der Vergangenheit, auf ein Ereignis e zum Zeitpunkt $t_i$ ein und nur ein Ereignis e* zu $t_j$ folgen.
3   Diese Frage haben Kompatibilisten zu beantworten versucht, indem sie eine entsprechend weite (aber eben auch inadäquate) Interpretation dieser Bedingung angeboten haben: x hätte anders handeln können, wenn x anders zu handeln gewollt hätte. Vgl. die Diskussion zur Konditionalanalyse der Bedingung in den 60er und 70er Jahren: Austin (1961); Foot (1966); Anscombe (1971); Ayers (1968).
4   Frankfurt hat in Auseinandersetzung mit van Inwagen und Fischer die Annahme einer Asymmetrie von Vollzugs- und Unterlassungshandlungen hinsichtlich der beiden Bedingungen zurückgewiesen. van Inwagen hatte Frankfurt zwar darin recht gegeben, daß PAP nicht gilt, wenn man ausschließlich Vollzugshandlungen betrachtet, daß es aber Geltung für Unterlassungshandlungen hat. Nach seiner Ansicht kann man zwar auch dann für eine Vollzugshandlung verantwortlich sein, wenn man statt dieser keine andere Handlung hätte voll-

(T)     Es kann Umstände geben, unter denen es unvermeidlich ist, daß ein Handlungssubjekt S auf eine bestimmte Weise handelt, ohne daß die Umstände hervorbringen, daß S auf diese Weise handelt.[5]

In einem solchen Falle sei, so Frankfurt, das Handlungssubjekt, obwohl es nicht anders hätte handeln können, verantwortlich für das, was es tut. Frankfurt lehrt PAP mithin als falsch ab. Da er außerdem der Auffassung ist, Freiheit sei eine notwendige Bedingung für Verantwortlichkeit, vertritt er damit auch die Ansicht, daß CDO keine notwendige Bedingung für Freiheit ist. Er meint also, eine Person könne auch dann frei handeln, wenn sie nicht anders hätte handeln können; aus der Tatsache, daß S a frei tut, folge mithin nicht, daß S frei war, statt a etwas anderes zu tun.[6]

Um (T) plausibel zu machen, hat Frankfurt folgendes Beispiel entwickelt, das somit als ein Gegenbeispiel[7] gegen die Gültigkeit von PAP als notwendiger Bedingung für Verantwortlichkeit und gegen CDO als notwendiger Bedingung für Freiheit beabsichtigt ist.[8] Es lautet, konkret ausgeführt, folgendermaßen

Dr. Black, ein gewissenloser Neurochirurg, hat ein Interesse daran, daß Smith getötet wird, will aber nicht selbst Hand anlegen. Aus diesem Grunde hält er nach einer Person Ausschau, die das für ihn erledigen soll. Seine Wahl fällt auf Jones, in dessen Gehirn er während einer Operation ohne Jones' Wissen ein Gerät implantiert, das Black in die Lage versetzt, Jones' Entscheidungen und Handlungen dadurch zu determinieren, daß er das implantierte Gerät durch Knopfdruck aktiviert. Black aktiviert das Implantat nur dann, aber eben auch genau dann, wenn Jones im Begriff ist, anders zu entscheiden, als Black es will. Black will, daß Jones Smith tötet. Und Black hat Glück, denn Jones geht aus freien Stücken daran, sich für die Tötung von Smith zu entscheiden, ent-

ziehen können; aber man kann nicht für die Unterlassung einer Handlung verantwortlich sein, die man nicht hätte vollziehen können. Doch van Inwagen ist die Verteidigung seiner Asymmetrie-These nicht gelungen. Vgl. van Inwagen (1983); Fischer (1994) (Fischer hat seine dort formulierte Ansicht zurückgenommen in: Fischer/Ravizza (1998)); Frankfurt, An Alleged Asymmetry between Actions and Omissions, in: ders. (1999). Vgl. auch die folgende Diskussion zur Gültigkeit der Asymmetrie-These: Glannon (1995); Guckes (2001).

5    Vgl. Alternate Possibilities and Moral Responsibility, in: Frankfurt (1988), 3.

6    „It only means that a person may act freely when he is not free to act differently. From the fact that X did A freely, in other words, it does not follow that X was free to refrain from doing A." Vgl. Frankfurt, Three Concepts of Free Action, in: Frankfurt (1988), 36.

7    Vgl. Alternate Possibilities and Moral Responsibility, in: Frankfurt (1988), 6.

8    Ebd., 2–10; vgl. auch: Freedom of the Will and the Concept of a Person, in: ebd., 1–25, ders., Three Concepts of Free Action, in: ebd., 47–57.

scheidet sich, Smith zu töten und tötet Smith schließlich. Black intervenierte also nicht. Er hätte lediglich dann interveniert, wenn Jones im Begriff gewesen wäre, sich zu entscheiden, Smith nicht zu töten.

Ob das Beispiel Frankfurts These (T) bestätigt, ist umstritten. Doch bevor ich mich den wichtigsten Argumenten dafür zuwende, daß dies nicht der Fall ist, soll das Beispiel etwas näher erläutert werden. Ist man das erste Mal mit ihm konfrontiert, so fragt man sich, warum es so kompliziert und unhandlich konstruiert ist. Warum betont Frankfurt, Black greife genau dann ein, wenn Jones im Begriff ist, sich zu entscheiden, Smith nicht zu töten? Warum läßt er Black nicht genau dann intervenieren, wenn sich Jones entscheidet, Smith nicht zu töten? Nun, würde Black erst auf der Entscheidungsebene eingreifen, so wären CDO und PAP klarerweise in dem Sinne erfüllt, daß Jones anders hätte entscheiden können. Da es Frankfurt aber nicht bloß um Handlungs-, sondern um Willensfreiheit zu tun ist, muß er das Beispiel so konstruieren, daß die Bedingung des „x hätte anders handeln können" weder im Sinne des „x hätte anders entscheiden können" noch im Sinne des „x hätte anders handeln können" erfüllt ist.

Bestätigt Frankfurts Beispiel seine in (T) formulierte These? In der Beurteilung von Jones' Handeln sind wir uns einig; Kompatibilisten wie Inkompatibilisten teilen die Intuition, daß Jones, wenn er Smith tötet, ohne daß Dr. Black eingreift, frei und verantwortlich handelt. Zumindest auf den ersten Blick hätte Jones aber nicht anders handeln können, als sich für die Tötung von Smith zu entscheiden und Smith zu töten, so daß die CDO-Bedingung nicht erfüllt zu sein und PAP nicht zu gelten scheint.

Damit scheint das Beispiel den Kompatibilismus zu stärken. Sollte sich Frankfurts Urteil, daß man unter Umständen auch dann frei und verantwortlich handeln kann, wenn man nicht anders handeln kann, bestätigen, scheint für Kompatibilisten deshalb viel gewonnen zu sein, weil sich damit ein Hauptproblem für den Kompatibilismus aufgelöst zu haben scheint, das Problem nämlich, daß CDO und PAP für notwendige Bedingungen für Freiheit und Verantwortlichkeit gehalten wurden und die Kompatibilität der Erfüllung dieser Bedingungen in einem für Freiheit und Verantwortlichkeit hinreichend starken Sinne[9] mit dem Determinismus nicht einsichtig gemacht werden konnte. Während das

---

9   Viele Kompatibilisten haben eine konditionale Interpretation der Bedingung verteidigt, die mit dem Determinismus vereinbar ist: x hätte anders handeln können, wenn x anders entschieden hätte. Doch eine solche Interpretation hilft uns, da es uns um Willensfreiheit geht, nicht weiter. Vgl. die Diskussion um die Lesart von „x hätte anders handeln können" der 6oer und 7oer Jahre: Austin (1961); Foot (1966); Anscombe (1971); Ayers (1968).

Beispiel diese grundlegende Schwierigkeit, mit der kompatibilistische Theorien konfrontiert sind, zu beseitigen scheint, scheint dem Inkompatibilisten hingegen dadurch eine wichtige Stütze seiner Theorie entzogen worden zu sein, hat der Inkompatibilist doch stets auf der Grundlage gebaut, CDO und PAP seien notwendige Bedingungen für Freiheit und Verantwortlichkeit.[10] Und so versuchen viele Inkompatibilisten zu zeigen, daß die Bedingung des „x hätte anders handeln können" auch in Frankfurts Beispiel entgegen dem ersten Anschein erfüllt ist,[11] und mancher Inkompatibilist gesteht darüber hinaus zu, daß, wenn das nicht der Fall sein sollte, die von ihm vertretene inkompatibilistische Position falsch ist – denn die Position ist wesentlich über CDO und PAP als notwendige Bedingungen bestimmt.[12] Viele Kompatibilisten hingegen schließen sich Frankfurts Einschätzung an, daß CDO und PAP keine notwendigen Bedingungen für Freiheit und Verantwortlichkeit sind, und argumentieren, davon ausgehend, für die Vereinbarkeit von Freiheit und Determinismus. So scheinen die Inkompatibilisten durch Frankfurts Überlegungen in eine ähnliche Position gedrängt worden zu sein wie die, in der sich vorher die Kompatibilisten befanden: Sie scheinen zeigen zu müssen, warum etwas, das uns intuitiv so sehr einleuchtet, philosophisch falsch ist. Während die Kompatibilisten lange Zeit hindurch plausibel zu machen versuchten, daß die CDO-Bedingung entgegen dem ersten Anschein auch dann erfüllt sein kann, wenn die Determinismusthese wahr ist, argumentieren nun die Inkompatibilisten dafür, daß Jones entgegen dem ersten Anschein anders hätte handeln können.

Aus der Vielzahl der Einwände gegen Frankfurts Überlegungen sei eine Art von Kritik herausgegriffen, die u. a. von Widerker und Ginet formuliert worden ist.[13] Sie besteht in der Begründung der These, daß in Frankfurts Beispiel keine Situation beschrieben wird, die These (T) bestätigt, und daß ein solches Szenario auch nicht kohärent vorstellbar ist.

Da sich die Überlegungen von Ginet und die Kritik von Widerker am Frankfurt-Beispiel ähneln, begnüge ich mich mit der Darstellung von Wider-

---

10   Einige Inkompatibilisten haben sich von Frankfurts Argumentation überzeugen lassen und versuchen, ihren Ansatz so zu modifizieren, daß sie ohne eine Bezugnahme auf CDO und PAP auskommen. Vgl Stump (1990); Stump/Kretzmann (1991); Zagzebski (1991). Auch ich habe dafür argumentiert, daß zwar CDO keine notwendige Bedingung für Freiheit ist, daß Freiheit aber an eine Bedingung alternativer Möglichkeiten gebunden ist, deren Erfüllung mit dem Determinismus unvereinbar ist. Vgl. Guckes (2001).

11   So z. B. Naylor (1984); Lamb (1993); Widerker (1995).

12   Vgl. z. B. Widerker (1995), 250.

13   Widerker (1995); Ginet (1996).

kers Auseinandersetzung. Widerker nimmt – gemäß Frankfurts Vorschlag[14] – an, daß Black am Erröten von Jones erkennt, ob der sich für oder gegen die Tötung von Smith entscheiden wird.[15] Eines solchen Indikators scheint es zu bedürfen, damit Black sicher erkennen kann, wie sich Jones entscheiden wird und vor der Entscheidung von Jones eingreifen kann.[16] Widerker konfrontiert Frankfurt nun mit folgendem Dilemma: Entweder ist das Erröten eine deterministische Ursache für Jones' Entscheidung. Dann ist dies nicht eine solche Situation, wie sie in (T) geschildert ist. Denn dann bringen die Umstände hervor, daß Jones Smith tötet, und der Inkompatibilist würde dem Urteil, daß Jones frei und verantwortlich handelt, von vornherein nicht zustimmen. Oder das Erröten ist keine deterministische Ursache für Jones' Entscheidung; dann ist es Jones möglich, sich anders zu entscheiden.

Tatsächlich scheinen die Überlegungen zu zeigen, daß das Frankfurt-Beispiel, so wie es formuliert ist, seinen Zweck nicht erfüllen kann. Doch das Beispiel kann so modifiziert werden, daß es von der Kritik nicht getroffen wird:[17]

Black hat in Jones' Gehirn ein Gerät implantiert, das ihn in die Lage versetzt, Jones' Entscheidung und Handlung dadurch zu determinieren, daß er es durch Knopfdruck aktiviert und so die Entscheidung für die Tötung von Smith und die entsprechende Tötungshandlung zu verursachen. Aber da Black es vorzieht, daß Jones von sich selbst aus die Entscheidung fällt, Smith zu töten, und Black an diesem Prozeß nicht beteiligt und also auch nicht für ihn verantwortlich ist, hat er das Gerät so konstruiert, daß der Impuls blockiert wird, wenn Jones' eigene Entscheidung mit der von Black gewünschten Entscheidung koinzidiert.

Angenommen also, Black aktiviert das Gerät, weil er möchte, daß Jones zu $t_i$ entscheidet, Smith zu töten. Zu $t_i$ koinzidieren die eigene Entscheidung von Jones, die das Ergebnis eines indeterminierten Überlegungsprozesses ist, und

---

14   Vgl. Alternate Possibilities and Moral Responsibility, in: Frankfurt (1988), 6, n. 3.

15   Das Erröten, so sei angenommen, ist das äußere Zeichen dafür, daß Jones im Begriff ist, sich zu entscheiden, Smith zu töten. Errötet Jones nicht, ist er nicht im Begriff, sich für die Tötung von Smith zu entscheiden, entscheidet sich nicht, Smith zu töten und tötet Smith nicht.

16   Auch Kane argumentiert in: Kane (1996), daß das von Black geschilderte Szenario nicht kohärent vorstellbar ist. Kanes Kritikpunkt allerdings weicht von dem der anderen insofern ab, als nicht angenommen wird, daß es eines Indikators der Entscheidung von Jones bedarf, sondern daß es der Fähigkeit Blacks bedarf, indeterminierte Ereignisse vorauszusagen. Daß das möglich ist, weist Kane aber zurück.

17   Vgl. Mele/Robb (1998); Guckes (2001).

der durch Black ausgelöste Impuls des Geräts, durch den die Entscheidung verursacht werden würde, wenn sich Jones nicht von sich aus für die Tötung von Smith entscheiden würde. In diesem Falle blockiert die eigene Entscheidung von Jones den Impuls, so daß das Gerät keinerlei Einfluß auf die Entscheidung von Jones hat. Ist das der Fall, dann leuchtet auf Blacks Schaltpult ein weißes Lämpchen auf. Black hat Glück gehabt; er ist an der Entscheidung für die Tötung von Smith nicht beteiligt.

Diese Modifikation des Beispiels hat gegenüber Frankfurts Version der Vorteil, daß es eines Indikators für die Entscheidung von Jones nicht bedarf, so daß die Kritik von Widerker und Ginet unwirksam wird.[18] In der Tat scheint es Frankfurt gelungen zu sein zu zeigen, daß CDO keine notwendige Bedingung für Freiheit ist. Kommen wir ohne CDO als notwendiger Bedingung für Freiheit und Verantwortlichkeit aus, so scheint es zumindest auf den ersten Blick[19] der Fall zu sein, daß die Kompatibilisten gestärkt aus der Debatte hervorgehen, denn sie hatten stets Probleme mit der Intuition, daß ein frei und verantwortlich Handelnder fähig sein muß, anders zu handeln.

Doch selbst wenn es Frankfurt nicht gelingt, mit Hilfe seines Beispiels sein Argumentationsziel zu erreichen, kann er in der Verteidigung seiner These, daß wir auch dann frei und verantwortlich handeln können, wenn wir keine alternative Handlungsmöglichkeit haben, erfolgreich sein, wenn er eine überzeugende Freiheitstheorie entwickelt, die auf diese Bedingung verzichtet. Frankfurt hat uns mit seinem hierarchischen Modell des Wünschens eine solche Freiheitstheorie, die ohne die Bedingung alternativer Möglichkeiten auskommt, vorgelegt.

### 1.2. Frankfurts hierarchisches Modell des Wünschens

Frankfurt ist ein exponierter Vertreter[20] der Ansicht, Freiheit und Verantwortlichkeit seien auf die Fähigkeit zurückzuführen, Wünsche in bezug auf Wünsche auszubilden. Über eine solche motivationale Struktur verfügen nach Frankfurt nur Personen, die er als solche Entitäten charakterisiert, für welche die Freiheit des Willens ein Problem sein kann.[21] Nur bei Personen kann es zu

---

18  Und es bedarf – und damit ist Kanes Kritik zurückgewiesen – auch keines Dämons, der in der Lage ist, indeterminierte Ereignisse zu prognostizieren.

19  Für die Ansicht, daß dies nicht der Fall ist, habe ich argumentiert in: Guckes (2002).

20  Zu sehr ähnlichen Überlegungen vgl. auch Dworkin (1988); Dworkin (1976). Darüber hinaus ist darauf hinzuweisen, daß dieser Gedanke bereits in der Antike von den Stoikern entwickelt worden ist. Vgl. u. a. Epiktet, Dissertationes.

21  Vgl. Freedom of the Will and the Concept of a Person, in: Frankfurt (1988), 11–25.

einer Disharmonie zwischen den Wünschen kommen, die handlungswirksam sind, und den Wünschen, von denen sie möchten, daß sie handlungswirksam sind, denn nur Personen nehmen eine Haltung zu ihren Wünschen ein. So können sie sich der Willensfreiheit erfreuen oder auch unter dem Mangel an der Freiheit ihres Willens leiden.

Um die Frage zu beantworten, was unter Willensfreiheit zu verstehen ist, unterscheidet Frankfurt zwischen Wunsch und Wille, wobei er den Willen als handlungseffektiven Wunsch auffaßt. Wünsche teilt er in zwei Kategorien ein, in ‚first-order desires‘ und in ‚higher-order desires‘. Während sich Wünsche erster Ordnung auf Handlungen beziehen, beziehen sich Wünsche höherer Ordnung auf Wünsche niedrigerer Ordnung.[22] Das Phänomen, dem Frankfurt durch die Hierarchisierung von Wünschen gerecht zu werden versucht, besteht darin, daß Menschen oftmals einerseits eine bestimmte Handlung zu vollziehen geneigt sind, andererseits aber den Wunsch haben, diese Handlung nicht zu vollziehen, so daß der nicht gewünschte Vollzug der Handlung doch auf Grund der bestehenden Neigung, sie zu tun, gleichzeitig einen bestehenden Wunsch befriedigt. Es kommt zum Konflikt. Hätte man lediglich Wünsche erster Ordnung, bestünde kein Problem. Zwar mögen auch dann einander entgegenstehende Wünsche vorhanden sein, aber es entsteht deshalb kein Konflikt, weil sich schlicht der stärkere Wunsch durchsetzt und handlungswirksam wird. Auf diese Weise verhalten sich Tiere. So mag ein Hund den Wunsch haben zu fressen, aber auch den Wunsch, eine Katze zu jagen, die über das Grundstück streift. Je nachdem, welcher der beiden Wünsche am stärksten ist, wird er fressen oder die Katze jagen. Bei Personen hingegen kann im Falle konfligierender Wünsche dadurch ein Konflikt entstehen, daß sie eine bestimmte Haltung zu ihren Wünschen bzw. zu der Erfüllung ihrer Wünsche einnehmen.

Angenommen, eine Person S möchte einerseits Handlung H, andererseits aber auch eine mit H nicht zu vereinbarende Handlung H* vollziehen. Nun mag S den Wunsch formen, den Wunsch, H zu vollziehen, nicht zu haben. Ich kann z. B. den Wunsch haben, die „Götterdämmerung" zu hören, und den Wunsch, diesen Wunsch nicht zu haben, sondern z. B. den Wunsch zu haben, Bachsche Kantaten zu hören. Vielleicht weiß ich, daß die Musik Wagners mich in eine unruhige Gemütsverfassung versetzen wird, während das Hören von Bach-Kantaten den Zustand ruhiger Gelassenheit in mir auslösen wird. Da ich in dieser bestimmten Situation den Zustand ruhiger Gelassenheit anstrebe,

---

22  Ebd., 12 f.

forme ich den Wunsch, den Wunsch, Wagner zu hören, nicht zu haben – z. E. weil ich weiß, daß ich dem Wunsch, Wagner zu hören, nicht leicht widerstehen kann, wenn er denn erst einmal existiert. Und so bilde ich den Wunsch aus, den Wunsch, Wagner zu hören, nicht zu haben, weil es mir in diesem Falle bedeutend leichter fiele, das angemessene Mittel zur Erreichung meines höherrangigen Ziels – nämlich eine ausgeglichene Grundstimmung zu erlangen – zu ergreifen. Bildet man einen Wunsch hinsichtlich der Existenz bzw. Nichtexistenz (und nicht bloß hinsichtlich der Erfüllung) eines Wunsches aus, so geht es meistens um einen Wunsch, der sich darauf bezieht, daß es dem Handlungssubjekt leichter fällt, einen anderen Wunsch handlungswirksam werden zu lassen.[23] Möchte ich z. B, daß ich heute abend arbeite statt zum Sport zu gehen, und entwickle ich so den Wunsch, daß dieser Wunsch handlungswirksam wird, so kann ich, weil ich möchte, daß es mir nicht so schwer fällt, am Schreibtisch zu bleiben, darüber hinaus wünschen, daß ich heute abend gar keine Lust habe, Sport zu treiben.

Wünsche zweiter Ordnung unterteilen sich nach Frankfurt in zwei Arten. Es gibt Wünsche, die sich bloß darauf beziehen, Wünsche zu haben, und es gibt Wünsche, die hinsichtlich der Handlungswirksamkeit von existierenden Wünschen bestehen. Habe ich den Wunsch, daß ich einen bestimmten Wunsch habe bzw. nicht habe, so möchte ich, daß ich etwas wünsche bzw. nicht wünsche. So kann ich z. B. den Wunsch haben, den Wunsch, zum Sport zu gehen, nicht zu haben. Daneben kann man Wünsche haben, die sich darauf beziehen, daß ein bestimmter Wunsch in einer entsprechenden Handlung mündet. Frankfurt nennt diese Art von Wünschen zweiter Ordnung ,volitions of the second order'.[24] Die Unterscheidung zwischen einem Wunsch und einer Volition zweiter Ordnung läuft nicht parallel zu der zwischen einem Wunsch und einem Willen auf der ersten Stufe. Während sich auf der ersten Stufe ein Wille lediglich hinsichtlich der Handlungseffektivität von einem Wunsch unterscheidet, unterscheiden sich Wünsche und Volitionen zweiter Stufe hinsichtlich ihres Gehalts voneinander.[25] Im Falle von Volitionen zweiter Ordnung hat man

---

23  Das ist allerdings nicht immer der Fall. Man mag z. B. auch den Wunsch haben einen Wunsch nicht zu haben, weil man ihn als kompromittierend beurteilt. Wünsche ich mir z. B., daß ein Bekannter, der schwer erkrankt ist, seiner Erkrankung erliegt, so mag ich das als Zeichen dafür bewerten, daß ich mich zu einem moralisch schlechten Menschen entwickelt habe, und wünschen, ich wäre nicht eine Art von Person, die solche Wünsche ausbildet.

24  Vgl. Freedom of the Will and the Concept of a Person, in: Frankfurt (1988), 16.

25  Vgl. Kusser (1989), 142.

den Wunsch, den Willen zu haben, a zu tun. Der Wille ist der handlungseffektive Wunsch, so daß der Wille den Wunsch erster Stufe, a tatsächlich zu tun, umfaßt. Man kann den Wunsch haben, den Wunsch zu haben, a zu tun, ohne daß man zudem den Wunsch hat, daß man a tatsächlich tun wird, ja, man kann sogar den Wunsch haben, a nicht zu tun. Frankfurt verdeutlicht das an folgendem Beispiel:[26] Ein Psychotherapeut, der Drogensüchtige behandelt, möchte wissen, wie es ist, wenn man einen Wunsch nach einer Droge verspürt, nach der man süchtig ist. Er möchte also den Wunsch haben, die Droge zu nehmen. Gleichwohl möchte er keineswegs, daß sein Wunsch befriedigt wird, wünscht er doch nicht, drogensüchtig zu werden.

Frankfurts Ansicht nach sind es die Volitionen zweiter Stufe, die wesentlich für das Personsein sind. Ein Drogensüchtiger, der seiner Sucht gegen seinen Wunsch nachgibt, ist zwar nicht frei, aber er ist eine Person, weil er sich auf seinen Willen bezieht; er wird von einem Willen bestimmt, den er nicht haben möchte. Er handelt akratisch, und d. h. er handelt gemäß seinem Wunsch erster Ordnung gegen seine Volition zweiter Ordnung.[27] Ein Süchtiger hingegen, der sich gar nicht die Frage stellt, ob er will, daß er von der Droge abhängig ist, ermangelt zwar ebenfalls der Willensfreiheit, aber er hat nicht nur nicht den Willen, den er haben möchte, sondern darüber hinaus auch nicht den Wunsch, daß ein anderer Wunsch handlungswirksam ist als der, der tatsächlich handlungseffektiv ist. Er hat keine Volitionen zweiter Stufe; ihm kann die Freiheit seines Willens nicht zum Problem werden, und somit ist er auch keine Person. Menschen, die nur Wünsche erster Stufe haben, nennt Frankfurt ‚wantons‘.[28] Er gibt folgendes Beispiel für einen ‚wanton‘:

x hat den Wunsch, eine bestimmte Droge zu nehmen, und den Wunsch, diese Droge nicht zu nehmen; aber x hat keinen Wunsch bezüglich dessen, welcher dieser beiden Wünsche handlungswirksam werden soll. Er nimmt einfach die Droge, weil das seinem stärkeren Wunsch entspricht. Er nimmt hin, daß das sein Wille ist, und wünscht eben nicht, daß das nicht sein Wille sein möge.[29] Willensfrei zu sein bedeutet gemäß der Frankfurtschen Konzeption, daß jemand gemäß einem Wunsch handelt, von dem er möchte, daß er handlungswirksam ist, oder – anders ausgedrückt – daß er den Willen hat, den er haben möchte.

---

26  Vgl. Freedom of the Will and the Concept of a Person, in: Frankfurt (1988), 15.
27  Vgl. dazu auch: Bigelow/Dodds/Pargetter (1990).
28  Vgl. Freedom of the Will and the Concept of a Person, in: Frankfurt (1988), 16.
29  Ebd., 18.

Ein Vorteil dieses und ähnlicher hierarchischer Modelle gegenüber traditionellen kompatibilistischen Ansätzen, die Willensfreiheit zu erklären versuchen, besteht darin, daß mit ihrer Hilfe erklärt werden kann, inwiefern Freiheit nicht nur durch äußere, sondern auch durch innere Zwänge, wie z. B. durch Phobien, Neurosen oder Suchtzustände, eingeschränkt ist.

Aber ein solches Modell von Willensfreiheit ist mit zahlreichen, teilweise unüberwindlichen Problemen verbunden. So wies bereits Watson in seiner Kritik an Frankfurt darauf hin,[30] daß nichts die zugrunde gelegte besondere Beziehung der Volitionen zum Handelnden garantiere. Nicht nur die Wünsche zweiter Stufe können die Wünsche erster Stufe beeinflussen, sondern es können auch die Wünsche erster Stufe die Wünsche zweiter Stufe beeinflussen.[31] Das kann im Extremfall dazu führen, daß sich die gesamte Präferenzordnung an den Wünschen erster Ordnung ausrichtet. In einem solchen Falle unterliegen die höherstufigen Wünsche dem Diktat der niederstufigen Wünsche. Das hat Beauchamp und Childress[32] zu einer grundlegenden Kritik an der Unterscheidung zwischen Wünschen erster und solchen höherer Ordnung veranlaßt. Da der Wunsch höherer Ordnung durch einen besonders intensiven Wunsch erster Stufe bestimmt sein kann, so daß man sich keineswegs kritisch zu seinem Wunsch erster Ordnung verhält und das nicht einmal bemerkt, sei die Unterscheidung, so die beiden Autoren, sinnlos. Freilich ist diese Kritik überzogen. Zwar haben Beauchamp und Childress, wie andere Autoren vor ihnen, zu Recht darauf hingewiesen, daß man nicht immer genug Distanz zu seinen eigenen Bedürfnissen hat, so daß sich nicht immer die Wünsche erster Ordnung an denen höherer Ordnung ausrichten, sondern auch das Umgekehrte der Fall sein kann. Aber sie haben damit lediglich plausibel gemacht, daß eine Identifikation mit den eigenen Wünschen nicht hinreichend für Willensfreiheit ist. Daß eine solche Identifikationsbedingung keine notwendige Bedingung für Freiheit ist, haben sie hingegen keineswegs gezeigt.

Ihnen ist aber darin recht zu geben, daß nicht klar ist, wodurch die Wünsche zweiter Stufe bestimmt sein sollen. Kann das Handlungssubjekt sie bestimmen, indem es Wünsche dritter Stufe formt? Und müssen die Wünsche dritter Stufe wiederum durch Wünsche vierter Stufe bestimmt sein ad infinitum? Die in hierarchischen Modellen geforderte Iteration von Wünschen droht, wie leicht

30   Watson (1975).
31   Vgl. z. B. Watson (1975); Shatz (1985); Fischer (1986); Thalberg (1989); Double (1991).
32   Beauchamp/Childress (19944), 121 f.; ihre Kritik bezieht sich auf Dworkins Ansatz, der sich in diesem Punkte aber nicht von Frankfurts Theorie unterscheidet.

zu sehen ist, zu einem infiniten Regreß zu führen. Die Gefahr eines solchen infiniten Regresses scheint nur dadurch gebannt werden zu können, daß eine ‚highest order'-Zustimmung gegeben werden kann.[33] Frankfurt selbst hat diesen Einwand bereits in seinem Aufsatz aus dem Jahre 1971 »Freedom of the Will and the Concept of a Person« vorweggenommen, in dem er folgendermaßen argumentiert:[34] Es sei möglich, eine Reihe von Wünschen, die sich auf Wünsche beziehen, die sich wiederum auf Wünsche beziehen, abzuschließen, ohne daß man sie willkürlich abbricht. Die Reihe, so Frankfurt, ende vielmehr auf natürliche Weise, indem sich eine Person sicher und entschlossen mit einem ihrer Wünsche erster Ordnung identifiziert. Ist das der Fall, dann sei kein Raum mehr für die Frage, ob Wünsche oder Volitionen höherer Ordnung von Belang sind. Später hat Frankfurt diese Art von Identifikation ‚wholeheartednes' genannt.[35] Personen sind ‚wholehearted', wenn es keinen Konflikt gibt zwischen ihren ‚second order'- und ihren ‚higher order-volitions', wenn ihr Wünschen nicht ambivalent ist.[36] Ob das eine befriedigende Erwiderung auf das formulierte Problem ist, sei dahingestellt.

Schwerwiegender sind die beiden folgenden Einwände: Erstens wird eingewendet, Wünsche höherer Ordnung könnten ihre Funktion nicht erfüllen, und zweitens wird die Tatsache, daß Frankfurt die Frage nach der Quelle der Volitionen zweiter Ordnung außer acht läßt, als unüberwindbares Problem betrachtet.

Erfüllen Wünsche zweiter Ordnung ihre Funktion? Das ist in der Tat zweifelhaft. Auf die Ausbildung von Wünschen erster Ordnung scheinen wir keinen direkten Einfluß zu haben; wir finden sie vielmehr vor und können auf sie dann lediglich unterschiedlich reagieren. Reagieren wir aber auf sie, wie Frankfurt meint, indem wir neue Wünsche entwickeln, so ist nicht einsichtig, wie wir korrigierend darauf Einfluß nehmen können, welche der Wünsche handlungswirksam werden. Auch Wünsche höherer Ordnung widerfahren uns eher, als daß sie das Resultat kritischen Nachdenkens sind, wenn die Reihe der Wünsche

---

33 Wie auch immer man sich das genauer vorzustellen hätte; einige Inkompatibilisten, die Freiheit für möglich halten (sog. „Libertinarier"), versuchen genau das plausibel zu machen, indem sie verschiedene theoretische Konstrukte anbieten (z. B. noumenales Selbst, ‚transempirical power center' o. ä.).

34 Vgl. Freedom of the Will and the Concept of a Person, in: Frankfurt (1988), 21 f.

35 Vgl. Identification and Wholeheartedness, in: Frankfurt (1988), 159–76; vgl. aber auch Frankfurt (1992), 5–16.

36 Frankfurt (1992), 10.

nicht verlassen wird. Damit scheinen Wünsche höherer Ordnung nicht gegenüber Wünschen erster Ordnung ausgezeichnet zu sein. Das hat Watson dazu veranlaßt, über das bloße Wünschen hinaus das Bewerten der jeweiligen Wünsche als zweite Quelle für das Wünschen zu fordern. Und so hat er eine entsprechende Modifikation des Frankfurtschen Ansatzes vorgeschlagen.[37]

Das zweite gravierende Problem, mit dem der Frankfurtsche Ansatz konfrontiert ist, und an dem er m. E. scheitert, bezieht sich auf die Quelle der Volitionen zweiter Stufe, die Frankfurt, wie bereits Slote kritisch anmerkte,[38] gänzlich unberücksichtigt läßt. Indem Frankfurt lediglich eine geeignete Verbindung zwischen Volitionen zweiter Stufe und den handlungswirksamen Wünschen fordert, ist er nicht in der Lage, bestimmte Determinationen, die allgemein als freiheitsbeschränkend anerkannt werden, auszuschließen. Sein Modell ist mit bestimmten Arten fremdbestimmender Kontrolle kompatibel. Er berücksichtigt ausschließlich die Perspektive des Subjekts; deshalb kann sein Ansatz als „rein subjektivistisch" bezeichnet werden. Rein subjektivistische Freiheitstheorien zeichnen sich dadurch aus, daß eine Freiheitszuschreibung ohne Bezugnahme auf die Umwelt des Subjekts gerechtfertigt wird – im Falle des Frankfurtschen Modells allein dadurch, daß auf eine bestimmte interne Struktur des Wünschens hingewiesen wird. „Rein objektivistische" Freiheitstheorien hingegen berücksichtigen bei Freiheitszuschreibungen ausschließlich die kausale bzw. nomologische Relation zwischen Welt und Subjekt.[39]

Dadurch, daß Frankfurt in seinem Modell ausschließlich die subjektive Perspektive berücksichtigt, läßt er die Quelle der Wünsche außer acht, und das führt zu dem für ihn unüberwindbaren Problem, daß er viele offensichtliche Freiheitsbeschränkungen nicht als solche anerkennen kann. So ist es ihm z. B. nicht möglich, folgende Situationen, die zweifelsfrei inkompatibel mit Willensfreiheit sind, als freiheitsbeschränkend anzuerkennen: Eine Person y hat eine andere Person x durch eine Gehirnwäsche manipuliert, indem sie ihr eine neue, von der alten gänzlich verschiedene Wunschordnung eingepflanzt hat. Es sei angenommen, daß x in Unkenntnis über die Gehirnwäsche ist und sich mit

---

37   Watson (1975).
38   Slote (1980).
39   Die Unterscheidung zwischen rein subjektivistischen und rein objektivistischen Theorien ist freilich nicht erschöpfend. Es gibt auch Theorien, die sowohl die subjektive als auch die objektive Perspektive berücksichtigen und Freiheit also sowohl davon abhängen lassen, daß sich das Subjekt mit seinem Willen identifiziert, als auch davon, daß keine Fremdbestimmung vorliegt.

ihren Wünschen erster Ordnung identifiziert. Vorstellbar ist aber auch ein lokaler Eingriff, durch den eine Person manipuliert wird. So nennt Slote[40] einen Fall, in dem eine Person y bei einer anderen Person x durch Hypnose eine bestimmte Volition zweiter Stufe hervorruft, welche die Entscheidung von x bestimmt.

Da das hierarchische Wünschen zwangsläufig systemimmanent stattfindet, müssen wir nach Frankfurt der Person x in beiden Fällen Willensfreiheit zuschreiben. Seinem Modell liegt offenbar die Ansicht zugrunde, daß jemandem schon dann Willensfreiheit zuzuschreiben ist, wenn er sich in Harmonie mit seinen handlungswirksamen Wünschen befindet. Das aber scheint nicht überzeugend zu sein. Selbst wenn wir Gehirne im Tank wären, deren Wünsche und Bewertungen durch die von einem Neurophysiologen vorgenommene Stimulation bestimmter Neuronen hervorgebracht werden, wären die Bedingungen, die Frankfurt für Willensfreiheit nennt, erfüllt.

Die Forderung nach einer bloßen inneren Harmonie reicht als Freiheitsbedingung weder für Willensfreiheit noch für Handlungsfreiheit aus. Angenommen, unsere körperlichen Handlungen, nicht aber unser Wünschen und Entscheiden, wären durch einen Dämon fremdbestimmt; er würde gleichsam unsere Hand lenken. Daß etwas nicht stimmt, daß uns etwas geschieht und nicht wir es sind, die selbst die Verursacher unserer Körperbewegungen sind, bemerken wir nur, wenn wir etwas tun, das nicht mit unseren Wünschen übereinstimmt. Aber immer dann, wenn der Dämon uns so lenkt, wie es kontingenterweise unserem Willen entspricht, besteht eine solche Harmonie, wie sie von Frankfurt gefordert wird, so daß wir einen solchen fremdbestimmt Handelnden als frei beurteilen müßten – was in hohem Maße kontraintuitiv ist.

Um zu verdeutlichen, in welcher Hinsicht sich Frankfurts Ansatz von traditionellen Freiheitstheorien unterscheidet und woran er scheitert, betrachte ich sein Verhältnis zu zwei Arten von fremdbestimmender Kontrolle des Handelnden, die Robert Kane, ein inkompatibilistischer Kritiker Frankfurts, ‚constraining control‘ (CC) und ‚covert nonconstraining control‘ (CNC) genannt hat.[41] CC umfaßt alle Situationen, in denen Zwang auf den Entscheidenden bzw. Handelnden ausgeübt wird. Der Begriff „Zwang“ wird in diesem Kontext so verstanden, daß nur solche Entscheidungs- bzw. Handlungsbeschränkungen unter ihn subsumiert werden, die vom Entscheidenden bzw. Handelnden als solche

---

40   Slote (1980), 137.
41   Kane (1996), 64 ff.

subjektiv wahrgenommen werden und die von einem anderen Handelnden absichtsvoll herbeigeführt werden. CNC hingegen liegt vor, wenn die Entscheidungsspielräume des jeweiligen Handlungssubjekts auf Grund der Intervention eines anderen Handelnden absichtsvoll eingeschränkt sind, ohne daß dem Subjekt dies bewußt ist. Im Falle von CNC übt derjenige, der interveniert, mithin keinen Zwang auf den Handelnden aus, sondern manipuliert dessen Willen so, daß er genau das willentlich tut, von dem der Kontrollierende will, daß er es tut. Der Kontrollierte fühlt sich dabei weder frustriert oder bedroht noch hat er den Eindruck, daß seine Entscheidungs- oder Handlungsoptionen beschränkt sind; er handelt vielmehr in Übereinstimmung mit seinen Wünschen und Bewertungen. Gleichwohl ist er in seinem Handeln kontrolliert, denn die Umstände sind durch den Kontrollierenden so manipuliert worden, daß der Handelnde nur das für gut hält, wünscht und tut, von dem jener will, daß er es für gut hält, wünscht und tut. Im Falle von CNC weiß der Handelnde nicht, daß er kontrolliert wird, sondern identifiziert sich mit seinen Wünschen und Bewertungen, hält seine Wünsche für seine eigenen Wünsche und seine Bewertungen für richtig. Er ist mit sich selbst zufrieden und hat den Willen, den er haben möchte.

Angenommen, Klaus, ein außerordentlich talentierter, aber auch skrupelloser Neurophysiologe, wünscht sich nichts sehnlicher, als daß Sabine, seine Lebensgefährtin, seine Liebe zum Angeln und zum Whisky teilt. Ihm gelingt es schließlich, Sabine durch eine entsprechende Manipulation ihres Gehirns in den von ihm gewünschten volitionalen Zustand zu versetzen, so daß sie plötzlich seine Vorlieben teilt. Sabines Präferenzen und ihre Präferenzordnung ist so von Klaus manipuliert worden, daß sie mit dessen Präferenzsystem übereinstimmen. Sabine ahnt nichts von Klaus' Manipulation und nimmt die veränderte Lage ihrer Vorlieben freudig hin. Sie identifiziert sich mit ihren Wünschen und Bewertungen. Doch es liegt auf der Hand, daß wir sie in ihrer Wahl, heute abend zum Angeln zu gehen statt wie gewöhnlich zur Jazzgymnastik, nicht als frei beurteilen würden.

Während wir im allgemeinen der Ansicht sind, daß Freiheit sowohl mit CC als auch mit CNC unvereinbar ist, kann auf der Grundlage von Frankfurts, aber auch aller anderen rein subjektivistischen kompatibilistischen Theorien, CNC nicht als freiheitsbeschränkend anerkannt werden. Damit wird sie nicht der Intuition gerecht, daß Fremdbestimmung Freiheit aufhebt.

Gemäß dem strikt subjektivistischen Kompatibilismus eines Frankfurt ist ein Handelnder dann frei, wenn seine Handlungen in Harmonie mit seinen Wünschen stehen. Strikt subjektivistische Kompatibilisten sind der Meinung, daß ein Handelnder dann frei ist, wenn seine Handlungen in Harmonie mit seinen

Wünschen bzw. mit seinen Wünschen und Bewertungen stehen. Eine ähnliche Theorie der harmonischen Übereinstimmung hat bereits Hume entwickelt, der die Übereinstimmung zwischen den Handlungen und dem Charakter des Handelnden für hinreichend für Freiheit hielt.[42] Viele zeitgenössische Autoren haben diese Art von Ansatz verteidigt.[43] Konsequenterweise sind sie der Auffassung, es sei nicht wünschenswert, den Ausschluß von CNC in die Freiheitsbedingungen aufzunehmen. Mit dieser Ansicht können sie sich neben Hume auch auf Hobbes[44] berufen, der meint, mit der Existenz einer solchen Art von Freiheit gewännen wir nichts Relevantes hinzu, denn wir seien auch unter CNC glücklich und vermißten subjektiv offenbar nichts. Mancher Kompatibilist – und hier ist vor allem auf Frankfurt als dem Vater dieser ungewöhnlichen Ansicht zu verweisen – ist aber sogar der Auffassung, jemand könne auch dann frei sein, wenn er unter Zwang etwas tut (d. h. wenn ihm die Entscheidungs- und/oder Handlungsbeschränkungen bewußt sind) – dann nämlich, wenn er die Handlung nicht nur deshalb nicht unterlassen hat, weil er nicht anders konnte. Wenn der Zwang nicht erklärt, warum der Handelnde die Handlung nicht unterlassen hat, dann hat er gemäß dieser Auffassung frei gehandelt.[45]

Angenommen, ein Mensch ist ohne sein Wissen in seinem Zimmer eingeschlossen, so daß er es nicht verlassen kann. Er sitzt an seinem Schreibtisch und arbeitet und wird Zeuge eines Unfalls, der sich vor seinem Haus ereignet. Da er nicht gestört werden möchte, entscheidet er sich nach kurzem Nachdenken, dem Verunglückten nicht zu helfen, sondern weiterhin seinen Kant-Studien nachzugehen. Nach Frankfurt ist unser skrupelloser Geselle nicht nur frei in seiner Entscheidung, die Hilfe nicht zu leisten, sondern auch in seiner Unterlassung der entsprechenden Handlung, denn er hat die Handlung keineswegs nur deshalb nicht getan, weil er sein Zimmer nicht verlassen konnte.

Genauso wenig, wie Freiheit nach dieser Ansicht notwendigerweise durch natürliche Determination beschränkt wird, wird sie nach Meinung dieser Theoretiker notwendigerweise durch Zwang beschränkt. Doch das ist in hohem Maße kontraintuitiv. Wir halten es unter anderem für wesentlich, daß nichts außerhalb unserer selbst die Quelle unserer Wünsche und Überzeugungen ist, und so fordern wir, daß neben einer subjektiven auch eine objektive Perspektive

---

42   Vgl. Hume (1739), Book II, part III, Sect. I.
43   So z. B. Brandt (1958); Edwards (1969); Skinner (1971); Cummins (1979); Cummins (1980); Vuoso (1987).
44   Vgl. Hobbes (1651), Vol. 5.
45   Vgl. Frankfurt (1975), Three Concepts of Free Action, in: Frankfurt (1988), 47–57.

berücksichtigt wird, wenn darüber geurteilt wird, ob jemand in seinem Entscheiden oder Handeln frei ist. Frei, so urteilen wir intuitiv, ist nur jemand, der weder in seinen Wünschen und Überzeugungen noch in seinen Handlungen fremdbestimmt ist. Somit gilt, daß weder jemand, der CC unterliegt, noch jemand, der CNC unterliegt, frei bzw. verantwortlich ist. Von dieser Grundlage aus müssen Kompatibilisten ihre Theorie plausibel machen, und d. h., daß sie zeigen müssen, daß es einen guten Grund gibt, zwar CC und CNC als freiheitsbeschränkend anzuerkennen, nicht aber den metaphysische Determinismus.

*Barbara Gucker*

## 2. Bedingungen personaler Autonomie

Seit dem bahnbrechenden Aufsatz Freedom of the Will and the Concept of a Person von 1971 bis hin zu seinen gegenwärtigen Arbeiten zu ‚caring‘[46] versucht Frankfurt, adäquate Bedingungen selbstbestimmten Handelns zu formulieren. Um eine nicht-normative Konzeption personaler Autonomie zu ermöglichen, verortet er diese Bedingungen gerade gegen die Vernunft (‚reason‘) und alle mit ihr zusammenhängenden Urteile in unserem nicht kognitiv, sondern rein motivational verstandenen Willen.[47] Im folgenden wird dargelegt, daß Frankfurts Konzeption personaler Autonomie ganz entgegen seinem Ansinnen nicht auf eine normative Theorie praktischer Gründe verzichten kann. Auf diese Weise wird die Entwicklung von Frankfurts Denken gegenüber der traditionellen Rezeption in einem etwas veränderten Licht vorgestellt. Frankfurt gelingt es nämlich nicht zu zeigen, daß die Fähigkeit rationaler und damit in Urteilen begründeter Selbstkontrolle keine notwendige Bedingung personaler Autonomie ist.[48]

---

46  ‚Caring‘ wird im Deutschen gewöhnlich als „sich sorgen" wiedergegeben. Meines Erachtens geben „etwas wichtig nehmen" oder „am Herzen liegen" die von Frankfurt gemeinte Bedeutung besser wieder. Ich werde jedoch bisweilen den englischen Terminus beibehalten, um etwaige holprige Substantivierungen im Deutschen zu vermeiden.

47  So kann unser Wille mit unseren Meinungen konfligieren oder unbewußt sein. Frankfurt verfolgt jedoch über eine Konzeption personaler Autonomie hinausgehend mehrere, miteinander verflochtene Ziele. Die verschiedenen Facetten seines Denkens kann ich im folgenden nicht alle gleichermaßen berücksichtigen. So blende ich z. B. seine Überlegungen zur Gleichheit weitgehend aus.

48  Frankfurt behauptet selbst, daß es ihm in seinen Überlegungen um eine metaphysische Bestimmung darüber, was der Fall ist, geht (mündlicher Diskussionsbeitrag während des im Juni 2000 an der Universität Bielefeld zu Frankfurts neuerem Werk veranstalteten Philosophischen Pfingstkurses).

Diese auf Kant zurückgehende Auffassung ist dadurch bestimmt, vernünftigen Handlungsmotiven Vorrang einzuräumen, sinnliche Handlungsmotive dagegen nicht wirksam werden zu lassen.[49] Frankfurt verlegt dagegen die Fähigkeit zur Selbstkontrolle in die spezifische Struktur des Wollens, die nicht durch den aktiven Gebrauch der rationalen Fähigkeiten ausgewiesen ist. Er hält es für eine notwendige Bedingung personaler Autonomie, daß eine Person sich mit ihren „eigentlichen" Wünschen identifiziert, was das reflektierte Urteil seiner Meinung nach bisweilen verhindern kann.

Ausgehend von der reflexiven Struktur unseres Bewußtseins und der damit zusammenhängenden Fähigkeit, unsere eigenen Einstellungen zu hinterfragen und kritisch zu bewerten, sucht Frankfurt jedoch wie Kant nach den Bedingungen, die uns die Identifikation mit unseren gegebenen Einstellungen wie Motiven, Wünschen, Neigungen, Interessen und Emotionen ermöglichen.[50]

Frankfurt hat in besonders eindringlicher Weise darauf hingewiesen, daß Einstellungen, die uns zum Handeln motivieren, nicht notwendigerweise diejenigen sind, mit denen wir uns identifizieren. Mit der Feststellung dieser Diskrepanz ist jedoch die Frage nach der Normativität der Identifikation mit bestimmten unserer Einstellungen bereits gestellt. Frankfurt scheint damit das Problem zu berücksichtigen, daß diejenigen Einstellungen, mit denen wir uns identifizieren, nicht notwendigerweise genügend normative Kraft besitzen, uns zum Handeln zu motivieren. Demnach ist eine Person nicht immer in der Lage, ihrem „eigentlichen" Grund entsprechend, d. h. gemäß derjenigen Einstellungen, mit denen sie sich identifiziert, zu handeln. In solchen Fällen, in denen eine Person nicht derjenigen Einstellung folgt, mit der sie sich eigentlich identifiziert und wozu sie daher am meisten Grund hätte, ergibt sich meiner Interpretation zufolge ein Sollen: Sie tut x, hätte aber lieber y tun sollen. Wie noch zu zeigen sein wird, nimmt Frankfurt zwar das Problem der normativen Kraft in den Blick, läßt jedoch die Frage nach der normativen Autorität der Identifikation außer acht.[51] Es bleibt zumindest in seiner ursprünglichen Theorie offen, wie die Identifikation mit einer Einstellung überhaupt – unabhängig davon, ob die betreffende Person danach handelt – gerechtfertigt werden kann.

Vordergründig scheint sich Frankfurts Theorie einem aufklärerischen Anliegen zu verdanken. Durch den von ihm spezifizierten Prozeß der Identifi-

49   Vgl. I. Kant, Kritik der reinen Vernunft, B 576/ A 548.
50   Im Bielefelder Philosophischen Pfingstkurs 2000 hat Frankfurt auf die Bedeutung der Psychoanalyse für seine Überlegungen hingewiesen.
51   Ich danke Holger Baumann, der mir diese Unterscheidung verdeutlichte.

kation sollen wirkliche von vermeintlichen Gründen, uns „eigene" von uns „fremden" Einstellungen unterschieden werden. In diesem Sinne übernimmt er die von Kant herkommende Vorstellung personaler Autonomie, derzufolge wir uns nur mit etwas identifizieren und dies somit als bindend erachten können, wenn wir dem freiwillig zugestimmt haben.[52] Im Unterschied zu Kant, demzufolge Autonomie als rationale Selbstgesetzgebung Moralität impliziert und unsere Einstellungen durch ein objektives Gesetz und damit durch die Rationalität selbst genötigt werden, erfolgt nach Frankfurt die freiwillige Identifikation mit unseren gegebenen Einstellungen auf Grund der nicht bereits als rational ausgewiesenen Natur unseres Wollens.[53] Er knüpft hier ganz entgegen der Kantschen Auffassung an Hume an, demzufolge unsere nicht reflektierten Einstellungen und somit unser Motivationsgefüge gar nicht rational korrigierbar sind. Sie sind dies nur mit Hilfe anderer volitionaler und damit non-kognitiver Einstellungen. Es wird zu untersuchen sein, ob ein solcher Willensbegriff adäquate Bedingungen der Identifikation bereitzustellen vermag.

Im Laufe seines Werks versucht Frankfurt die willentliche Zustimmung – als Identifikation charakterisiert – gegenüber unseren gegebenen Einstellungen auf unterschiedliche Weise zu fassen. Während seine frühen Äußerungen nahelegen, daß es sich hierbei um einen aktiven und damit freiwilligen Prozeß handelt, in dem manche unserer Einstellungen Autorität gegenüber anderen Einstellungen erhalten, setzt sich Frankfurt schließlich zunehmend mit der Frage auseinander, ob bestimmte Einstellungen nicht vielmehr deshalb Autorität besitzen, weil sie sich als besonders beharrlich zeigen und damit erst wirklich auszudrücken scheinen, was uns wichtig ist. Die Idee freiwilliger Zustimmung nimmt Frankfurt daher – vermutlich auch zum Teil in Reaktion auf seine Kritiker – zugunsten einer Konzeption der Beharrlichkeit unserer Einstellungen zurück. Diesen schreibt er gerade normative Autorität auf Grund ihrer normativen Kraft zu. Diese Auffassung stellt eine Konzeption praktischer Identität[54] dar, die uns erst die Gründe, so oder anders zu handeln, an die Hand gibt. Es wird zu untersuchen sein, ob Frankfurts Argumentation überzeugt.

---

52    Vgl. I. Kant, Grundlegung zur Metaphysik der Sitten, AA IV, 446.

53    Kant verweist dagegen auf den „an sich selbst guten Willen", den die Vernunft hervorbringt. Er wird in vernünftigen Wesen durch das Gesetz bestimmt, das sich diese selbst auferlegen. Vgl. ebd., 396.

54    Wie ich an späterer Stelle noch ausführen werde, verwende ich diesen Begriff „praktische Identität" in Anlehnung an Korsgaard (1996), 101 ff. Ich werde noch zeigen, inwiefern sich Frankfurts Auffassung praktischer Identität von derjenigen Korsgaards unterscheidet.

Im folgenden soll in neun Abschnitten die Entwicklung seines Modells der Identifikation, ausgehend von seinem hierarchischen Wunschmodell, skizziert und seine Auseinandersetzung mit zentralen Einwänden dargestellt werden (1.–3.). In diesem Zusammenhang gilt es vor allem die Frage zu beantworten, wie es uns gelingt, uns mit manchen unserer Einstellungen zu identifizieren, mit anderen nicht. Inwiefern ist uns eine Einstellung „eigen" und eine andere „fremd" oder „äußerlich"? Im Laufe seines Werkes hat Frankfurt diesen Prozeß der Identifikation, nicht zuletzt in Reaktion auf manche Einwände (1.), unterschiedlich charakterisiert und sein volitionales Modell immanent zu verbessern versucht. Er stellt hierbei verschiedene Phänomene vor, die diesem Prozeß der Identifikation normative Kraft verleihen sollen. Er rekurriert auf die „Entschlossenheit" der Identifikation, wobei nachfolgend zu zeigen sein wird, wie er diese mit Hilfe eines bestimmten Verständnisses solcher Gegensatzpaare wie „aktiv"/ „passiv" sowie „intern"/ „extern" aufzuklären versucht. Er kennzeichnet schließlich diesen Prozeß als „Entscheidung" (2.), um dann in einem erneuten Versuch „Zufriedenheit mit sich" (3.) hervorzuheben. Diese Reparaturversuche führen letztlich zu einer bisher noch wenig rezipierten Erweiterung seiner Theorie, nicht zuletzt, weil sein bisheriger Willensbegriff den normativen Anforderungen nicht gerecht zu werden vermag. Seine neue Konzeption praktischer Identität, die Frankfurt als ‚caring' faßt, soll eine Konzeption normativer Autorität bereitstellen, die zugleich normative Kraft besitzt. Die ursprünglich kritisch klingende Dimension der Identifikation tritt nun als Folge seines Verbesserungsversuchs völlig in den Hintergrund zugunsten der Einsicht, daß das, was wir wirklich wollen, sich gerade darin zeigt, daß es „trotz" kritischer Bewertung weiterhin als Motiv bestehen bleibt und somit eine „volitionale Notwendigkeit" darstellt (4.). Frankfurt gibt somit nicht seinen Non-Kognitivismus, sondern seinen Voluntarismus auf. Wir entscheiden uns nicht mehr für unsere motivationalen Einstellungen, sondern reagieren vielmehr auf deren Beharrlichkeit. Diese zeichnen unseren Willen seiner Meinung nach auch gegen das Diktat der Vernunft aus. Zugleich betont Frankfurt nun eine biographische und damit diachrone Perspektive, die in unserer praktischen Überlegung die Kontinuität dessen, was uns jeweils wichtig ist und somit unsere praktische Identität über die Zeit berücksichtigen soll (5.–6.).

Er vertritt hierbei zunehmend die Auffassung, daß zuviel Freiheit eine sinnvolle Konzeption personaler Autonomie unterminiert.[55] Frankfurt beabsichtigt

---

55    Vgl. On the Necessity of Ideals, in: Frankfurt (1999), 108. Er wendet sich so auch gegen die Leichtlebigkeit moderner Gesellschaften, in denen Gleichgültigkeit darüber herrscht, wie die Dinge „wirklich" sind. Vgl. On Bullshit, in: Frankfurt (1988), 117 ff.

schließlich, vor allem gegen „pan-moralistische" und „pan-rationalistische"
Ansätze, die Perspektive der jeweiligen Person, um deren partikulare Lebens-
konzeption es geht, in einer Theorie praktischer Überlegung zu berücksich-
gen.[56]
    Frankfurt bemüht sich ferner um eine Erweiterung einer Konzeption
instrumenteller Rationalität, derzufolge auch letzte Ziele (‚final ends') zugleich
Mittel dafür sind, daß wir Ziele aktiv verfolgen können, die uns wichtig sind
(7.). Insbesondere seine neueren Überlegungen zu ‚caring' könnten meines
Erachtens einer zukünftigen Auseinandersetzung mit Frankfurt gegenüber der
hauptsächlich auf seine frühen Arbeiten gerichtete Standardrezeption eine
neue Orientierung verleihen. Um diese zu erleichtern, schien es nötig, die zentralen Themenkomplexe seiner Überlegungen herauszuzieren und in ihrem
wechselseitigen Zusammenhang sowie in ihrer Entwicklung aufzuzeigen. Die
kritische Schlußfolgerung (8.) wird sein, daß Frankfurt letztlich keine überzeugende Konzeption personaler Autonomie vorzustellen vermag, da es ihm in
keinem seiner späteren Versuche, eine auf volitionaler Notwendigkeit beruhende Konzeption praktischer Identität vorzustellen, zu zeigen gelingt, daß es
sich um eine Bedingung autonomer Lebensführung handelt. Sein Versuch,
praktische Identität non-voluntaristisch zu verstehen und ihre normative Kraft
jenseits unserer bewußten und freiwilligen Kontrolle anzusiedeln, basiert auf
einer viel zu strikten Dichotomie zwischen Vernunft und volitionaler Natur. So
will er beharrlichen Einstellungen eine eigene Rationalität zuschreiben, die
sich gegenüber bewußten Urteilen auszeichnen soll. Ich werde abschließend zu
zeigen versuchen, daß auch Einstellungen nur rational sein können, wenn sie in
einer Verbindung zu Urteilen stehen. Selbst wenn wir manche unserer gegebenen beharrlichen Einstellungen nicht mehr unmittelbar und direkt kontrollieren können, haben wir nur dann Anlaß, sie als Bedingungen unseres Handelns

---

56 Er selbst ordnet seine Überlegungen einer „philosophischen Anthrophologie" zu. Vgl.
Vorwort, IX, in: Frankfurt (1999). Er wendet sich hierbei vor allem gegen Kant, in dessen
Konzeption Autonomie gerade die Quelle unserer Verpflichtung darstellt. Vgl. auch Frankfurt (2001). Frankfurt zufolge besitzen die Anforderungen der Vernunft gar keine moralische Autorität. Ethischer Rationalismus mißversteht seiner Meinung nach die Natur moralischer Normativität, die nicht neutral und unabhängig davon gefaßt werden kann, welche
Personen es jeweils sind, d.e moralisch oder unmoralisch handeln. Er zeigt sich zudem auch
als Kritiker liberaler Auffassungen: er glaubt, daß egalitäre und utilitaristische Erwägungen
unsere Partikularität unterwandern. Vgl.: Equality as a Moral Ideal, in: Frankfurt (1983),
134 ff.; Rationality and the Unthinkable, in: ebd., 177 ff.; Equality and Respect, in: Frankfurt
(1999), 146 ff.

und Entscheidens anzuerkennen, wenn wir im Prinzip zeigen können, daß sie rationalen Urteilen nicht widersprechen.

Diese kritische Einschätzung soll jedoch keineswegs die wegweisenden Aspekte von Frankfurts Denken für eine Konzeption personaler Autonomie unberücksichtigt lassen. Daher wird eine Revision der Frankfurtschen Konzeption der Identifikation vorgeschlagen, die möglichen Einwänden begegnet, die auch gegenüber seinem jüngsten Versuch gemacht werden können, praktische Identität als non-kognitivistische und non-voluntaristische Bedingung rationalen Handelns und Entscheidens zu fassen. Wenn die hier entwickelten Argumente korrekt sind, würde es eine kognitivistische Deutung seiner Konzeption praktischer Identität erlauben, den Prozeß der Identifikation mit unseren Einstellungen selbst als rational in dem Sinne zu beschreiben, daß wir auch in beharrlichen Einstellungen prinzipiell auf Gründe reagieren. Frankfurts Konzeption praktischer Identität, die sich gerade durch die Beharrlichkeit mancher unserer Einstellungen auszeichnet, könnte dadurch für eine Theorie praktischer Überlegung fruchtbar gemacht werden.

### 2.1. Die klassischen Einwände

In »Freedom of the Will and the Concept of a Person« vertritt Frankfurt die These, daß sich Personen gegenüber anderen Wesen durch die hierarchische Struktur ihres Wollens auszeichnen. Im Gegensatz zu sogenannten ‚wantons' bilden sie nicht nur Wünsche erster Ordnung, sondern auch Wünsche zweiter Ordnung aus. Mit diesem Modell will er zeigen, wie wir uns zu unseren gegebenen Einstellungen verhalten, ohne auf eine gegebenenfalls problematische Auffasung praktischer Vernunft zu rekurrieren. Frankfurt differenziert Wünsche nach Effektivität und Gehalt.[57]

Personen entwickeln demnach Wünsche zweiter Ordnung, die sich auf unsere Wünsche erster Ordnung richten und in diesem Sinne zu ihrer Selbstbewertung beitragen. Es handelt sich hierbei um Wünsche, bestimmte Wünsche erster Ordnung zu haben. Frankfurt unterscheidet zunächst den Gehalt von Wünschen zweiter Ordnung. Sie können sich z. B. auf fiktive Wünsche richten, die die betreffende Person gar nicht hat.[58] Diesen Fall blendet Frank-

---

57  Vgl. Freedom of the Will and the Concept of a Person, in: Frankfurt (1988).

58  Frankfurt führt hier einen Arzt an, der aus einer gewissen Experimentierfreude heraus den Wunsch nach Drogen besitzen möchte. Er will auf diese Weise die Sucht eines Drogenabhängigen erfahren. Da er jedoch den relevanten Wunsch erster Ordnung nach Drogen gar nicht wirklich besitzt, kann sein Wunsch zweiter Ordnung, der darauf gerichtet ist, nicht erfüllt werden. Der Arzt kann sich gar nicht mit einem solchen Wunsch identifizieren.

furt jedoch im weiteren aus. Wünsche zweiter Ordnung, die dagegen unsere tatsächlich vorhandenen, handlungswirksamen Wünsche zum Inhalt haben, spezifiziert Frankfurt als „Volitionen zweiter Ordnung". Sie drücken aus, daß ein bestimmter Wunsch erster Ordnung der Wille der betreffenden Person und damit handlungswirksam werden soll. Volitionen zweiter Stufe bestimmen auch, was Willensfreiheit ist: Eine Person ist demnach frei, wenn diejenigen Wünsche handlungswirksam werden, von denen sie dies will. Anders formuliert: Ihr Wollen drückt aus, was ihr Wille sein soll. Stimmt ihr Wille (d. h. ihr handlungswirksamer Wunsch erster Ordnung) mit ihrem Wollen (d. h. ihrem Wunsch zweiter Ordnung) tatsächlich überein, bestimmt sie sich autonom. Ihr Wille ist frei, wenn sie eine Übereinstimmung ihres Willens mit ihren Volitionen zweiter Stufe erreicht.[59] Frankfurt läßt jedoch offen, worin diese Übereinstimmung genau besteht und wie sie erzielt werden kann. Er führt lediglich an, daß wir zu hilflosen Zuschauern gegenüber den Kräften werden, die uns handeln lassen, wenn wir uns mit unseren handlungswirksamen Wünschen erster Ordnung nicht hinreichend entschlossen identifizieren können. Wir handeln dann aus Wünschen heraus, denen wir gar nicht Folge leisten wollen.

Gegen Frankfurts Konzeption der Identifikation mit unserem Willen als Bedingung von Autonomie wurden mehrere, miteinander zusammenhängende Einwände formuliert, die ich im folgenden als die „klassischen" Einwände vorstellen werde.[60] Diese lassen sich spezifizieren in: verschiedene Varianten des Regreß-Einwands, das ab-initio-Problem, den Einwand der Unvollständigkeit, den Synchronismus- sowie den Dezisionismus-Einwand.

Im Zentrum der klassischen Einwände steht meines Erachtens das Problem der Normativität der Volitionen zweiter Ordnung, dem sich Frankfurt in seinen späteren Arbeiten schließlich auch zu stellen versucht. Inwiefern können Volitionen zweiter Ordnung als verbindlich hinsichtlich dessen gelten, was eine Person „wirklich" will? Wie sich noch zeigen wird, ist der Wunschbegriff auch auf der Ebene von Volitionen zweiter Ordnung gar nicht mit Ressourcen kritischer Bewertung ausgestattet, da sie von Frankfurt nur durch ihre Kraft gegenüber Wünschen erster Ordnung charakterisiert sind.

So vermag Frankfurt dem Einwand des Regresses zufolge keinen Grund anzugeben, warum Wünschen zweiter Ordnung bezüglich der Selektion unserer Wünsche erster Ordnung besondere Bedeutung zugeschrieben werden

---

59    Vgl. Freedom of the Will and the Concept of a Person, in: Frankfurt (1988), 20.

60    Verschiedene Zusammenfassungen der klassischen Einwände finden sich u. a. bei: Shatz (1986); Kusser (1989); Christman (1991); Baumann (2000); Merker (2001); Quante (2001).

sollte. Die Identifikation mit einem Wunsch erster Ordnung besteht ausschließlich in der Billigung, von dem relevanten Wunsch erster Ordnung zum Handeln motiviert zu werden. Es kann jedoch nicht gezeigt werden, warum Wünsche zweiter Ordnung nicht wiederum durch Wünsche dritter Ordnung und diese durch weitere höherstufige Wünsche bis ins Unendliche autorisiert werden müssen. Wird der Regreß einfach durch die Behauptung abgebrochen, daß Volitionen zweiter Ordnung hinreichend sind, setzt sich Frankfurts Modell dem sogenannten ab-initio-Problem aus, demzufolge bestimmte mentale Einstellungen ohne weitere Begründung als autonom ausgezeichnet werden.[61] Es kann dann nicht gezeigt werden, warum nicht auch Wünsche erster Ordnung hinreichend für autonomes Handeln sind und hierarchische Modelle daher generell aufgegeben werden sollten.[62] Schließlich ist es keineswegs offensichtlich, daß Volitionen als höherstufige Wünsche besser geeignet sind, diejenigen Motive, mit denen wir uns identifizieren wollen, von denjenigen zu unterscheiden, die uns fremd und äußerlich sind. Wünsche erster Ordnung könnten in diesem Sinne sogar als „authentischer" gelten als Volitionen zweiter Ordnung. Es läßt sich jedoch auch hier kritisch einwenden, daß offen bleibt, inwiefern Wünsche erster Ordnung gute Handlungsgründe sein können. Schließlich muß deren normative Kraft über das hinausgehen, wozu eine Person motiviert ist, andernfalls wäre jeder Wunsch ein gleich guter Handlungsgrund. Doch dies scheint auch Frankfurt bestreiten zu wollen. Die von ihm selbst angeführten Fälle der Willensschwäche machen deutlich, daß wir uns auch in bezug auf diese motivierenden Gründe irrational oder nicht rational verhalten können. Es bedarf daher einer Bewertungsinstanz, die unsere Wünsche als bindend auszeichnet – selbst wenn das hierarchische Modell verabschiedet wird.

Wenn jedoch nicht gezeigt werden kann, was die Identifikation der Volitionen zweiter Ordnung mit dem Willen autorisiert, ist Frankfurts Modell mit dem Einwand der Unvollständigkeit konfrontiert.[63] Besonders unplausibel ist hierbei, daß sich in Frankfurts Modell Wünsche zweiter Ordnung allein auf die Wünschbarkeit der Wünsche erster Ordnung bezieht, nicht jedoch auf deren Inhalt. Wünsche zweiter Ordnung scheinen dann aber völlig ungeeignet, Wünsche erster Ordnung überhaupt daraufhin zu bewerten, ob sie handlungswirksam werden sollen. Sie können gar keine selektive Funktion überneh-

61   Vgl. Friedman (1986); vgl. Tugendhat (1992).
62   Vgl. Watson (1975), 108 f.; sowie Thalberg (1989), 130; vgl. Kusser (1989), 149 f.; vgl. Wolf (1990), 30 f.
63   Vgl. Bratman (1996), 188 f.

men,[64] da sie sich gar nicht auf den Wunschinhalt richten, sondern auf die motivationale Kraft des Wünschens.

Dem Synchronismus-Einwand zufolge analysiert Frankfurt die Identifikation mit unseren Wünschen, ohne die Geschichte unseres Wunscherwerbs zu berücksichtigen. So können auch Volitionen das Ergebnis fremdbestimmter Sozialisation oder anderer manipulativer Einflüsse sein.[65] Er kann daher nicht garantieren, daß die Übereinstimmung zwischen den Volitionen und dem Willen Autonomie verspricht.

Sein hierarchisches Wunschmodell ist zudem rein subjektiv und scheint keinerlei evaluatives Korrektiv zu erlauben. Auf diese Weise liefert sich Frankfurt dem Dezisionismus-Einwand aus, da er keine Mittel an die Hand gibt, die autonome Auswahl unserer Einstellungen durch etwas anderes als unsere eigenen subjektiven Einstellungen erfolgen zu lassen. Autonomie besteht dann in einer Art Selbstkonstitution der Person, die völlig arbiträr zu sein scheint, da sie allein von den gegebenen Dispositionen einer Person abhängt,[66] selbst wenn diese hierarchisch strukturiert sind. Die Einwände machen meines Erachtens hinlänglich deutlich, daß die in dem hierarchischen Wunschmodell vorgestellten Bedingungen der Identifikation mit bestimmten gegebenen Einstellungen mit Hilfe von Volitionen zweiter Ordnung weder als notwendig noch als hinreichend dafür gelten können, was es heißt, einen freien Willen zu haben oder – was für Frankfurt gleichbedeutend ist – autonom zu sein. Sie können nicht zeigen, inwiefern wir einen Grund für diese Identifikation haben, der sie rechtfertigt.

64  Aus diesem Grund schlägt Watson eine Unterscheidung zwischen Bewertungen und Wünschen vor. Vgl. Watson (1982), 108 f. Watson korrigiert seinen Einwand jedoch in: Watson (1987) dahingehend, daß wir uns auch mit einer Handlungsalternative identifizieren können, ohne sie als die beste zu bewerten. Kusser (1989) spricht von einer Diskrepanz zwischen Motivation und Evaluation. Eine rationalistische Revision des hierarchischen Modells wird auch von Stump (1988) vorgeschlagen. Vgl. Raz (1997), 225; vgl. Wallace (2001).

65  Dieser Einwand geht auf Christman (1991), 1 ff., zurück, der die Geschichte des Wunscherwerbs für eine Konzeption personaler Autonomie berücksichtigen möchte. Vgl. Mele (1995).

66  Kusser (1989), 140, spricht hier von „dezisionistischer Unterhöhlung praktischer Rationalität". Vgl.: Ullmann-Margalit (1992), 81. Bransen (1996), 5, verweist auf die „unfortunate decisionist overtones", die er jedoch durch eine Revision der Frankfurtschen Theorie auszumerzen gedenkt, auf die ich hier nicht näher eingehen kann.

## 2.2. Identifikation aus ganzem Herzen und Entscheidung

Nicht zuletzt in Reaktion auf diese Kritik räumt Frankfurt selbst ein, daß Identifikation und damit die Bewertung und Auswahl bestimmter unserer gegebenen Einstellungen nicht durch sein hierarchisches Wunschmodell allein beschrieben werden kann.[67] Es gilt im folgenden zu prüfen, wie er die Bedingungen der Identifikation weiter spezifiziert und ob dies den Anforderungen einer Theorie personaler Autonomie genügen kann.

Den Vorwurf des Regresses nimmt er bereits in »Freedom of the Will and the Concept of a Person« in Form eines pragmatischen Arguments vorweg: Es gibt zwar keine theoretische Grenze der Höherstufigkeit, doch wäre es angesichts unserer Begrenztheit einfach unpraktisch und unsinnig, immer auf eine höhere Stufe zu rekurrieren. Zugleich verweist er auf eine bestimmte Kraft der selektiven Funktion unserer Volitionen zweiter Ordnung, die seiner Meinung nach einen infiniten Regreß unterbindet, ohne arbiträr zu sein. Wenn die Identifikation mit unseren Wünschen erster Stufe „entschlossen" ist, werde ein weiterer Rekurs auf eine nächst höhere Stufe unnötig.[68] Es ergibt nach Frankfurt keinen Sinn zu fragen, ob sich jemand mit seiner Identifikation identifiziert, sofern diese vollständig und aus ganzem Herzen erfolgt und so unsere Einstellungen als eigene, andere dagegen als uns äußerlich bestimmt.[69] Er verweist damit auf eine Art volitionale Harmonie, die dem Vorwurf des Regresses sowie der Unvollständigkeit begegnen soll. Frankfurt müßte hierbei allerdings beantworten, wie die behauptete volitionale Harmonie festgestellt werden kann. Er gesteht später selbst zu, daß es gar nicht so klar sei, inwiefern vermieden werden könne, daß eine entschlossene Identifikation nicht vollkommen arbiträr erscheine, und bemüht die Unterscheidung zwischen Aktivität und Passivität, um den Prozeß der Identifikation so beschreiben zu können, daß die sich identifizierende Person als diejenige ausgewiesen ist, die aktiv ihre Handlungen und damit ihre Einstellungen lenkt.[70]

---

67   Vgl. Identification and Externality, in: Frankfurt (1988), 66. Frankfurt bezieht sich hierbei auf die Einwände von Watson (1975). Er räumt ebenso ein, daß der Unterschied zwischen einem »Wanton« und einer ambivalenten oder willensschwachen Person gar nicht so deutlich ist. Er äußert nun selbst Skepsis, warum eine willensschwache Person so charakterisiert werden sollte, daß sie an dem Konflikt zwischen ihren Wünschen beteiligt ist, während der »Wanton« als jemand beschrieben wird, der gar kein Interesse an dem Konflikt hat.
68   Vgl. Freedom of the Will and the Concept of a Person, in: Frankfurt (1988), 21.
69   Vgl. Three Concepts of Free Action, in: ebd., 54.
70   Vgl. ebd., 47. Vgl. The Problem of Action, in: ebd., 72. Frankfurt verwendet hier den Terminus ,guidance'. Eine Person lenkt ihre Handlungen dann, wenn sie ihre Körperbewegungen zum Zeitpunkt des Geschehens zielgerichtet lenkt. Frankfurts Ausführungen sind

Wenn eine Person auf Grund innerer Zwänge nicht das tun kann, was sie gerne möchte, besteht ein Konflikt zwischen ihren Wünschen erster und zweiter Ordnung, wobei sie passiv sein kann in bezug auf die Kraft, die sie handeln läßt, und mit der sie sich nicht identifizieren will. Auch wenn diese Kraft aus ihr selbst kommt – wie z. B. im Fall eines Drogenabhängigen wider Willen – möchte sich die Person am liebsten davon dissoziieren.[71] Der Konflikt zwischen den Wünschen erster Ordnung kann auch nur so gelöst werden, daß ein Wunsch – z. B. der Wunsch nach der Droge – verworfen wird. Die beiden Wünsche gehören nicht zu derselben Ordnung, da sie inkonsistent sind. Indem ein Wunsch verworfen wird, macht ihn die Person sich selbst gegenüber äußerlich.[72] Dieser kann ihr nicht mehr im strengen Sinne zugeschrieben werden. Er „geschieht" lediglich in ihr. Die Identifikation mit bestimmten Wünschen eliminiert zwar nicht völlig den Konflikt, verändert jedoch seine Natur zu einem Konflikt zwischen einem Wunsch und der Person, die sich mit dem rivalisierenden Wunsch identifiziert hat.[73]

Ob wir uns tatsächlich und aus ganzem Herzen mit einem Wunsch identifizieren, kann nach Frankfurts revidierter Auffassung nicht durch höherstufige Wünsche, sondern nur durch eine Konzeption aktiver Lenkung („guidance") ausgewiesen werden, die auf andere mentale Einstellungen wie Entscheidungen rekurriert.[74] Hiermit scheint Frankfurt vor allem die Bestimmtheit und Kraft

vor dem Hintergrund einer Kritik an der Kausaltheorie zu verstehen, derzufolge ein Ereignis genau dann als Handlung gilt, wenn sie durch bestimmte Wünsche und Meinungen der handelnden Person rational einsichtig gemacht und kausal verursacht wird. Im Rahmen dieser Theorie können allerdings ganz andere Ursachen als die jeweiligen Absichten der handelnden Person ein Ereignis hervorrufen. Dies kann vor allem deshalb nicht ausgeschlossen werden, da Handlungen ausschließlich über zeitlich frühere Ursachen erklärt werden. Zahlreiche Beispiele sogenannter „abwegiger" Kausalketten belegen jedoch, daß eine Handlung nicht immer von den Wünschen und Meinungen der handelnden Person in der richtigen Weise hervorgerufen wird. Die Kausaltheorie geht vor allem auf Davidson (1963) zurück. Vgl. Stoecker (2001). Vgl. Identification and Externality, in: Frankfurt (1988), 60; vgl. The Problem of Action, in: Frankfurt (1988), 69.

71    Vgl. Three Concepts of Free Action, in: Frankfurt (1988), 48 f.

72    Vgl. Identification and Externality, in: ebd., 67. Vgl. Identification and Wholeheartedness, in: ebd., 170. Frankfurt spricht in diesem Zusammenhang von ‚integration' und ‚separation'.

73    Vgl. ebd., 172. Frankfurt verweist auch auf einen Konflikt zwischen den Volitionen höherer Stufe selbst. Hierbei geht es dann um die Frage, ob die Wünsche höherer Ordnung gegenüber etwas, das wir wünschen, aus ganzem Herzen erfolgen. Andernfalls ist die Person ambivalent oder ihre Wünsche höherer Ordnung sind inkonsistent.

74    Vgl. Identification and Externality, in: ebd., 68. Er bemerkt jedoch auch hier schon, daß es unklar sei, was Entscheidungen genau auszeichnet.

fassen zu wollen, mit der wir manchen unserer Einstellungen zustimmen. Er beabsichtigt damit keineswegs, auf rationale Gründe zu verweisen, die sich etwa einer Bewertung des propositionalen Gehalts dieser Einstellungen verdanken und einer solchen Entscheidung zugrunde liegen. Auch hier wird deutlich, daß er zwischen der normativen Kraft der Identifikation mit bestimmten Einstellungen und der normativen Autorität der Identifikation zu differenzieren scheint.

Dies zeigt sich u. a. daran, daß er Entscheiden als eine Handlung auffaßt, die wir gegenüber uns selbst ausführen. Er will sie daher von einer Wahl unterscheiden, deren unmittelbarer Gegenstand nicht die Person ist, die wählt, sondern das, was sie wählt. Entscheiden hat folglich nichts damit zu tun, einen Konflikt zwischen inkompatiblen Wünschen zu beenden, sondern damit, sich mit einem dieser Wünsche zu identifizieren. Eine solche Entscheidung etabliert erst – wie er sagt – eine Regel zur Koordination unserer Wünsche[75] und bewirkt, daß sich eine Person sowohl über die Zeit als auch in bezug auf die reflexive Struktur ihrer Wünsche zu integrieren vermag. In diesem Sinne, so Frankfurt, konstituiert sich sogar eine Person.[76] Sie übernimmt Verantwortung für ihren Wunsch, wenn sie sich mit ihm durch die Handlung des Entscheidens identifiziert.[77]

Mit folgendem Beispiel einer Rechenaufgabe will Frankfurt den Charakter von Entscheidungen verdeutlichen: Wenn wir eine Rechenaufgabe lösen, können wir eine durchgeführte Rechnung zwar immer wieder auf ihre Richtigkeit überprüfen. Eine Person entscheidet sich dann aber aus einem der folgenden Gründe, das Resultat zu akzeptieren: Sie hat entweder Vertrauen in seine Richtigkeit oder glaubt, daß die Kosten weiterer Nachprüfung im Vergleich zur Wahrscheinlichkeit eines Rechenfehlers zu hoch sind. In beiden Fällen handelt es sich um eine entschlossene Identifikation, die bei weiteren Überprüfungen „wiederhallt".[78] Die betreffende Person glaubt dann, daß keine weitere Überprüfung sie veranlassen würde, ihre Meinung zu ändern. Frankfurt nennt dies den „Resonanz-Effekt".[79] Er ignoriert jedoch mit dieser als „wiederhallende"

75   Identification and Wholeheartedness, in: ebd., 175.
76   Vgl. ebd., 170. Eine Entscheidung aus ganzem Herzen hat Frankfurt zufolge nichts mit einem Gefühl oder einer bestimmten Selbstwahrnehmung zu tun.
77   So bedarf es Frankfurts Konzeption moralischer Verantwortung zufolge auch keiner alternativer Möglichkeiten: eine Person muß lediglich aus eigenen Intentionen heraus handeln, die sie zum Handeln bewegen, ganz unabhängig von den Konsequenzen und der Wirksamkeit der Handlung. Vgl. What We Are Morally Responsible For, in: ebd., 95; vgl. Alternate Possibilites and Moral Responsibility, in: ebd., 5.
78   Identification and Wholeheartedness, in: ebd., 168.
79   Ebd., 169.

Entscheidung gefaßten Identifikation, daß sich eine Person in ihrem Vertrauer und ihrer Einschätzung der Richtigkeit ihrer Entscheidung auch täuscher kann. Die Analogie zur Beendigung einer Rechenaufgabe scheint auch aus folgendem Grund nicht stimmig zu sein: In einer Rechenaufgabe folgt die Entscheidung für ein Ergebnis auf einen regelgeleiteten, rationalen Prozeß der Überlegung. Dagegen ist die Entscheidung für eine bestimmte Einstellung nicht regelgeleitet. Frankfurt faßt Entscheidung hier vielmehr als eine Art nonkognitive Wahrnehmung. Diese impliziert lediglich, daß keine der Identifikation widersprechenden Motive erkannt werden. Im Gegensatz zu bewußter und rationaler Überlegung läßt dies allerdings völlig offen, wie gut die jeweilige Wahrnehmungsfähigkeit einer Person ist, da Frankfurt auf Kriterien der Überprüfung völlig verzichtet.

### 2.3. Das Problem unbewußter Entscheidungen: Zufriedenheit

Frankfurts neu eingeführter Begriff der Entscheidung scheint vor allem die Kraft bezeichnen zu wollen, mit der eine Person bestimmte ihrer Einstellungen endgültig als die ihren akzeptiert. Sie akzeptiert diese, indem sie sich mit bestimmten Einstellungen nicht notwendigerweise bewußt, aber entschieden identifiziert.

Gegen Frankfurts eigenwillige Konzeption ist eingewendet worden, daß eine Entscheidung keinesfalls garantiert, daß eine Person sich tatsächlich mit bestimmten ihrer Einstellungen identifiziert. David Velleman verweist auf das Handeln und Verhalten einer Person, das mitunter auf unbewußte Entscheidungen rückschließen lasse, mit denen sich die betreffende Person gar nicht identifiziert. Er führt folgendes Beispiel an: Er trifft einen alten Freund mit dem lange gehegten Ziel, eine kleinere Streitigkeit beizulegen. Als sie sich tatsächlich gegenüberstehen, veranlassen ihn die spitzen Kommentare seines Freundes, in scharfem Ton zu reagieren, und sie trennen sich im Zorn. Später wird ihm klar, daß er sich seit Jahren über seinen Freund mehrfach geärgert hat, und daß dies seinen Ton so scharf werden ließen. Da dies jedoch gar nicht seiner bewußten Entscheidung entsprach – schließlich wollte er ihn treffen, um eine kleinere Streitigkeit beizulegen –, scheint es so, als wäre nicht er selbst, sondern sein angestauter Zorn es gewesen, der die Freundschaft zerbrechen ließ.

Daraus schließt Velleman, daß eine Entscheidung allein nicht ausreicht, um der betreffenden Person ihre Handlung zuzuschreiben, da diese ihr äußerlich bzw. fremd sein kann. Entgegen ihrer Entscheidung handelt die Person in dem genannten Beispiel aus einem Motiv, mit dem sie sich nicht identifiziert. Frankfurts Begriff der Entscheidung impliziert jedoch nicht, daß die Person auch ihrer Entscheidung entsprechend handelt. Insofern macht Velleman allenfalls darauf aufmerksam, daß die Handlungen einer Person trotz der Kraft ihrer entschiedenen Identifikation mit bestimmten ihrer Einstellungen von anderen Motiven verursacht werden können. Da es Frankfurt in seinem Begriff der Entscheidung gerade um diese Kraft zu tun ist, kann er jedoch nicht einsichtig machen, warum die betreffende Person nicht auch motiviert ist, entsprechend zu handeln. Velleman verdeutlicht zudem, daß Frankfurts Begriff der Entscheidung kein Handeln aus Gründen ermöglicht.[80] Der Person selbst, so Velleman, kommt keine verursachende Kraft zu, da sie lediglich auf Grund bestimmter Einstellungen, nicht jedoch aus überlegten Gründen handelt. Die mentalen Ereignisse, die die Handlung erklären, lassen die betreffende Person unbeteiligt sein,[81] wenngleich Frankfurt die Partizipation der Person in seinem Begriff der Identifikation vorauszusetzen scheint.[82]

Frankfurt verdeutlicht schließlich selbst, daß die Entscheidung für eine Einstellung bestenfalls unsere Vorsätze ausdrückt. Sie ist nicht notwendigerweise handlungswirksam. Da er jedoch bereits Entscheiden – entgegen der offensichtlichen Annahme Vellemans – nicht als Verursachung einer Handlung, sondern eher als Wahrnehmung volitionaler Harmonie kennzeichnet, stellt dies nur eine Verdeutlichung seines spezifischen Entscheidungsbegriffs dar. Indem er nun Identifikation aus ganzem Herzen als Zufriedenheit zu fassen versucht, scheint er dies zu unterstreichen.[83]

Frankfurt rekurriert hierbei erneut auf sein hierarchisches Wunschmodell. Identifikation ist nun bestimmt durch das Inkraftsetzen (‚endorsement‘) eines gegebenen Wunsches durch einen höherstufigen Wunsch.[84] Dies impliziert

80   Velleman verortet diesen mentalen Zustand, der die Person selbst ausmacht, in dem Wunsch, nach Gründen zu handeln. Vgl. Velleman (1992), 479. Dieser Wunsch bringt zusätzliche motivationale Kraft für jedes Motiv, das die stärksten Handlungsgründe darstellt. Dieser Wunsch kann nicht verworfen werden, ohne daß die Person aufhören würde, ihre Motive zu beurteilen. Sie würde keine handelnde Person mehr sein. Hierzu kritisch: Meyerson (1994).
81   Vgl. Velleman (1992), 475.
82   Vgl. ebd., 462.
83   Vgl. The Faintest Passion, in: Frankfurt (1999), 102.
84   Ebd., 103. Etwas aus ganzem Herzen wollen, „consists in being fully satisfied that they [i.e. psychic elements], rather than others that inherently (i. e., non-contingently) conflict with them, should be among the causes and considerations that determine his cognitive, affective, attitudinal, and behavioral processes."

jedoch nicht, daß wir danach handeln müssen. Schließlich können wir einer anderen, inkompatiblen Einstellung eine noch höhere Priorität zubilligen. Zufriedenheit impliziert vielmehr jede Abwesenheit von Widerstand. Dies erfordert keine bestimmte Meinung oder Einstellung. Die betreffende Person hat einfach eine bestimmte psychische Verfaßtheit, die sie hinnimmt.[85] Frankfurt charakterisiert diese Art der Zufriedenheit als einen Zustand des gesamten psychischen Systems, der durch die Abwesenheit jeglicher Tendenz, etwas zu verändern, konstituiert ist.[86]

Er lehnt es ab, dies als eine bestimmte Art psychischer Selbstwahrnehmung zu fassen. Es gehe nicht um eine bestimmte Form des Enthusiasmus, sondern lediglich um die Organisation unseres Willens. Eine zufriedene Person kann durchaus innere Konflikte haben. Zugleich weiß sie aber, wo sie selbst in bezug auf diesen Konflikt steht. Michael Bratman wendet jedoch ein, daß das mangelnde Interesse an Veränderung keine hinreichende Bedingung für die Identifikation darstelle. Er schlägt dagegen vor, die Wünsche, mit denen sich eine Person identifiziert – und dies heißt für Bratman, sich so zu entscheiden, daß die Person mit ihrer Entscheidung zufrieden ist –, als solche zu betrachten, die Gründe darstellen.[87] Da Wünsche in Frankfurts Sinne jedoch bloße motivationale Kräfte darstellen, ist nicht einsichtig zu machen, wie diese als Gründe gelten können.

Gegen seine Konzeption der Zufriedenheit kann zudem folgendes angeführt werden. Zum einen gelingt es Frankfurt nicht zu zeigen, warum Zufriedenheit keine psychische Selbstwahrnehmung sein soll. Wenn uns unser volitionaler Haushalt stimmig erscheint und wir in diesem Sinne keinen Anlaß sehen, ihn zu verändern, impliziert dies die Erfahrung dieser Stimmigkeit, gerade weil wir sie nicht bewußt bewerten.[88] Sobald jedoch zugestanden wird, daß es sich um eine Erfahrung handelt, scheint Identifikation lediglich durch eine weitere Einstellung ausgezeichnet zu werden, die ihrerseits autorisiert werden müßte. Schließlich ist es möglich, daß wir uns in unserer Selbstwah-

85   Ebd., 105.
86   Vgl. ebd., 104.
87   Vgl. Bratman (1996).
88   Schroeder/Arpaly (1999), 373ff., machen darauf aufmerksam, daß Frankfurt sich auf die Konzeption der „Äußerlichkeit" beruft und fälschlicherweise behauptet, diese hätte nichts mit der Erfahrung der Entfremdung zu tun. Die Äußerlichkeit müsse sich jedoch gerade durch die Erfahrung der Entfremdung auszeichnen. Ich bin der Auffassung, daß sich auch Identifikation durch die Erfahrung der Zufriedenheit auszeichnen muß.

nehmung gründlich täuschen. Eine obsessive Person könnte damit zufrieden sein, Telefonbücher auswendig zu lernen, wenn sie sich mit diesem Wunsch auf Grund ihrer Obsession volitional harmonisch identifiziert.[89] Zum andern bleibt festzuhalten, daß Frankfurt seine bisher voluntaristisch gefaßte Konzeption der Identifikation zunehmend unterwandert hat. Anstatt – wie in seinen früheren Versuchen – manche unserer Einstellungen freiwillig und bewußt zu wollen oder sich dafür zu entscheiden, rekurriert er nun verstärkt auf nonvoluntaristische Selbstwahrnehmungen. Mit dieser Auffassung der Identifikation als Abwesenheit von Widerstand scheint Frankfurt die Konsequenz aus dem letztlich unlösbar gewordenen Problem zu ziehen, die normative Kraft der Identifikation durch die volitionalen Einstellungen einer Person wie Wünsche und Entscheidungen zu autorisieren.

### 2.4. Volitionale Notwendigkeit

Während Frankfurt bisher der Frage nachgegangen ist, was es heißt, sich mit bestimmten seiner gegebenen Einstellungen willentlich zu identifizieren, mit anderen dagegen nicht, widmet er sich nun verstärkt der Frage, in welchem Sinne die Gegebenheit unserer Einstellungen selbst einen Handlungsgrund darstellt. Dies hatte sich in seiner Konzeption der Zufriedenheit angebahnt. In der Tatsache, daß wir nicht gewillt zu sein scheinen, bestimmte unserer Einstellungen aufzugeben, lokalisiert Frankfurt nun unsere volitionale Kontinuität. Nicht die punktuelle Identifikation, sondern die Beharrlichkeit bestimmter Einstellungen zeigt demnach, daß einer Person etwas wichtig ist und sie daher einen Grund hat, sich selbst zu bestimmen.[90]

Frankfurt richtet seinen Blick somit zunehmend auf die bisher unberücksichtigt gebliebene Dimension der Wunschdauer und -intensität angesichts anderer, diesen Wunsch einschränkender, gewichtiger Gründe. Diese Perspektive läßt erst deutlich werden, daß Identifikation als Bedingung personaler Autonomie keinesfalls – wie es ursprünglich zu erwarten war – in der aktiven und bewußten Auswahl oder Entscheidung für bestimmte unserer gegebenen Einstellungen in Übereinstimmung mit unseren Volitionen besteht. Statt dessen formen Dinge, die uns wichtig sind, unseren Willen, ohne unter unserer

---

89   Wallace (1994), 172, weist darauf hin, daß eine Person unfähig ist, andere Handlungsgründe zu erkennen, wenn sie ihr ganzes Leben hindurch obsessiv ist.
90   Vgl. The Importance of What We Care About, in: Frankfurt (1988), 83. In On Caring, and a Certain Parallel, 470, betont Frankfurt, daß der Unterschied zwischen ‚caring‘ und Wünschen bzw. Ziele verfolgen nicht verwischt werden darf.

unmittelbaren Kontrolle zu sein.[91] Selbst wenn wir uns bewußt für etwas anderes entscheiden und andere Bewertungen vornehmen, offenbaren unsere beständigen Einstellungen unseren „eigentlichen" Willen.

Frankfurt spricht in diesem Zusammenhang von „volitionaler Notwendigkeit"[92]. Es handelt sich hierbei um Motive, die sich die betreffende Person insofern zu eigen gemacht hat, als sie nach keiner Veränderung strebt. Da der Wille als eine Instanz ausgezeichnet ist, die sich auch wider kognitive Urteile durchsetzt, stellt er eine Notwendigkeit dar und ist zugleich eine wesentliche Bedingung unserer autonomen Lebensführung und Entscheidungsfähigkeit.[93]

Die Person handelt frei, da sie das, was sie tut, auf Grund ihres gegebenen Willens tut.[94] Diese Freiheit besteht jedoch darin, daß sie sich ihm nicht widersetzt. Jedes Wollen begreift Frankfurt in diesem Sinne als Handlung einer bestimmten Person,[95] selbst wenn sie es einfach geschehen läßt und sich als unfähig erweist, eine andere Handlung auszuführen. In unserer Weigerung, eine Änderung an unserer volitionalen Verfaßtheit vorzunehmen, kontrollieren wir unsere Einstellungen durch stillschweigende Bestätigung.[96]

Hier stellt sich jedoch die Frage, ob Veränderung überhaupt möglich wäre, wenn sich die Person auf Grund ihrer volitionalen Struktur von vornherein als unfähig erweist, sich dieser zu widersetzen. Könnten beharrliche Einstellungen nicht solche sein, gegenüber denen wir passive Zuschauer bleiben? Gegen den möglichen Einwand des Dezisionismus wendet Frankfurt zwar ein, daß unsere volitionale Substanz nicht kritiklos akzeptiert werden muß,[97] ohne aber jemals auszuführen, wie diese Kritik autorisiert werden könnte.[98]

Mit seiner Auffassung volitionaler Notwendigkeit vertritt Frankfurt eine Auffassung praktischer Gründe, die vor allem auf die Dichotomie von Urteilen und

---

91    Vgl. The Importance of What We Care About, in: Frankfurt (1988), 88.

92    Vgl. ebd. 86.

93    Vgl. ebd. 88.

94    Frankfurt räumt ein, daß der Begriff des Willens vage ist. Vgl. Concerning the Freedom and Limits of the Will, in: Frankfurt (1999), 71.

95    Vgl. ebd. 79.

96    Vgl. Identification and Wholeheartedness, in: Frankfurt (1988), 163. So kann Frankfurt sagen, daß es uns wichtig ist, was wir sind.

97    Vgl. On the Necessity of Ideals, in: Frankfurt (1999), 116.

98    Wenn wir unsere volitionale Verfaßtheit ablehnen könnten, könnten wir ja auch anders handeln. Vor dem Hintergrund seiner früheren Ausführungen, denen zufolge Andershandelnkönnen keine notwendige Bedingung von Willensfreiheit ist, ist Frankfurt geradezu gezwungen, die Ablehnung unserer volitionalen Verfaßtheit auszuschließen. Ich verdanke diesen Hinweis Barbara Guckes.

Wollen rekurriert. Einen praktischen Grund zu haben, heißt für Frankfurt nicht, in Übereinstimmung mit seinen überlegten und bewußten Urteilen zu handeln, die seiner Meinung nach sogar unvernünftig sein können.[99] Statt dessen vertritt er die Auffassung, daß beharrliche Einstellungen, denen wir uns einfach nicht widersetzen wollen, Symptome der „fundamentalen Rationalität"[100] einer Person sind, die nicht durch ein bewußtes Urteil einfach korrigiert werden können. Beharrliche Einstellungen gehören zur volitionalen Substanz einer Person. Frankfurt schreibt hierbei vor allem den Gefühlen die Kraft zu, unsere volitionale Substanz gegen das Urteil, was das beste für uns sei, dadurch zum Ausdruck zu bringen, daß manche Handlungen einfach „undenkbar"[101] für uns erscheinen. Das Undenkbare bestimmt in diesem Sinne die Grenzen dessen, was die Person tun wollen und wählen kann.[102] Es handelt sich dann um eine Notwendigkeit der volitionalen Natur einer Person, die nicht durch Überlegung verändert werden kann. Es wird für die Person unmöglich, eine bestimmte Handlung auszuführen. Sie setzt in gewisser Weise selbst einen Widerstand in Kraft, hat jedoch keinesfalls ihre rationale Selbstkontrolle verloren. Schließlich besitzt sie einen Grund, weil sei eine bestimmte volitional definierte „Identität" hat.

Mit dieser Auffassung kritisiert Frankfurt wohl zum einen das utilitaristische Nutzenkalkül, demzufolge Handlungen, die den Nutzen maximieren, als die besten gelten. Eine Person, die sich zu einer solchen Handlung nicht bewegen kann und in diesem Sinne nicht rational zu sein scheint, handelt dennoch aus der „fundamentalen Rationalität" ihrer volitionalen Verfaßtheit.[103] Zum andern wendet er sich gegen einen zu engen Rationalitätsbegriff Kantscher Provenienz: Kant spricht unseren subjektiven Einstellungen wie Gefühlen die Kraft ab, unsere rationalen Urteile korrigieren zu können. Ein Urteil, das unseren emotionalen Einstellungen entgegensteht, stellt nach Frankfurts Meinung dagegen keinen praktischen Grund dar. Rational ist vielmehr, unserer volitionalen Natur zu folgen und unsere reflektierten Urteile daraufhin zu überprüfen, ob sie dieser widersprechen. Frankfurt zufolge muß unsere volitionale Substanz zu einem gewissen Grade festgelegt sein, damit wir über eine Basis der

99   Vgl. Rationality and the Unthinkable, in: Frankfurt (1988), 189.

100  Ebd., 190.

101  Ebd., 181.

102  Vgl. ebd., 188. Es mag natürlich möglich sein, daß eine Person die Intention ausbildet, eine undenkbare Handlung denkbar zu machen und darin auch erfolgreich ist. Wenn selbst dies jedoch undenkbar ist, ist die Undenkbarkeit einer Handlung entschieden. Vgl.: On the Necessity of Ideals, in: Frankfurt (1999), 112.

103  Vgl. Rationality and the Unthinkable, in: Frankfurt (1988), 184.

Bewertung und somit über einen „Anker"[104] verfügen, der unsere Entsche -
dungen zu rechtfertigen vermag.[105] Eine Person, die zu vielen Handlungsmöglichkeiten ausgesetzt ist, die schließlich ihre eigenen Wünsche beeinflussen,
läuft dagegen Gefahr, ihre volitionale Substanz zu verlieren.[106]

## 2.5. ‚Caring' oder: Das, was einer Person wichtig ist

An seine Konzeption volitionaler Notwendigkeit knüpft Frankfurt den Begriff
des ‚caring', der als Terminus technicus aufzufassen ist. ‚Caring' stellt eine von
Frankfurt selbst sehr weit verstandene, komplexe propositionale Einstellung im
Sinne eines Motivationsgefüges dar: Sie umfaßt Wertungen ebenso wie emc-
tionale Reaktionsmuster, persönliche Bindungen und Projekte. Es scheint sich
hierbei um eine weitere motivationale Unterstützung bestimmer Pro-Einste-
lungen zu handeln. Frankfurt spricht auch davon, daß sich die Person mit dem,
was ihr wichtig ist, identifiziert.[107] Die Reflexivität des hierarchischen Models
taucht in seiner ‚caring'-Konzeption folglich in neuer Form wieder auf: ‚caring'
ist eine reflexive Einstellung, die eine Person gegenüber einem eigenen
Wunsch hat, ohne diesem jedoch notwendigerweise freiwillig und bewuft
zustimmen zu müssen: Die betreffende Person kann einfach nicht umhin,
bestimmte Dinge wichtig zu nehmen. Frankfurt unterscheidet ‚caring' von (1)
rationalen Urteilen, (2) bewußten Meinungen und Werturteilen über das
Objekt oder Ziel, auf das sich die Einstellung richtet, sowie von (3) bloßen
Wünschen und anderen Motiven, die dem, was einer Person wichtig ist, auch
widersprechen können.[108] So liegt einer Person etwas am Herzen:

(1) auch wenn sie einsieht, daß es dumm oder sogar irrational ist;[109]
(2) auch wenn sie sich nicht darüber klar ist;[110]

---

104   Ebd., 179. Frankfurt spricht auch von ‚fixed point' und ‚volitional substance'. Vgl. On
the Necessity of Ideals, in: Frankfurt (1999), 110.

105   Vgl. ebd., 109.

106   Hierzu zählt Frankfurt die Eigenschaften des Willens ebenso wie volitionale Charakteristika höherer Ordnung sowie evaluative Einstellungen gegenüber sich selbst. Vgl. ebd.,
113 ff. Frankfurt bezeichnet Gebote der Tradition, des Stils, des Intellekts oder anderer
Arten von Ambitionen als die klarsten Grenzen der volitionalen Natur einer Person.

107   Vgl. ebd., 111.

108   Vgl. On Caring, in: Frankfurt (1999), 155 ff.

109   In einem solchen Fall ist sie nicht bereit, den Wunsch aufzugeben, auch wenn sie ihn
niemals befriedigen können wird.

110   Vgl. On Caring, in: Frankfurt (1999), 161 f. Umgekehrt kann es sein, daß ihr gewisse
Dinge überhaupt nicht wichtig sind, obwohl sie der entsprechenden Meinung ist.

(3) auch wenn sie wünschte, daß sie es nicht wichtig nähme und selbst, wenn sie trotz ihrer Anstrengung nicht aufzuhören vermag, dies wichtig zu nehmen.

Frankfurt muß allerdings zeigen, woran sich die spezifische Kraft der Einstellung zeigt, etwas wichtig zu nehmen, die andere Einstellungen wie Wünsche, Meinungen und Urteile gewissermaßen zum Schweigen bringt. Es ist hierbei bedeutsam, wie sehr sich eine Person ihrem Wunsch verpflichtet zeigt. Frankfurt unterschiedet hierbei ‚commitment' gegenüber diesem Wunsch von „in Kraft setzen" (‚endorsing') als ein ‚more active matter'.[111] Die Bindung gegenüber dem, was uns wichtig ist, impliziert nicht nur eine positive Bewertung des Wunsches und den – wenn auch nicht notwendigerweise bewußten – Willen, sich durch diesen Wunsch motivieren zu lassen. Sie setzt auch eine Disposition voraus, Schritte dahingehend zu unternehmen, daß dieser Wunsch bestehen bleibt, selbst wenn sich die betreffende Person entscheidet, einen anderen Wunsch zu befriedigen. Das Andauern des Wunsches zeigt, daß die betreffende Person nicht gewillt ist, ihn aufzugeben.[112] Sie würde den Wunsch sogar wiederbeleben, wenn er zu verschwinden droht.

‚Caring' ist am ehesten als nicht notwendigerweise bewußter dispositionaler Zustand zu interpretieren, der im Prinzip auf dem Weg der Reflexion zugänglich und damit bewußtseinsfähig ist. Die Aktualisierung dieses Zustands besteht darin, daß die betreffende Person unter zu spezifizierenden Umständen die Disposition hat, diejenigen Ziele, die ihr wichtig sind, zu verfolgen. Dies bedeutet, daß sie bestimmte gegebene Wünsche trotz anderer, mitunter sogar aus rationaler Sicht „besserer" Gründe aufrecht zu erhalten versucht. Die Umstände dafür, daß eine Person etwas wichtig nimmt, bestehen in der Beharrlichkeit ihrer Einstellungen, die zeigen, daß eine Person etwas sehr stark will, d. h. daß sie ihre Aufmerksamkeit, ihre Einstellungen und ihr Verhalten in bezug auf das lenkt, was ihr dergestalt wichtig ist. Sie macht sich gegenüber dem Verlust dessen, was ihr so am Herzen liegt, verwundbar.[113] Doch welche Berechtigung besitzt eine Einstellung, die Urteilen und Meinungen entgegensteht?

Wenn uns nichts wichtig wäre, besäßen wir Frankfurt zufolge kein Interesse daran, eine thematische Kontinuität in unserem volitionalen Leben zu eta-

---

111   Frankfurt (1998), 472.

112   Vgl. On Caring, in: Frankfurt (1999), 160.

113   So kann Frankfurt sagen, daß uns Dinge wichtig sind, sofern wir ohne sie geschädigt wären. Vgl. ebd., 163 f. Vgl. Necessity and Desire, in: Frankfurt (1988), 108 ff.

blieren. Wir wären nicht dazu disponiert, unsere Interessen, Ziele und Ambitionen aufrecht zu erhalten, selbst wenn wir Volitionen höherer Ordnung besäßen.

Daraus schließt Frankfurt, daß ‚caring' auch um seiner selbst willen wichtig ist und in diesem Sinne bedeutender als der Gegenstand, auf den sich unser ‚caring' richtet. Etwas wichtig zu nehmen stellt eine „unverzichtbare fundamentale Tätigkeit"[114] dar. Auf diese Weise modifiziert Frankfurt das Kantsche Argument, demzufolge die Wertschätzung unserer Menschheit und damit unserer Vernunftnatur als Zweck an sich eine Bedingung dafür ist, daß wir uns überhaupt Zwecke setzen können.[115] Nicht unsere Vernünftigkeit ist in Frankfurts Modell die Bedingung der Möglichkeit der Wahl unserer Ziele, sondern unsere stärksten und beharrlichsten Motive. Um etwas wichtig zu nehmen und folglich Ziele zu verfolgen, muß die volitionale Natur einer Person bereits zu einem gewissen Grade festgelegt sein. Eine Person, die nicht von vornherein unter einer solchen Notwendigkeit steht, erfüllt Frankfurt zufolge gar nicht die notwendige Bedingung, letzte Ziele rational zu wählen.[116]

Mit dieser These verbindet Frankfurt zum einen eine in Ansätzen ausformulierte Theorie praktischer Rationalität, die den traditionellen Instrumentalismus zu erweitern sucht. Zum andern faßt er gerade im Gegensatz zur Kantschen Pflichten- und Prinzipienethik affektive Einstellungen zu Zielen und anderen Personen als unmittelbare Handlungsgründe. Daher wird insbesondere in seinen Überlegungen zur Liebe deutlich, daß Frankfurt über sein letztlich solipsistisches Modell der Identifikation nicht hinausgelangt. Dies zeigt sich auch an seinem erweiterten Instrumentalismus, den er am Beispiel der Liebe zu exemplifizieren sucht, und demzufolge Leben für die liebende Person selbst nützlich ist.

2.6. *Liebe*

Liebe betrachtet Frankfurt als eine besondere Weise des ‚caring'. Sie zeichnet sich ebenso wie ‚caring' generell dadurch aus, daß wir nicht frei wählen können, wen oder was wir lieben. Wie in der Moral hält er die Gebote der Liebe für „kategorisch"[117]. Frankfurt will Liebe zunächst sehr weit fassen: Sie kann sich

---

114  Vgl. On Caring, in: Frankfurt (1999), 162.
115  Zum Beispiel I. Kant, Metaphysik der Sitten, AA VI, 392.
116  Vgl. On the Usefulness of Final Ends, in: Frankfurt (1999), 94.
117  Vgl. Autonomy, Necessity, and Love, in: ebd., 130. Die Gründe sind jedoch in beiden Fällen völlig unterschiedlich Aus der Liebe folgen z. B. keine speziellen Verpflichtungen wie im Fall der Moral. Vgl. ebd., 141; vgl. On Caring, in: ebd., 170 ff. Frankfurt will Liebe sogar als fundamentale Quelle moralischer Normativität auszeichnen. Vgl. Frankfurt (2001).

auf Personen, Länder, Institutionen, Moral, Ideale und Traditionen richten.[118]
Die Liebe der Eltern zu ihren Kindern sieht er jedoch als paradigmatischen Fall
der Liebe an und in seinen weiteren Überlegungen zu diesem Thema scheint er
sich auf Liebe, die sich auf andere Personen richtet, zu beschränken.
Doch in welchem Sinne kann Liebe kategorisch gebieten, ohne uns fremd zu
bestimmen? Um diese Frage zu beantworten, versucht Frankfurt, Liebe von
bloßen Impulsen zu unterscheiden. Im Gegensatz zu bloßen Leidenschaften, die
uns „versklaven", zeichnet er Liebe als ein stabiles, wenn auch nicht freiwilliges
Motiv aus, das die Präferenzen und Ziele einer Person formt und ihr Verhalten
dementsprechend lenkt.[119] Auch Liebe ist somit als dispositionaler Zustand zu
interpretieren. Um Liebe als unmittelbaren Handlungsgrund auszuzeichnen,
sieht Frankfurt sich veranlaßt, die Leidenschaften als psychisches Rohmaterial zu
fassen, aus dem die Struktur des Willens von der betreffenden Person erst aktiv
gebildet wird. Wenn dies nicht als Widerspruch zu seinen früheren Äußerungen
verstanden werden soll, denen zufolge Emotionen und Gefühle gerade gegenüber
unserem rationalen Urteil eine eigene „fundamentale" Rationalität besitzen,
scheint Frankfurt zwischen Leidenschaften und Emotionen ganz im Sinne Humes
zu differenzieren, der bekanntlich zwischen starken und schwachen Leidenschaften unterscheidet. So schreibt Frankfurt den Leidenschaften selbst keine inhärente motivationale Autorität zu, da sie lediglich eine ‚sheer brute force'[120] sind, die
von uns gar nicht verlangen kann, dementsprechend zu handeln. Liebe stellt dagegen kein elementares psychisches Datum in diesem Sinne dar. Sie ist, wie Frankfurt nun sagt, nicht vollständig unfreiwillig. Wir können zwar nicht anders als zu
lieben, jedoch handelt es sich nicht um einen primitiven Impuls, sondern um ein
Element der etablierten volitionalen Natur einer Person und somit ihrer Identität.
Liebe besitzt Frankfurt zufolge die „Autorität" unserer eigenen wesentlichen
Natur, nicht nur die „Macht" der uns versklavenden Leidenschaften.[121] Er klärt
jedoch nicht wirklich, inwiefern Liebe ein selbst auferlegtes Gebot im Gegensatz
zu anderen Leidenschaften darstellt. Wenn wir seine Ausführungen zum ‚caring'
hier anwenden, kann es sich eigentlich nur um eine zusätzliche motivationale
Unterstützung einer ursprünglichen Pro-Einstellung handeln, die sich gerade im
Lichte anders lautender Urteile, Meinungen und Wünsche zeigt.

118  Vgl. On Caring, in: Frankfurt (1999), 166.
119  Vgl. Autonomy, Necessity, and Love, in: ebd., 129. Vgl.: On Caring, in: ebd., 165.
120  Autonomy, Necessity, and Love, in: ebd., 137.
121  Vgl. ebd. Man beachte die an Joseph Butler angelehnte Unterscheidung zwischen
Macht und Autorität.

Um die These näher zu erläutern, daß eine Person, die liebt, selbstbestimmt handelt, auch wenn sie den Gegenstand ihrer Liebe nicht frei wählen kann,[122] führt Frankfurt den Unterschied zwischen aktiver und passiver Liebe ein. Während passive Liebe aus Selbstinteresse an dem Nutzen der geliebten Person erfolgt, ist aktive Liebe „selbstlos".[123] Der aktiv Liebende will nicht in erster Linie einen Vorteil aus seiner Liebe ziehen, sondern den Interessen und Zielen der geliebten Person dienen und diese als seine eigenen identifizieren.

Damit – so Frankfurt – dient die liebende Person letztlich aber auch sich selbst. Denn wer nicht liebt, führt ein verarmtes Leben und handelt letztlich gegen sich selbst. Die Identifikation mit den Interessen der geliebten Person ist daher eine Bedingung unserer Selbst-Liebe.[124] Das Interesse an der geliebten Person bezeichnet Frankfurt jedoch als „uninteressiert", da unsere Selbst-Liebe nicht das Motiv der Liebe anderer Personen darstellt. Aktive Liebe ist zudem um ihrer selbst willen wertvoll, gerade weil sie für die geliebte Person nützlich ist. Frankfurt will in diesem Sinne die instrumentelle Rationalität von Mitteln und Zwecken erweitern. Der inhärente Wert der Liebe besteht dann darin, daß sie nützlich für die geliebte Person ist und uns überhaupt lieben und damit tätig sein läßt.[125] Diese paradox anmutende Struktur vom inhärenten Wert der Liebe als Tätigsein und ihrem instrumentellen Wert hat Frankfurt in seinen Überlegungen über die Nützlichkeit letzter Ziele noch genauer zu fassen versucht.

## 2.7. Die Nützlichkeit von Zielen

Frankfurt untersucht die komplexe Funktion, die letzte Ziele im Leben von Personen spielen, um Ziele besser bewerten zu können.[126] Daß wir überhaupt bestimmte Ziele verfolgen, ist durch das motiviert, was uns wichtig ist.[127] Er möchte hierbei die Standardauffassung praktischer Rationalität ergänzen, der-

---

122   Ebd., 132. Frankfurt wendet sich gegen Kants Idee des guten und vollständig unpersönlichen Willens und spricht unserer Liebe ebenso eine solche Kraft der Kontrolle zu.

123   Ebd., 134. Vgl. On Caring, in: ebd., 167 f.

124   Frankfurt zeichnet daher Selbst-Liebe als besonders reine Form der Liebe aus, da sie von keinerlei äußeren Motiven beeinflußt ist. Vgl. ebd., 168.

125   Vgl. ebd., 179.

126   Ebensowenig sind Personen selbst unabhängig von ihrer jeweiligen Perspektive und Situation bewertbar. Frankfurt hält daher auch Respekt (und nicht eine Form der Gleichbehandlung) für die angemessene Einstellung gegenüber Personen, die ihrer Partikularität gerecht wird. Vgl. Equality and Respect, in: ebd., 153.

127   Vgl. On Caring, in: ebd , 155. Vgl. Frankfurt (1998), 469.

zufolge Mittel ihren Wert nur von den letzten Zielen erhalten, zu denen sie ein Mittel sind, letzte Ziele selbst aber nur um ihrer selbst willen wertgeschätzt werden. Er will zeigen, daß letzte Ziele auch selbst nützlich und insofern zugleich Mittel sind: Sie stellen seiner Meinung nach eine Bedingung dafür dar, daß wir nützlichen Tätigkeiten nachgehen.[128] Die Tätigkeit, die im Verfolgen eines Ziels besteht, das uns wichtig ist, besitzt einen intrinsischen Wert unabhängig von dem Wert des realisierten Ziels selbst.[129] Sie zeigt an, wie ein Leben gelebt wird, und was es für uns genau bedeutet, ein bestimmtes Ziel zu verfolgen. Da diese Tätigkeit jedoch nicht ohne letzte Ziele möglich ist, besitzen letzte Ziele instrumentellen Wert. Insofern wendet sich Frankfurt gegen die konsequentialistische Auffassung, derzufolge Ziele lediglich als Zustände entsprechend ihrer maximalen Realisierung eines intrinsischen Wertes gemessen werden. Deren Bewertung hängt ihm zufolge vielmehr auch davon ab, was es für die betreffende Person bedeutet, ein bestimmtes Ziel zu verfolgen. Hierbei geht es vor allem darum, in welchem „Netzwerk" von Gefühlen, Emotionen, Gedanken und Handlungen eine Person sich im Verfolgen eines Ziels befindet.[130] Das Verfolgen eines Ziels besitzt hohen Wert, sofern dies die betreffende Person in komplexer Weise tätig sein läßt. Der Wert dieser Tätigkeiten mag uns genügend Grund geben, ein Ziel zu verfolgen, dessen intrinsischer Wert selbst relativ gering ist. Auch in diesem Zusammenhang versucht Frankfurt also, die Wahl der Ziele und die Begründung der Entscheidungen an die partikulare Perspektive der betreffenden Person zu binden, die eben dadurch ausgezeichnet ist, daß dieser Person etwas wichtig ist.

Frankfurt unternimmt es nun, näher zu bestimmen, was es heißt, daß einer Person ein Ziel wirklich wichtig ist, indem er seine Überlegungen zu einer erweiterten praktischen Rationalität mit seiner ‚caring'-Konzeption verbindet. Der intrinsische Wert, der im Verfolgen eines Ziels besteht, hängt von den Tätigkeiten der betreffenden Person ab, die ihr Leben bereichern. Die Person darf nicht nur von etwas angezogen sein, sondern muß ihre Entscheidungen und ihr Verhalten ihrem Interesse für ein Ziel entsprechend steuern.

Die von Frankfurt gezogene Verbindung der auf volitionaler Notwendigkeit beruhenden Einstellungen des ‚caring' und der Liebe, die unsere praktische Identität begründen, mit seiner Auffassung ihres intrinsischen Werts für den jeweiligen Sinn eines partikularen Lebens, der Ziele erst nützlich werden

---

128   Vgl. On the Usefulness of Final Ends, in: Frankfurt (1999), 83 f.
129   Vgl. Frankfurt (1998), 474 f.
130   Vgl. On the Usefulness of Final Ends, in: Frankfurt (1999), 86.

läßt, wirft zahlreiche über seine ursprüngliche Konzeption personaler Autonomie als Identifikation hinausgehenden Fragen und Probleme auf, die nun im
folgenden diskutiert werden.

## 2.8. Praktische Identität und die normative Frage

Frankfurt hat sich in seinen verschiedenen Arbeiten zu ‚caring' der Frage
gewidmet, wie wir leben sollen. Was rechtfertigt die Forderungen, die wir
gegenüber uns selbst erheben? Da es im Rahmen seiner ursprünglichen Konzeption voluntaristischer Identifikation nicht gelang, die Unterscheidung zwischen eigenen und äußerlichen Wünschen plausibel zu machen, schien die
Humesche Position gestärkt, Elemente unseres Motivationsgefüges als gegeben und nicht rational revidierbar zu betrachten. Schließlich besitzen weder
Wünsche zweiter Ordnung noch Entscheidungen auf Grund ihrer non-kogni-
tiven Verfaßtheit die Autorität zu zeigen, aus welchem Grunde bestimmte Einstellungen als unsere eigenen, andere dagegen als uns äußerlich betrachtet werden sollen. Die ursprünglich von Frankfurt vertretene Kantsche Idee, die
Quelle der Normativität im Willen der Person zu verankern, mußte insofern
scheitern, als er den Willen ganz im Gegensatz zu Kant lediglich mit unterschiedlichen motivationalen Kräften ausstattete, nicht jedoch als rationale
Kontrolle konzipierte, die unsere Motive zu beeinflussen vermag. Er bestimmte ihn dagegen nie – wie Kant – als rationale Kausalität, die ohne fremde Ursache – und hierzu gehören auch die eigenen Neigungen – wirksam ist. Als solche
Kausalität muß der Wille im Sinne Kants gemäß eines selbstbestimmten Gesetzes handeln, d. h. aus Gründen. In seinen späteren Überlegungen konzentriert
sich Frankfurt zwar weiterhin auf unsere volitionale Struktur, verleiht ihr
jedoch explizit eine andere Rolle. Das, was seiner Meinung nach unseren „wahren" Willen ausmacht, hängt nicht mehr von unserer Zustimmung ab. Daß
Frankfurt sich von einer voluntaristischen Beschreibung[131] der aktiven Identifikation mit bestimmten Einstellungen verabschiedet hat, läßt sich auch daran
feststellen, daß die empirischen Phänomene, die er ursprünglich anführt, um
seine Konzeption personaler Autonomie daran zu überprüfen, in den Hintergrund treten. Zunächst versuchte er vor allem anhand von Obsessionen, Sucht-
phänomenen und Akrasia zu zeigen, wie die Identifikation mit Einstellungen
die wir haben wollen, eine Bedingung autonomen Handelns ist. Da Frankfurt
diese Auswahl vor dem Hintergrund nicht-autonomer Willensbildung, wie
inneren Zwängen und Ambivalenz, zu entwickeln versucht, scheint es zumin-

---

131   Diese wird gerade in Begriffen wie „Entschlossenheit" und „Entscheidung" deutlich.

dest so, als ginge es ihm zunächst um die Frage, wie wir unsere Einstellungen kritisch bewerten können.

Seine Konzeption der Zufriedenheit schließt aber ein Verständnis der Autonomie des Willens im Sinne von freiwilliger Zustimmung endgültig aus. Zufriedenheit impliziert nur die eher intuitiv zu verstehende Feststellung der Harmonie unseres Motivationsgefüges, nicht jedoch die wie auch immer zu begründende Auswahl bestimmter Einstellungen. Da Frankfurt die Quelle der Normativität unserer Überlegungen zwar in dem autonomen Willen verankert – diesen für die Beantwortung der normativen Frage aber nicht adäquat ausstattet und ihn somit mit der Adäquatheit der Motive selbst zu verwechseln scheint –, scheint es konsequent, seine Konzeption eines autonomen Willens im Sinne von freiwilliger Zustimmung aufzugeben. Frankfurt betrachtet nun bestimmte Motive auch und gerade in Abwesenheit freiwilliger Zustimmung als bindend. Ihre Geltung verortet er in ihre Beharrlichkeit.

Zunächst soll gezeigt werden, daß die dahinter stehende Auffassung von Normativität, die nicht auf die Idee freiwilliger Zustimmung rekurriert, auch Vorteile besitzt. ‚Caring‘ als eine Konzeption unserer praktischen Identität stellt eine Beschreibung dar, unter der die Handlungen einer Person erst wertvoll werden und Sinn erhalten. In der Tat scheinen im Lichte dessen, was einer Person wichtig ist, viele Wertungen einfach keine Kandidaten für ihre Überlegung darzustellen. So sind wir offensichtlich nicht in der Lage, umfassende Ziele, wie z. B. Berufe, zu wählen, ohne unsere beharrlichen Dispositionen zu berücksichtigen. ‚Caring‘ scheint allerdings nur in solchen Fällen eine notwendige Bedingung unseres Entscheidens und Handelns zu sein, in denen wir ohne Rekurs auf unsere volitionalen Eigenschaften gar keine Wahl zu treffen vermögen. Dabei handelt es sich um Optionen, in denen ebenso gewählt werden muß, welche Person wir zu sein wünschen. Solche Optionen betreffen in der Regel umfassende Ziele, aber auch Projekte und Bindungen, die ohne unsere affektive Einstellung nicht sinnvoll sind. Hierbei handelt es sich allerdings nur um eine Teilklasse der uns betreffenden Entscheidungen. Frankfurt macht dies jedoch an keiner Stelle explizit deutlich.

Er zeigt auch nicht, wie sich die Beharrlichkeit von bloßen Trieben und inneren Zwängen unterscheiden soll. Die bloß formale Beharrlichkeit eines Motivs oder Motivationsgefüges bringt nicht von sich aus eine normative Kraft zum Ausdruck, die über die impulshafte hinausgeht. So besteht auch in Frankfurts ‚caring‘-Konzeption dasselbe Problem wie in seinem ursprünglichen hierarchischen Wunschmodell. Während er zwar die freiwillige und bewußte Wahl eines Motivs aufgibt, hält Frankfurt an der Idee fest, daß das, was wir wirklich wollen, nichts mit dem propositionalen Gehalt unserer Motive zu tun hat. Für Frankfurt ist ein Motiv gerade dann bindend, wenn es auf Grund seiner Beharrlichkeit unabhängig von dem Gegenstand, auf den es sich richtet, nicht abgelehnt werden kann.

Frankfurt überzeichnet die Dichotomie zwischen unserem Willen – mittlerweile als das aufgefaßt, was uns wichtig ist – und unseren reflektierten Urteilen. Die Bedeutung des ,caring' zeigt sich ihm zufolge in seiner Durchsetzungskraft gegenüber anderen Wünschen und Motiven, vermeintlichen oder tatsächlichen Meinungen sowie bewußten Urteilen. Doch betrachten wir genauer, warum das, was einer Person wichtig ist, diese Durchschlagkraft besitzt. Ist dies wirklich so, weil wir in Urteilen unsere Identität möglicherweise verfehlen, das, was sich uns auf Grund der Beharrlichkeit als ,caring' zeigt, jedoch nicht fallibel ist und deshalb schon einen guten Handlungsgrund darstellt?

Was uns im eigentlichen Sinne einen Handlungsgrund gibt, so könnte man zunächst vermuten, ist, daß wir überhaupt etwas wichtig nehmen, nicht jedoch das spezifische Ziel, das uns im Einzelfall am Herzen liegt.[132] Diese Interpretation bietet sich jedoch gar nicht an: Es gibt nämlich keine übergeordneten Ziele, anhand derer unsere jeweiligen Ziele überprüft werden könnten. Da ,caring' gerade durch seine volitional verankerte Partikularität bestimmt ist, läßt sich nichts allgemeines mehr über seine Geltung sagen.

Dennoch scheint Frankfurt Fälle im Auge zu haben, in denen uns unsere Urteile in die Irre führen und unser Motivationsgefüge zeigt, was wir tun sollen. Es handelt sich hierbei um Fälle, in denen unser (vermeintliches) Urteil durch soziale Konventionen fremdbestimmt und nicht wirklich „unseres" ist. So hat weder der Abiturient einen Grund, Rechtsanwalt zu werden – nur weil sich dieser Beruf einer bestimmten gesellschaftlichen Wertschätzung erfreut –, wenn die Musik seine eigentliche Passion ist, der er sein Leben widmen möchte.

---

132    Korsgaard (1996), 101 ff., stellt eine kantisch inspirierte Konzeption praktischer Identität vor. Sie führt aus, daß es unsere Humanität und somit unsere Identität als menschliche, vernunftfähige Wesen ist, die uns überhaupt Grund gibt, einzelne Ziele wichtig zu nehmen. Der Grund, partikularen Identitäten zu entsprechen, rührt mithin von unserer Humanität selbst: Wir sind selbstbewußte Wesen, die Gründe zu handeln benötigen. Korsgaard faßt jedoch im Gegensatz zu Frankfurt bestimmte partikulare Identitäten vor allem als Rollen wie Bürger, Eltern, Lehrer etc. auf, denen Verpflichtungen erwachsen, weniger als Projekte und Vorlieben; vgl. ebd., 120 f. Während Verpflichtungen, die aus einer normativen Praxis erwachsen, keine entsprechenden Wünsche voraussetzen, ist dies in Frankfurts Modell sehr wohl der Fall.

Noch besitzt die schwangere Frau einen Grund zur Abtreibung, wenn ihr nach angemessener Überlegung klar wird, daß sie es trotz zahlreicher Widrigkeiten weit höher schätzt, Mutter zu sein. In beiden Fällen geht es jedoch um Entscheidungen, für die eine bestimmte affektive Einstellung wesentlicher Grund der Wahl ist, die durch falsche Urteile über das, was wichtig ist, verdeckt wird. Dies ist jedoch nicht immer so. Schließlich können uns affektive Einstellungen darüber, was uns wichtig ist, auch in die Irre führen und obsessiv sein.

Frankfurt bleibt zudem ein Argument für die Behauptung schuldig, daß das Verfolgen derjenigen Ziele, die uns wichtig sind, einen intrinsischen Wert besitzt und daher normativ für unser Handeln sein soll. Ebensowenig argumentiert er dafür, daß die formale Beharrlichkeit unserer Einstellungen normativ ist.

Frankfurts Überlegungen zu den Bedingungen personaler Autonomie basieren auf einer Auffassung unserer Psychologie, die er – hier bleibt er Kant ganz treu – dualistisch konzipiert und Personen als Vernunft- und volitionale Sinnenwesen zu betrachten scheint. Diese Doppelnatur wird bei Frankfurt nicht weiter begründet. Wir handeln Frankfurt zufolge jedoch gerade auch dann autonom, wenn wir gegen unser Vernunfturteil handeln.[133] So hat Frankfurt recht – und hier liegt auch die Bedeutung seiner Überlegungen –, daß bewußte Urteile und Meinungen keineswegs Priorität gegenüber unseren unreflektierten Einstellungen besitzen müssen. Phänomene der Selbsttäuschung, der Rationalisierung, des Wunschdenkens und der Willensschwäche machen dies deutlich. Ebensowenig scheint die freiwillige Auswahl unserer mentalen Zustände plausibel machen zu können, daß diese die „richtigen" für unser Handeln und Entscheiden sind. Wir scheinen insofern besser beraten, auf unsere volitionalen Einstellungen zu reagieren. Diese sind jedoch genauso kritisierbar wie unsere Urteile und Meinungen. Es besteht ebensowenig Grund anzunehmen, unsere unreflektierten, aber beharrlichen Einstellungen drückten wegen ihrer formalen Eigenschaften der Dauer und Widerständigkeit prinzipiell „bessere" Handlungsgründe aus und zeigen von sich aus, wer wir sind und was wir tun sollen.

Es stellt sich dann die Frage, welchem unserer mentalen Zustände jeweils Priorität zukommt und wie dies festgestellt werden kann. Mir scheint, daß die Tatsache, daß wir uns selbst und andere kritisieren, die Frage nach den Bedin-

---

133   Gegen Kant läßt sich auch zu recht einwenden, daß er nicht zu zeigen vermag, warum wir unfrei handeln, wenn wir uns gegen die Vernunft und damit gegen das Sittengesetz entscheiden. Vgl. Patzig (1994), 178 und 187.

gungen der Zurechenbarkeit unserer Einstellungen aufwirft. Schließlich scheinen wir uns in unserer Kritik an Personen zu richten, die wir als rational Handelnde betrachten. Dies setzt ein kognitives Verständnis unserer mentalen Einstellungen voraus.

Im folgenden kann ich nur einen Vorschlag zur Revision des Frankfurtschen Modells andeuten. Unsere unreflektierten Einstellungen besitzen nur dann Priorität gegenüber anderen bewußten Urteilen und Meinungen, wenn gezeigt werden kann, daß ihnen selbst (mitunter unbewußte) Urteile zugrunde liegen. Denn wenn wir Einstellungen bewerten, reagieren wir auch auf die ihnen impliziten Urteile. Daß ihnen Urteile zugrunde liegen, zeigt sich an ihrer Intentionalität. Wenn einer Person etwas wichtig ist, richtet sie sich auf Objekte, Zustände, Personen, über die sie nicht notwendigerweise bewußte Urteile gefällt hat. Auch wenn einer Person ihre Einstellungen nicht bewußt sind, scheint es angemessen, von ihr eine Verteidigung ihrer Einstellungen zu verlangen. Sie wird dies mit Rekurs auf ihre Urteile und Meinungen tun, die ihren unreflektierten volitionalen Einstellungen unterliegen.

In ihrer Beharrlichkeit, die nicht in unserer Kontrolle ist, können sich gerade unsere fundamentalsten Urteile und Überzeugungen zeigen. Diese können auch mit Hilfe unserer beharrlichen Einstellungen entdeckt werden. Emotionale Einstellungen stellen jedoch keine „fundamentalere Rationalität" dar, sondern basieren im Einzelfall auf einem Urteil, das mit anderen unserer Urteile besser verbunden ist als ein bewußt geglaubtes Urteil. Selbst wenn wir Einstellungen unreflektiert bilden, können wir Gründe angeben, die sie unterstützen oder ihnen widersprechen. Ihre Verteidigung mit Gründen macht Einstellungen zu „unseren",[134] nicht allein deren Beharrlichkeit. Denn wenn uns eine solche Verteidigung nicht gelingt, sind die unseren Einstellungen zugrundeliegenden Urteile normativ isoliert von den Werten und Urteilen der betreffenden Person. Dies scheint bei Obsessionen, Neurosen und ähnlichen zwanghaften Phänomenen der Fall zu sein. Bei volitionalen Einstellungen kommt es wie bei bewußt geglaubten Urteilen darauf an, daß sie rational

134 Scanlon (1998), Kap. 1, spricht von „judgment-sensitive attitudes" für die vernünftigerweise Gründe verlangt werden können. Vgl. Raz (1997), 217 f., demzufolge die Unterscheidung zwischen Aktivität und Passivität zumindest zum Teil von unserer Reaktion auf Gründe abhängt. Wir sind aktiv, wenn wir auf Gründe reagieren bzw. wenn wir selbst der Meinung sind, dies zu tun (vgl. 223 f.). Baier (1982), 94 f., betont ebenfalls die Möglichkeit (rationaler) Kritik des ‚caring' und wendet sich in diesem Zusammenhang gegen Frankfurts „Fatalismus". Vgl. Wolf (1997), 218, die darauf hinweist, daß Gefühle mit falschen Meinungen verbunden sein können. Vgl. meine Kritik in: Betzler (2000).

gestützt sind von anderen Meinungen und Einstellungen, die wir bereits besitzen. In diesem Sinne ist unsere praktische Identität durchaus abhängig von rationalen Urteilen. Beharrliche Einstellungen, die auf rationale Kritik nicht antworten, können der Person nicht in einem relevanten Sinne zugeschrieben werden. Sie wären nicht ihre „eigenen". ‚Caring' ist folglich nur dann eine notwendige Bedingung personaler Autonomie, wenn (1) wir zeigen können, daß wir in dieser Einstellung auf Gründe reagieren, die in Urteilen zum Ausdruck kommen; und (2) wenn es sich um Entscheidungen handelt, für die derartige volitionale Einstellungen selbst wesentlicher Bestandteil der Wahl sind.[135]

Die in diesem Band versammelten Aufsätze Frankfurts erlauben, die Entwicklung seines Denkens nun auch in deutscher Übersetzung nachzuvollziehen. Sie mögen ebenso zu einer fruchtbaren Anknüpfung anregen.[136]

*Monika Betzler*

---

135   In Betzler (2001) habe ich u. a. versucht zu zeigen, daß ‚caring' weder eine notwendige noch hinreichende Bedingung ist, um den Nutzen von Zielen auszuweisen.

136   Für kritische Kommentare zu früheren Versionen dieses 2. Teils der Einleitung sowie für eine anregende Diskussion der darin verhandelten Themen danke ich herzlich Holger Baumann, Peter Baumann und Barbara Guckes. Mein Dank gilt ebenso Harry G. Frankfurt, der mir anläßlich des Bielefelder Philosophischen Pfingstkurses 2000 Gelegenheit gab, die zentralen Thesen dieses Teils der Einleitung mit ihm zu diskutieren.

# Literatur

Anscombe, G.E.M. (1971), Causality and Determinism, Cambridge.

Austin, J.L. (1961), Ifs and Cans, in: Berofsky, B. (1966) (ed.), Free Will and Determinism, New York, 295–321.

Ayers, M.R. (1968), The Refutation of Determinism, London.

Baier, A. (1982), Caring about caring. A Reply to Frankfurt, in: dies. (1985), Postures of the Mind. Essays on Mind and Morals, Minneapolis, 93–108.

Baumann, P. (2000), Die Autonomie der Person, Paderborn.

Beauchamp, T.L./Childress, J.F. (1994), Principles of Biomedical Ethics, Oxford.

Betzler, M. (2001), Warum sollen wir Ziele verfolgen?, in: Betzler, M./Guckes, B. (Hg.) (2001).

Betzler, M. (2000), Presuppositions of Autonomy. Vortrag anläßlich des Philosophischen Pfingstkurses mit Harry G. Frankfurt in Bielefeld (14.–16. Juni 2000) [unveröff. Ms.].

Betzler, M./Guckes, B. (Hg.) (2001), Autonomes Handeln. Beiträge zur Philosophie von Harry G. Frankfurt, Berlin.

Bigelow, J./Dodds, S./Pargetter, R. (1990), Temptation and the Will, in: American Philosophical Quarterly 27, 39–49.

Brandt, R. (1958), ‚Blameworthiness and Obligation', in: Melden, A.J. (ed.) (1958), Essays in Moral Philosophy, Seattle, 3–39.

Bransen, J. (1996), Identification and the Idea of an Alternative of Oneself, in: European Journal of Philosophy 4, 1–16.

Bratman, M.E. (1996), Identification, Decision, and Treating as a Reason, in: ders. (1999), Faces of Intention. Selected Essays on Intention and Agency, Cambridge, 185–206.

Christman, J. (1991), Autonomy and Personal History, in: Canadian Journal of Philosophy 21, 1–24.

Cummins, R. (1979), Could Have Done Otherwise, in: Personalist 60, 411–414.

Cummins, R. (1980), Culpability and Mental Disorder, in: Canadian Journal of Philosophy 10, 207–232.

Davidson, D. (1973), Freedom to Act, in: Honderich, T. (ed.) (1973), Essays on Freedom of Action, London, 67–86.

Davidson, D. (1980), Actions, Reasons, and Causes, in: ders., Essays on Actions and Events, Oxford, 3–19.

Double, R. (1991), The Non-Reality of Free Will, Oxford.

Dworkin, G. (1976), Autonomy and Behavior Control, in: Hastings Center Report 6, 23–28.

Dworkin, G. (1988), The Theory and Practice of Autonomy, Cambridge.

Edwards, J. (1969), The Freedom of the Will, Indianapolis.

Epiktet, Dissertationes; Encheiridion, in: Epictetus (1925), ed. and trad. by Oldfather, W.A., vol. I/II, London.

Fischer, J.M. (1986) (ed.), Moral Responsibility, Ithaca.

Fischer, J.M. (1994), The Metaphysics of Free Will, Cambridge/Mass.

Fischer, J.M./Ravizza, M. (1998), Responsibility and Control, Cambridge.

Foot, Ph. (1966), Free Will as Involving Determinism, in: Berofsky (1966), 95–108. ????

Frankfurt, H.G. (1988), The Importance of What We Care About, Cambridge.

Frankfurt, H.G. (1992), The Faintest Passion, in: Proceedings of the American Philosophical Association 66, 5–16.

Frankfurt, H.G.(1998), On Caring, and a Certain Parallel, in: Stamm, M. (Hg.), Philosophie in synthetischer Absicht, Stuttgart, 465–475.

Frankfurt, H.G. (1999), Necessity, Volition, and Love, Cambridge.

Frankfurt, H.G. (2001), Rationalism in Ethics, in: Betzler, M./Guckes, B. (Hg.) (2001).

Friedman, M.A. (1986), Autonomy and the Split-Level Self, in: The Southern Journal of Philosophy 24, 19–35.

Ginet, C. (1996), In Defense of the Principle of Alternate Possibilities: Why I Don't Find Frankfurt's Argument Convincing, in: Philosophical Perspectives 10, 403–417.

Glannon, W. (1995), Responsibility and the Principle of Possible Action, in: The Journal of Philosophy 92, 261–274.

Guckes, B. (2001), Frankfurts Herausforderung an den Inkompatibilisten, in: Betzler, M./Guckes, B. (Hg.) (2001).

Hobbes, Th. (1651), The English Works of Thomas Hobbes, Vol. 5, ed. by Molesworth, W. (1962), London.

Hume, D. (1739), A Treatise of Human Nature, ed. by Selby-Bigge, L.A. (1978), Oxford.

Kane, R. (1996), The Sinificance of Free Will, New York.

Kant, I., Gesammelte Schriften, hg. v. d. Dt. Akad. d. Wiss., 29 Bde., Berlin 1902 ff. (AA).

Korsgaard, C. (1996), The Sources of Normativity, New York.

Kusser, A. (1989), Dimensionen der Kritik von Wünschen, Frankfurt/M.

Lamb, D. (1993), Evaluative Compatibilism and the Principle of Alternate Possibilities, in: The Journal of Philosophy 90, 517–527.

Mele, A./Robb, D. (1998), Rescuing Frankfurt-Style Cases, in: The Philosophical Review 107, 97–112.

Mele, A. (1995), Autonomous Agents. From Self-Control to Autonomy, New York.

Merker, B. (2001), Der Wille: Eigenheit, Freiheit, Notwendigkeit und Autonomie, in: Betzler, M./Guckes, B. (Hg.) (2001).

Meyerson, D. (1994), When Are My Actions Due to Me?, in: Analysis 54, 171–174.

Naylor, M. (1984), Frankfurt on the Principle of Alternate Possibilities, in: Philosophical Studies 46, 249–258.

Patzig, G. (1994), Philosophische Bemerkungen zum Begriff der Autonomie, in: ders., Gesammelte Schriften, Bd. 1, Göttingen, 174–189.

Quante, M. (2001), The Things We Do For Love. Zur Weiterentwicklung von Frankfurts Analyse personaler Autonomie, in: Betzler, M./Guckes, B. (Hg.) (2001).

Raz, J. (1997), The Active and the Passive, in: Proceedings of the Aristotelian Society, Suppl. LXXI, 211–227.

Scanlon, T. M. (1998), What We Owe to Each Other, Cambridge/Mass.

Schroeder, T./Arpaly, N. (1999), Alienation and Externality, in: Canadian Journal of Philosophy 29, 371–388.

Shatz, D. (1986), Free Will and the Structure of Motivation, in: Midwest Studies in Philosophy 10, 451–482.

Skinner, B.F. (1971), Beyond Freedom and Dignity, New York

Slote, M. (1980), ‚Understanding Free Will', in: The Journal of Philosophy 77, 131–151.

Stoecker, R. (2001), Guidance – ein Führer durch Frankfurts Handlungstheorie, in: Betzler, M./Guckes, B. (Hg.) (2001).

Stump, E. (1990), Intellect, Will and the Principle of Alternate Possibilities, in: Beaty, M. (ed.), Christian Theism and the Problems of Philosophy, Notre Dame, 254–285.

Stump, E./Kretzmann, N. (1991), Prophecy, Past Truth, and Eternity, in: Philosophical Perspectives 5, 395–424.

Stump, E. (1988), Sanctification, Hardening of the Heart, and Frankfurt's Concept of Free Will, in: The Journal of Philosophy 85, 395–420.

Thalberg, I. (1989), Hierarchical Analyses of Unfree Action, in: Christman, J. (ed.), The Inner Citadel. Essays on Individual Autonomy, Oxford, 123–136.

Tugendhat, E. (1992), Korreferat zu Harry Frankfurt: On the Necessity of Ideals, in: ders., Philosophische Aufsätze, Frankfurt/M., 464–467.

Ullmann-Margalit, E. (1992), Final Ends and Meaningful Lives, in: Iyyun, 73–82.

van Inwagen, P. (1983), Free Will, Oxford.

Velleman, D. (1992), What Happens When Someone Acts?, in: Mind 101, 461–481.

Vuoso, G. (1987), Background, Responsibility, and Excuse, in: Yale Law Journal 96, 161–186.

Wallace, R.J. (1994), Responsibility and the Moral Sentiments, Cambridge/Mass.

Wallace, R.J. (2001), Caring, Reflexivity, and the Structure of Volition, in: Betzler, M./Guckes, B. (Hg.) (2001).

Watson, G. (1975), Free Agency, in: Watson, G. (1982) (ed.), Free Will, Oxford, 96–110.

Watson, G. (1987), Free Action and Free Will, in: Mind 96, 145–172.

Widerker, D. (1995), Libertarianism and Frankfurt's Attack on the Principle of Alternative Possibilities, in: The Philosophical Review 104, 247–261.

Wolf, S. (1990), Freedom Within Reason. New York/Oxford.

Wolf, S. (1997), Happiness and Meaning. Two Aspects of the Good Life, in: Social Philosophy and Policy 14, 207–225.

Zagzebski, L. (1991), The Dilemma of Freedom and Foreknowledge, Oxford.

Harry G. Frankfurt                    *Ausgewählte Texte*

# Alternative Handlungsmöglichkeiten und moralische Verantwortung

Eine beherrschende Rolle in nahezu allen neueren Untersuchungen zum Problem der Willensfreiheit spielt ein Prinzip, das ich »Prinzip alternativer Handlungsmöglichkeiten« nennen werde. Dieses Prinzip besagt, daß eine Person moralische Verantwortung für ihr Tun nur dann trägt, wenn sie anders hätte handeln können. Seine genaue Bedeutung ist Gegenstand der Kontroverse, die insbesondere die Frage betrifft, ob jemand, der das Prinzip akzeptiert, sich damit der Überzeugung verpflichtet, daß moralische Verantwortlichkeit und Determinismus unvereinbar sind. Praktisch niemand jedoch scheint geneigt, die Wahrheit des (auf die eine oder andere Art verstandenen) Prinzips alternativer Handlungsmöglichkeiten zu bestreiten oder gar zu hinterfragen. Es erweckt allgemein den Anschein einer so überwältigenden Plausibilität, daß einige Philosophen es sogar als eine a priori-Wahrheit charakterisiert haben. Menschen, die sich in ihren, den freien Willen und die moralische Verantwortlichkeit betreffenden Darstellungen in grundsätzlichem Sinne uneins sind, finden offensichtlich in ihm einen festen und dienlichen Grund, auf dem sie gemeinsam auf einträgliche Weise gegeneinander Stellung beziehen können.

Aber das Prinzip alternativer Handlungsmöglichkeiten ist falsch. Eine Person kann wohl für ihr Tun moralische Verantwortung tragen, obschon sie nicht anders hätte handeln können. Die Plausibilität des Prinzips ist eine Illusion, die dadurch zum Verschwinden gebracht werden kann, daß man die relevanten moralischen Phänomene genauer betrachtet.

I. Zur Veranschaulichung des Prinzips alternativer Handlungsmöglichkeiten liegt es am nächsten, sich Situationen vorzustellen, in welchen dieselben Umstände sowohl bewirken, daß eine Person irgend etwas tut, als auch es ihr unmöglich machen, dieses Tun zu verhindern. Zu solchen Situationen gehören z. B. jene, in welchen eine Person irgend etwas zu tun gezwungen oder durch hypnotische Suggestion zum Handeln gedrängt wird, oder in welchen irgendein innerer Zwang sie das zu tun treibt, was sie tut. In Situationen dieser Art machen es die Umstände der Person unmöglich, anders zu handeln, und genau diese Umstände dienen dem Zweck, daß sie das tut, was sie tut, worum es sich dabei auch immer handeln mag.

Vielleicht gibt es aber Umstände, die hinreichende Bedingungen dafür bilden, daß eine bestimmte Handlung durch jemanden ausgeführt werden muß, und es deshalb der Person unmöglich machen, anders zu handeln, die aber die Person in Wirklichkeit nicht zum Handeln nötigen oder in irgend einer Weise ihre Handlung erzeugen. Eine Person kann, unter Umständen, die ihr keine Handlungsalternative lassen, irgend etwas tun, ohne daß diese Umstände sie wirklich dies zu tun veranlassen oder verleiten – ohne in der Tat irgend eine Rolle beim Zustandekommen dessen zu spielen, daß sie das tut, was sie tut.

Eine Untersuchung von Situationen, die durch Umstände dieser Art gekennzeichnet sind, läßt, wie ich glaube, daran zweifeln, daß die Tatsache, daß eine Person, die irgend etwas getan hat, nicht anders hätte handeln können, für Fragen moralischer Verantwortlichkeit relevant ist. Ich beabsichtige, im Zusammenhang einer Diskussion von Nötigung einige Beispiele dieser Art zu entwickeln und werde die Meinung vertreten, daß unsere, diese Beispiele betreffenden moralischen Intuitionen dazu angetan sind, das Prinzip alternativer Handlungsmöglichkeiten zu entkräften. Dann werde ich das Prinzip in einem allgemeineren Zusammenhang diskutieren, erklären, was ich daran für falsch halte, und kurz und ohne eine Begründung zu geben beschreiben, wie es angemessen revidiert werden könnte.

II. Gemeinhin ist man sich dahingehend einig, daß eine Person, die gezwungen worden ist, etwas zu tun, dies nicht aus freien Stücken getan hat und dafür, daß sie es getan hat, keine moralische Verantwortung trägt. Nun scheint die Auffassung, daß Zwang und moralische Verantwortlichkeit einander ausschließen, nichts anderes als eine irgendwie spezifizierte Version des Prinzips alternativer Handlungsmöglichkeiten zu sein. Selbstverständlich läßt sich von einer Person, die etwas zu tun gezwungen worden ist, sagen, daß sie nicht anders handeln konnte. Und es mag schnell der Eindruck entstehen, daß genötigt zu werden eine Person der Freiheit und der moralischen Verantwortlichkeit einfach deshalb beraubt, weil dies ein spezieller Fall des Unvermögens ist, anders handeln zu können. Auf diese Weise kann das Prinzip alternativer Handlungsmöglichkeiten einige Glaubwürdigkeit aus seiner Verbindung mit der sehr plausiblen Annahme ziehen, daß moralische Verantwortlichkeit durch Nötigung ausgeschlossen wird.

Es sollte jedoch keine Glaubwürdigkeit daraus ziehen. Die Tatsache, daß eine Person genötigt wurde, so zu handeln, wie sie gehandelt hat, kann beides zur Folge haben, daß sie nicht anders hätte handeln können und daß sie keine moralische Verantwortung für ihre Handlung trägt. Aber ihr Mangel an moralischer Verantwortlichkeit ist nicht die Folge dessen, daß sie nicht fähig war, anders zu handeln. Der Grundsatz, daß Nötigung moralische Verantwortlichkeit ausschließt, wird anders gesagt nicht richtig verstanden, wenn man ihn als spezifizierte Version des Prinzips alternativer Handlungsmöglichkeiten deutet. Stellen wir uns vor, daß jemand in überzeugender Weise mit einer Strafe bedroht wird, die er für untragbar hält, und dann das tut, was der mit der Strafe Drohende von ihm fordert. Wir können uns Einzelheiten vorstellen, die unsere Überzeugung verständlich machen, daß die Person die fragliche Handlung auszuführen gezwungen war, daß sie nicht anders hätte handeln können und daß sie keine moralische Verantwortung dafür trägt, was sie getan hat. Was aber stützt in Situationen dieser Art das Urteil, daß die bedrohte Person moralisch für ihre Tat nicht verantwortlich ist?

Man kann sich dieser Frage nähern, indem man Situationen der folgenden Art bedenkt. Jones entscheidet sich aus eigenem Anlaß, irgend etwas zu tun; dann droht ihm jemand eine sehr harte Strafe an (die so hart ist, daß sich jeder vernünftige Mensch der Drohung fügen würde), wenn er nicht genau das tut, und Jones tut es. Werden wir Jones moralische Verantwortlichkeit für das, was er getan hat, zusprechen? Ich denke, dies wird von den Rollen abhängen, welche, wie wir glauben, seine ursprüngliche Entscheidung und die Drohung beim Zustandekommen seiner Handlung spielen.

Eine Möglichkeit ist, daß Jones$_1$ kein vernünftiger Mensch ist. Er ist im Gegenteil jemand, der tut, wozu er sich einmal entschieden hat, egal was folgt und welche Nachteile ihm daraus erwachsen mögen. In diesem Fall übte die Drohung tatsächlich keine wirksame Macht auf ihn aus. Er handelte ohne die Drohung irgendwie in Betracht zu ziehen, ganz so als ob er nicht wüßte, daß sie besteht. Wenn es sich in der Tat so verhält, ist die Situation mit einer Nötigung überhaupt nicht verbunden. Die Drohung brachte Jones$_1$ nicht dazu, das zu tun, was er getan hat. Auch war sie tatsächlich nicht hinreichend dafür, ihn davon abzuhalten, anders zu handeln: Falls seine frühere Entscheidung anders ausgefallen wäre, so hätte die Drohung ihn nicht im geringsten abgeschreckt. Es scheint klar zu sein, daß die Tatsache der Bedrohung von Jones$_1$ unter diesen Umständen die moralische Verantwortung, die er andernfalls für seine Tat tragen würde, in keiner Weise reduziert. Dieses Beispiel ist jedoch weder ein Gegenbeispiel für den Grundsatz, daß Nötigung entschuldigt, noch für das Prinzip alternativer Handlungsmöglichkeiten. Denn wir haben ja angenommen, daß Jones$_1$ ein Mensch ist, auf den die Drohung keine nötigende Wirkung ausübt, sie ihn folglich nicht wirklich der Alternativen zu dem, was er getan hat, beraubt.

Eine andere Möglichkeit ist, daß Jones$_2$ durch die Drohung in Panik versetzt wurde. Die Drohung vorausgesetzt würde er diese Handlung ausführen, egal wie er sich bereits entschieden hatte. Die Drohung hatte ihn ferner so gründlich durcheinandergebracht, daß er seine eigene frühere Entscheidung völlig vergaß und das von ihm Verlangte ausschließlich deshalb tat, weil er vor der Strafe, mit der er bedroht wurde, Angst hatte. In diesem Falle ist es für den Vollzug der Handlung ohne Bedeutung, daß er sich schon selber sie auszuführen entschieden hatte. Als es hart auf hart kam, dachte er an nichts anderes als die Drohung, und allein die Angst brachte ihn zum Handeln. Die Tatsache, daß Jones$_2$ zu einem früheren Zeitpunkt sich aus eigener Überzeugung genauso zu handeln entschieden hatte, kann für die Einschätzung seiner Charakters von Bedeutung sein. Er mag die volle moralische Verantwortung dafür tragen, *diese* Entscheidung getroffen zu haben. Von ihm kann aber schwerlich gesagt werden, daß er moralisch für seine Handlung verantwortlich sei. Denn er führte die Handlung einfach als Resultat des Zwangs aus, dem er unterworfen war. Seine frühere Entscheidung spielte keine Rolle beim Zustandekommen seines Tuns und es würde deshalb grundlos sein, ihr eine Rolle bei der moralischen Bewertung seiner Handlung zuzumessen.

Betrachten wir jetzt eine dritte Möglichkeit. Jones$_3$ wurde durch die Drohung weder in Panik versetzt noch war er ihr gegenüber gleichgültig. Die Drohung beeindruckte ihn, wie sie jeden anderen vernünftigen Menschen beeindrucken würde; und er hätte sich ihr aus ganzem Herzen unterworfen, wenn er nicht schon eine Entscheidung getroffen hätte, die mit der von ihm geforderten übereinstimmte. Tatsächlich jedoch führte er die fragliche Handlung aufgrund der Entscheidung aus, die er getroffen hatte, ehe die Drohung erging. Als er handelte, war er wirklich nicht durch die Drohung motiviert, sondern allein durch die Überlegungen, die ihm die Handlung nahegelegt hatten. Nicht die Drohung brachte ihn zum Handeln, was jedoch geschehen wäre, hätte sich Jones$_3$ nicht schon mit einem hinreichenden Motiv dafür ausgestattet, die fragliche Handlung zu vollziehen.

Es wird für jeden zweifellos sehr schwierig sein zu sagen, was in einem Fall wie diesem genau vor sich gegangen ist. Vollzog Jones$_3$ die Handlung der Drohung wegen oder waren seine Gründe zu handeln einfach jene, die ihn schon überzeugt hatten, so zu handeln? Oder handelte er auf der Grundlage zweier Motive, von denen jedes für seine Handlung hinreichend war? Möglicherweise ist die Situation aber klarer als Situationen dieser Art für gewöhnlich sind. Und nehmen wir für glaubhaft an, daß Jones₃ auf der Grundlage seiner eigenen Entscheidung und nicht der Drohung wegen handelte, dann würden wir, wie ich glaube, seine moralische Verantwortung für sein Tun mit Recht als nicht von der Drohung beeinträchtigt denken, obwohl er seine Tat nicht hätte verhindern können, da er sich in jedem Fall der Drohung gebeugt hätte. Für uns wäre es völlig vernünftig, dasselbe Urteil hinsichtlich seiner moralischen Verantwortung zu fällen, das wir ohne Wissen um die Drohung getroffen hätten. Denn die Drohung hat in der Tat seinen Vollzug der Handlung nicht beeinflußt. Er tat, was er tat, als ob es die Drohung nicht gegeben hätte.

III. Der Fall von Jones₃ mag auf den ersten Blick den Anschein einer Verbindung von Nötigung und moralischer Verantwortung zu erwecken und somit ein Gegenbeispiel des Grundsatzes zu liefern, daß Nötigung entschuldigt. Daß es dies tut, ist jedoch nicht wirklich so sicher, weil es unklar ist, ob das Beispiel einen echten Fall von Nötigung bildet. Können wir von Jones₃ sagen, daß er etwas zu tun genötigt war, wenn er sich selbst schon entschieden hatte, es zu tun, und er es ausschließlich auf der Grundlage dieser Entscheidung getan hat? Oder würde es korrekter sein zu sagen, daß Jones₃ nicht genötigt wurde, das zu tun, was er getan hatte, obwohl er selbst erkannte, daß eine unwiderstehliche Kraft am Werke war, vermöge deren er es tun mußte? Meine eigenen linguistischen Intuitionen lassen mich zur zweiten Alternative tendieren, aber sie sind ziemlich fragwürdig. Vielleicht können wir jedes dieser Dinge behaupten, oder wir müssen, egal welches wir behaupten wollen, möglicherweise eine qualifizierende Erklärung hinzusetzen.

Diese Dunkelheit hindert uns jedoch nicht daran, eine wichtige Lehre aus der Untersuchung des Beispiels zu ziehen. Nehmen wir an, wir entschließen uns zu sagen, daß Jones₃ *nicht* genötigt wurde. Unser Grund, dies zu sagen, ist einfach der, daß es nicht richtig ist, einen Menschen als etwas zu tun genötigt zu betrachten, wenn er dies nicht *wegen* der gegen ihn ausgeübten nötigenden Kraft tut. Die Tatsache, daß eine unwiderstehliche Drohung erfolgt, bringt es also nicht mit sich, daß die dieser Drohung ausgesetzte Person das zu tun genötigt ist, was sie tut. Es ist auch erforderlich, daß die Drohung tatsächlich das erklärt, was die Person tut. Nehmen wir andererseits an, wir entschließen uns zu sagen, daß Jones₃ genötigt *wurde*. Dann werden wir zwangsläufig zugeben müssen, daß Nötigung moralische Verantwortlichkeit nicht ausschließt. Auch werden wir mit Sicherheit zu der Ansicht gelangen, daß Nötigung die moralische Verantwortung einer Person nur dann beeinträchtigt, wenn die

Person handelt, weil sie genötigt wird, so zu handeln – d. h. wenn die Tatsache, daß sie genötigt wird, ihre Handlung erklärt.

Ganz gleich, was wir dann zu sagen beschließen, wir werden anerkennen, daß der Grundsatz, demzufolge Nötigung moralische Verantwortung ausschließt, keine spezifizierte Version des Prinzips alternativer Handlungsmöglichkeiten ist. Situationen, in welchen eine Person, die irgend etwas tut, nicht anders zu handeln vermag, weil sie Gegenstand einer nötigenden Gewalt ist, sind entweder überhaupt keine Fälle von Nötigung oder sie sind Situationen, in welchen die Person dennoch für das, was sie tut, moralisch verantwortlich ist, falls sie es nicht wegen der Nötigung tut. Wenn wir einer Person, die genötigt wurde, vergeben, dann tun wir das nicht, weil sie unfähig war, anders zu handeln. Selbst wenn eine Person einer nötigenden Kraft ausgesetzt ist, die sie daran hindert, außer einer bestimmten irgend eine andere Handlung zu vollziehen, so kann sie dennoch volle moralische Verantwortung für den Vollzug dieser Handlung tragen.

IV. In dem Maße, in dem das Prinzip alternativer Handlungsmöglichkeiten seine Plausibilität aus dem Zusammenhang mit dem Grundsatz herleitet, demzufolge Nötigung moralische Verantwortlichkeit ausschließt, schwächt ein klares Verständnis des letzteren die Anziehungskraft des ersteren. In der Tat scheint der Fall von Jones₃ mehr zu vermögen, als die Beziehung zwischen den beiden Grundsätzen zu beleuchten. Möglicherweise liefert er ein entscheidendes Gegenbeispiel zum Prinzip alternativer Handlungsmöglichkeiten und zeigt somit, daß dieses Prinzip falsch ist. Denn die Unwiderstehlichkeit der Drohung, welcher Jones₃ begegnet, könnte man gut so verstehen, daß er nichts anderes tun kann, als die Handlung zu vollziehen, die er vollzieht. Und dennoch setzt die Drohung seine moralische Verantwortung für sein Tun nicht herab, denn Jones₃ vollzieht die Handlung, ohne sich um diese Drohung zu kümmern.

Sicherlich wird der folgende Einwand gegen die Vermutung erhoben werden, daß der Fall von Jones₃ ein Gegenbeispiel zum Prinzip alternativer Handlungsmöglichkeiten sei. Es gibt vielleicht einen Sinn, welchem zufolge Jones₃ nicht anders handeln kann, als die Handlung, die er vollzieht, auszuführen. Denn Jones₃ ist ein vernünftiger Mensch, und die Drohung, die ihm begegnet, reicht hin, jeden vernünftigen Menschen zu bewegen. Aber es ist nicht dieser Sinn, der das Prinzip alternativer Handlungsmöglichkeiten betrifft. Sein Wissen darum, daß er im Begriff ist, eine nicht hinnehmbar harte Strafe zu erleiden, bedeutet genaugenommen nicht, daß Jones₃ *nicht* irgend eine Handlung außer der vollziehen *kann*, die er wirklich ausführt. Letztlich steht es ihm immer noch frei – und dies ist entscheidend –, der Drohung, wenn er das möchte, zu trotzen und die Strafe zu akzeptieren, die seine Handlung über ihn bringen würde. In dem Sinn, in welchem das Prinzip alternativer Handlungsmöglichkeiten den Begriff des anders- handeln- Könnens verwendet, bedeutet die Unfähigkeit von $Jones_3$, der Drohung zu widerstehen, nicht, daß er nicht anders handeln kann, als die Handlung, die er vollzieht, auszuführen. Folglich bildet der Fall von $Jones_3$ keine Gegeninstanz zu dem Prinzip.

Ich beabsichtige nicht, darüber nachzudenken, in welchem Sinne der Begriff des anders- handeln- Könnens im Prinzip alternativer Handlungsmöglichkeiten eine Rolle spielt. Auch werde ich nicht versuchen, die Stärke des gerade von mir geschilderten Einwands abzuwägen.[1] Ich glaube nämlich, daß man der Stärke dieses Einwands, egal wie man sie einschätzen kann, zu entgehen vermag, indem man das Beispiel auf die folgende Weise abwandelt.[2] Nehmen wir an, jemand – sagen wir, Black – möchte, daß $Jones_4$ eine bestimmte Handlung ausführt. Black ist bereit, zur Durchsetzung seines Willens erhebliche Mühen auf sich zu nehmen. Er zieht es jedoch vor, ein unnötiges Offenlegen seiner Absichten zu vermeiden. Also wartet er, bis $Jones_4$ im Begriffe steht, sich zu entscheiden, was er tun soll. Black tut nichts, ausgenommen es ist ihm klar (Black kennt sich in diesen Dingen ausgezeichnet aus), daß $Jones_4$ sich entschließt, etwas *anderes* zu tun, als er von ihm zu tun verlangt. Wenn es wirklich deutlich wird, daß $Jones_4$ etwas anderes zu tun beschließt, ergreift Black wirksame Maßnahmen, um sicherzustellen, daß $Jones_4$ sich entscheidet, das zu tun, und dann wirklich das tut, was er von ihm zu tun verlangt.[3] Welche Präfe-

---

1 Die beiden Hauptbegriffe, die im Prinzip alternativer Handlungsmöglichkeiten Verwendung finden, sind »moralische Verantwortung tragen« und »hätte anders handeln können«. Es scheint ganz wie ein Piratenangriff auszusehen, wenn man das Prinzip diskutiert, ohne einen dieser Begriffe zu analysieren. Der Leser sollte zur Kenntnis nehmen, daß meine Piratenflagge nunmehr entrollt ist.

2 Nachdem ich mir das Beispiel, das ich gerade entwickle, ausgedacht hatte, habe ich erfahren, daß Robert Nozick in einer vor mehreren Jahren gehaltenen Vorlesung ein Beispiel desselben allgemeinen Typus entwickelt und als Gegenbeispiel zum Prinzip alternativer Handlungsmöglichkeiten aufgestellt hat.

3 Die Annahme, daß Black voraussehen kann, was $Jones_4$ zu tun beschließen wird, bleibt die Antwort auf den Determinismus nicht schuldig. Wir können uns vorstellen, daß $Jones_4$ oft mit den Alternativen – A und B – konfrontiert war, denen er jetzt gegenübersteht, und beständig mit seinem Gesicht zuckte, wenn er im Begriffe stand, sich für A zu entscheiden, aber nie, wenn er sich für B entschied. Wenn Black dies wüßte und das Zucken beobachtete, so hätte

renzen und Neigungen Jones$_4$ anfänglich gehabt haben mag, Black wird seinen Willen durchsetzen.

Welche Maßnahmen wird Black ergreifen, wenn er glaubt, Maßnahmen ergreifen zu müssen, um sicherzustellen, daß Jones$_4$ entscheidet und handelt, wie er wünscht? Jeder, der eine Idee davon hat, was »hätte anders handeln können« bedeutet, kann diese Frage für sich selbst beantworten, indem er schildert, welche Maßnahmen er als hinreichend betrachten würde, um sicherzustellen, daß Jones$_4$ in dem relevanten Sinne nicht anders zu handeln vermag. Black kann eine schreckliche Drohung verkünden und auf diese Weise Jones$_4$ sowohl dazu zwingen, die gewünschte Handlung zu vollziehen, als auch daran hindern, eine verbotene Handlung auszuführen. Black kann Jones$_4$ einen Trank verabreichen oder hypnotisieren und auf eine Weise wie diese bei Jones$_4$ einen unwiderstehlichen inneren Zwang hervorrufen, die von Black gewünschte Tat auszuführen und andere Taten zu vermeiden. Oder Black kann auf unmittelbarere Weise kleinste Abläufe im Gehirn und Nervensystem von Jones$_4$ manipulieren, so daß kausale Kräfte bestimmen, die zwischen seinen Synapsen und entlang der Nervenbahnen des armen Mannes verlaufen, daß er auf die eine und nicht auf irgendeine andere Art zu handeln beschließt und tatsächlich so handelt. Anders gesagt, Black kann bewirken, daß jedwede Bedingungen, unter welchen gesichert ist, daß Jones$_4$ nicht anders zu handeln vermag, vorherrschen. Die Struktur des Beispiels ist, glaube ich, flexibel genug, um jedem Vorwurf der Irrelevanz derart zu entgehen, daß man den Grundsatz, auf dem der Vorwurf basiert, anpaßt.[4]

er eine gute Grundlage für eine Voraussage. Sicherlich unterstellt dies eine gewisse Art kausaler Beziehung zwischen dem Zustand von Jones$_4$ zum Zeitpunkt des Zuckens und seinen folgenden Zuständen. Aber jede plausible, Entscheidungen oder Handlungen betreffende Vorstellung wird gelten lassen, daß sowohl das Treffen einer Entscheidung als auch der Vollzug einer Handlung frühere und spätere Phasen umfassen, zwischen denen kausale Relationen bestehen, wobei die früheren Phasen selber nicht Teil der Entscheidung oder Handlung sind. Das Beispiel macht es nicht zur Bedingung, daß diese früheren Phasen deterministisch auf noch frühere Ereignisse bezogen sein müssen.

4   Das Beispiel ist auch flexibel genug, um auf Black im ganzen verzichten zu können. Jeder, der glaubt, daß die Wirksamkeit des Beispiels dadurch unterminiert wird, daß es auf einen menschlichen Manipulator baut, der Jones$_4$ seinen Willen aufzwingt, kann Black durch eine Maschine ersetzen, die so programmiert ist, daß sie das tut, was Black tut. Wenn das immer noch nicht ausreichend ist, kann man sowohl auf Black als auch auf die Maschine verzichten und annehmen, daß deren Rolle durch Naturkräfte gespielt wird, die weder Wille noch Zweck in sich schließen.

Nehmen wir nun an, daß Black zu keinem Zeitpunkt seine Absichten offenlegen muß, weil Jones$_4$ aus eigenen Gründen entscheidet, genau die Handlung
zu vollziehen, und wirklich diese Handlung vollzieht, die Black von ihm zu tun
verlangt. In diesem Falle scheint es klar zu sein, daß Jones$_4$ genau dieselbe
moralische Verantwortung für sein Tun trägt, die er tragen würde, wäre Black
nicht bereit, Maßnahmen zu ergreifen, um abzusichern, daß er so handelt. Es
würde völlig unverständlich sein, aufgrund der Tatsache, daß er nicht anders
hätte handeln können, Jones$_4$ für seine Handlung zu entschuldigen oder ihm
das Lob vorzuenthalten, wozu ihn normalerweise seine Handlung berechtigte.
Diese Tatsache spielte überhaupt keine Rolle beim Zustandekommen der von
ihm vollzogenen Handlung. Er hätte auch ohne das Bestehen dieser Tatsache
so gehandelt. In der Tat geschah alles so, als ob es ohne Blacks Anwesenheit in
dieser Situation und ohne dessen Bereitschaft, sich einzumischen, geschehen
wäre.

In diesem Beispiel gibt es hinreichende Bedingungen dafür, daß Jones$_4$ die
in Frage stehende Handlung ausführt. Welche Handlung er vollzieht, liegt
nicht in seiner Hand. Natürlich liegt es in einer Hinsicht in seiner Hand, ob er
selbständig handelt oder als Resultat von Blacks Eingreifen. Das hängt davon
ab, welche Handlung er selbst zu tun geneigt ist. Aber ob er letztlich selbständig handelt oder als Resultat von Blacks Eingreifen – er vollzieht dieselbe
Handlung. Zu dem, was Black von ihm zu tun verlangt, hat er keine Alternative.
Wenn er jedoch selbständig handelt, so ist seine moralische Verantwortung für
sein Tun durch die Tatsache nicht beeinträchtigt, daß Black im Hintergrund
mit finsteren Absichten auf der Lauer liegt, denn diese Absichten kommen zu
keinem Zeitpunkt ins Spiel.

V. Die Tatsache, daß eine Person es nicht hat vermeiden können, etwas
Bestimmtes zu tun, ist eine hinreichende Bedingung dafür, es getan zu haben.
Aber diese Tatsache spielt, wie einige meiner Beispiele zeigen, möglicherweise
überhaupt keine Rolle bei der Erklärung, warum sie es getan hat. Es kann sein,
daß diese Tatsache unter den Umständen gar nicht vorkommt, die es wirklich
zuwege brachten, daß die Person das tat, was sie getan hat, so daß ihre Handlung auf einer völlig anderen Grundlage geklärt werden muß. Wenn die Person
auch nicht in der Lage war, anders zu handeln, so heißt das, daß es nicht der Fall
sein muß, daß sie auf diese Weise handelte, *weil* sie nicht anders hätte handeln
können. Wenn nun jemand keine Alternative zum Vollzug einer bestimmten
Handlung hatte, er aber diese Handlung nicht deshalb vollzog, weil er anders
zu handeln unfähig war, dann würde er genau dieselbe Handlung vollzogen

haben, auch wenn er anders hätte handeln *können*. Die Umstände, die es ihm unmöglich machten, anders zu handeln, hätten von der Situation abgezogen werden können, ohne das Was oder Warum der Handlung in irgend einer Weise zu betreffen. Was immer die Person wirklich dazu brachte, das zu tun, was sie getan hat, oder sie veranlaßte, es zu tun, es würde sie dazu gebracht oder veranlaßt haben, auch wenn es ihr möglich gewesen wäre, statt dessen etwas anderes zu tun.

Folglich hätte es – was ihre Handlung betrifft oder die Frage, wie es dazu kam, daß die Person sie vollzog – keinen Unterschied gemacht, wenn die Umstände, die es ihr unmöglich machten, sie zu vermeiden, nicht vorgeherrscht hätten. Die Tatsache, daß sie nicht anders hätte handeln können, liefert offensichtlich keinen Grund für die Annahme, daß sie vielleicht anders gehandelt *hätte*, falls sie dazu in der Lage gewesen wäre. Wenn eine Tatsache in dieser Weise für das Problem irrelevant ist, Rechenschaft über die Handlung einer Person abzulegen, scheint es völlig grundlos zu sein, ihr irgendein Gewicht bei der Einschätzung ihrer moralischen Verantwortung beizumessen. Warum sollte die Tatsache beim Versuch ihrer moralischen Einschätzung erwogen werden, wenn sie weder zum Verständnis dessen irgend etwas beiträgt, was die Person veranlaßte, so zu handeln, wie sie es getan hat, noch dazu, was sie unter anderen Umständen hätte getan haben können?

Aus diesem Grunde also ist das Prinzip alternativer Handlungsmöglichkeiten verfehlt. Es behauptet, daß eine Person keine moralische Verantwortung für den Vollzug einer Handlung trägt – das heißt, sie ist zu entschuldigen –, wenn Umstände vorlagen, die es ihr unmöglich machten, die Handlung zu vermeiden. Es können aber Umstände vorliegen, die es einer Person unmöglich machen, eine Handlung zu vermeiden, ohne daß diese Umstände es auf irgend eine Weise zuwege bringen, daß sie jene Handlung vollzieht. Der Person würde es beim Versuch, sich von der moralischen Verantwortung für den Vollzug der fraglichen Handlung freizusprechen, sicherlich nichts nützen, auf Umstände dieser Art zu verweisen. Denn jene Umstände haben der Annahme folgend wirklich nichts damit zu tun, daß sie das tat, was sie getan hat. Sie würde genau dasselbe getan haben und sie würde auf genau dieselbe Weise dazu gebracht oder veranlaßt worden sein, es zu tun, auch wenn diese Umstände nicht vorgeherrscht hätten.

Natürlich verzeihen wir oftmals Menschen ihre Taten, wenn sie uns sagen (was wir ihnen glauben), daß sie nicht anders hätten handeln können. Wir tun dies in der Annahme, daß das, was sie uns mitteilen, erklären hilft, warum sie das getan haben, was sie getan haben. Wir betrachten es als selbstverständlich, daß sie nicht unaufrichtig sind, wie es eine Person wäre, die als Entschuldigung die Tatsache anführte, daß sie das, was sie tat, nicht vermeiden konnte, die aber nur zu genau wußte, daß sie es überhaupt nicht aus diesem Grunde getan hatte. Vielleicht suggeriert das von mir Gesagte, daß das Prinzip alternativer Handlungsmöglichkeiten derart überarbeitet werden sollte, daß man behauptet, eine Person trage keine moralische Verantwortung für das, was sie getan hat, wenn sie es deshalb tat, weil sie nicht anders hätte handeln können. Man sollte vielleicht hervorheben, daß diese Revision des Prinzips die Argumente jener nicht ernsthaft beeinträchtigt, die im Versuch, die Ansicht von der Unvereinbarkeit von moralischer Verantwortung und Determinismus zu verfechten, auf das ursprüngliche Prinzip gebaut haben. Wenn es nämlich ursächlich bestimmt war, daß eine Person eine bestimmte Handlung ausführen mußte, dann wird es wahr sein, daß die Person sie der kausalen Determinanten wegen ausgeführt hat. Und wenn die Tatsache, daß es kausal determiniert war, daß eine Person eine bestimmte Handlung ausführen mußte, bedeutet, daß die Person nicht anders hätte handeln können – wie Philosophen, die für die Inkompatibilitätsthese argumentieren, kennzeichnenderweise annehmen –, dann wird die Tatsache, daß die Ausführung einer bestimmten Handlung durch eine Person kausal determiniert war, bedeuten, daß die sie ausführende Person sie deshalb ausführte, weil sie anders nicht hätte handeln können. Das revidierte Prinzip alternativer Handlungsmöglichkeiten wird aufgrund dieser Annahme die Bedeutung von »hätte anders handeln können« betreffend zur Folge haben, daß eine Person dann moralisch für ihr Tun keine Verantwortung trägt, wenn es kausal bestimmt war, daß sie es tun mußte. Ich glaube aber nicht, daß diese Revision des Prinzips akzeptabel ist.

Nehmen wir an, jemand sagt uns, daß er das, was er getan hat, deshalb tat, weil er nicht anders hätte handeln können. Oder nehmen wir an, er gibt die ähnliche Erklärung, daß er das, was er getan hat, deshalb tat, weil es tun mußte. Oft akzeptieren wir wirklich Erklärungen wie diese (wenn sie glaubhaft sind) als berechtigte Entschuldigungen, und solcherart Erklärungen scheinen sich auf den ersten Blick tatsächlich auf das revidierte Prinzip alternativer Handlungsmöglichkeiten zu beziehen. Aber ich glaube, daß wir solche Erklärungen deshalb als berechtigte Entschuldigungen akzeptieren, weil wir dies in der Annahme tun, daß uns mehr mitgeteilt wird, als die Erklärungen genaugenommen und buchstäblich vermitteln. Wir nehmen an, die die Entschuldigung äußernde Person meint, daß sie das, was sie getan hat, *nur deshalb* tat, *weil* sie nicht anders hätte handeln können, oder *nur deshalb* tat, *weil* sie es tun mußte. Und insbesondere nehmen wir an, sie meint, daß sie als sie das tat, was sie getan hat, es nicht deshalb tat, weil es das war, was sie wirklich zu tun wünschte. Das Prinzip alternativer Handlungsmöglichkeiten sollte deshalb meiner Meinung nach durch das folgende Prinzip ersetzt werden: Eine Person ist dann für das, was sie getan hat, moralisch nicht verantwortlich, wenn sie es nur deshalb tat, weil sie nicht anders hätte handeln können. Dieses Prinzip erweckt nicht den Anschein, der Ansicht zu widersprechen, daß moralische Verantwortung und Determinismus miteinander vereinbar sind.

Das Folgende mag alles zutreffen: Es lagen Umstände vor, die es einer Person unmöglich machten, zu vermeiden, irgend etwas zu tun; diese Umstände spielten eine Rolle beim Zustandekommen ihres Tuns, so daß sich korrekterweise sagen läßt, sie tat das, weil sie anders nicht hätte handeln können; die Person wünschte wirklich das zu tun, was sie getan hat; sie tat es deshalb, weil sie das, was sie getan hat, wirklich zu tun wünschte, so daß sich korrekterweise nicht sagen läßt, sie tat das, was sie getan hat, weil sie anders nicht hätte handeln können. Unter diesen Bedingungen kann die Person durchaus für das, was sie getan hat, moralisch verantwortlich sein. Andererseits wird sie für das, was sie getan hat, keine moralische Verantwortung tragen, wenn sie es nur deshalb getan hat, weil sie anders nicht hätte handeln können, auch im Falle dessen, daß sie das, was sie getan hat, wirklich zu tun wünschte.

# Willensfreiheit und der Begriff der Person

Was unter Philosophen neuerdings als Analyse des Begriffs der Person angesehen wird, ist in Wirklichkeit gar keine Analyse *dieses* Begriffs. Strawson, dessen Wortgebrauch zum gängigen Standard geworden ist, bestimmt den Begriff einer Person als »den Begriff eines Typs von Entitäten, derart, daß *sowohl* Prädikate, die Bewußtseinszustände zuschreiben, *als auch* Prädikate, die Körpereigenschaften bezeichnen ... auf ein einzelnes Individuum dieses besonderen Typs gleichermaßen anwendbar sind«.[1]

Nun gibt es jedoch neben Personen noch viele andere Entitäten, die sowohl mentale wie physische Eigenschaften haben. Auch wenn es merkwürdig scheinen mag, aber es ist nun einmal so, daß es kein gebräuchliches englisches oder deutsches Wort für die Art von Entitäten gibt, die Strawson sich denkt: Entitäten, zu denen außer Menschen genauso auch Tiere verschiedener niedrigerer Arten gehören. Doch rechtfertigt dieser Umstand natürlich nicht den Mißbrauch eines wichtigen und wertvollen philosophischen Terms.

Die Frage, ob die Mitglieder einer Tierart Personen sind, läßt sich ja sicher nicht dadurch beantworten, daß man bestimmt, ob es richtig ist, auf sie neben Prädikaten, die Körpereigenschaften zuschreiben, auch solche Prädikate anzuwenden, die ihnen Bewußtseinszustände zuschreiben. Wir tun unserer Sprache Gewalt an, wenn wir akzeptieren, das Wort ›Person‹ für all die zahllosen Kreaturen zu verwenden, die zwar sowohl psychische wie materielle Eigenschaften haben, die aber offensichtlich in keinem gebräuchlichen Sinne des Wortes Personen sind. Zweifellos ist dieser Sprachmißbrauch nicht schuld an irgendwelchen theoretischen Irrtümern. Aber auch wenn es sich um eine ›bloße Sprach-

---

1 P. F. Strawson, Individuals, London 1959, 101 f.; dt.: Einzelding und logisches Subjekt, Stuttgart 1972, 130. Ayer gebraucht das Wort ›Person‹ genauso: »Das ist das Besondere an Personen im weiten Sinne des Wortes, daß sie diverse physische Eigenschaften haben ... und daß ihnen zugleich auch verschiedene Formen von Bewußtsein zugeschrieben werden« A. J. Ayer, One Concept of a Person New. York 1963, 82. Strawson und Ayer geht es mehr um die Frage, welche Beziehung zwischen Körper und Geist besteht, als um das ganz andere Problem, zu verstehen, was es denn bedeutet, ein Wesen zu sein, das nicht nur Geist und Körper hat, sondern darüber hinaus auch eine Person ist.

sünde‹ handelt, ist der Schaden, den sie anrichtet, doch beträchtlich. Denn durch sie verkleinert sich ohne Not unser philosophisches Vokabular, und die Wahrscheinlichkeit vergrößert sich, daß wir jenes wichtige Untersuchungsfeld vernachlässigen, das am zwanglosesten durch das Wort ›Person‹ bezeichnet wird. Man hätte erwarten sollen, daß kein Problem dauerhafter im Mittelpunkt philosophischen Interesses stehen würde als die Aufgabe, zu verstehen, was wir selbst unserem Wesen nach sind. Aber statt dessen ist dies Problem so weitgehend in Vergessenheit geraten, daß es schließlich möglich wurde, fast unbemerkt und offensichtlich, ohne daß es in größerem Ausmaß als Verlust empfunden wurde, ihm sogar seinen Namen zu entwenden.

In einem Sinne ist das Wort ›Person‹ bloß die Singularform zu ›Menschen‹; und beide Wörter meinen dabei nicht mehr als die Zugehörigkeit zu einer bestimmten biologischen Spezies. Wird das Wort dagegen in Bedeutungen größeren philosophischen Interesses gebraucht, dann dienen die Kriterien des Personseins nicht in erster Linie dazu, die Mitglieder unserer eigenen Spezies von denen anderer Arten zu unterscheiden. Dann sollen sie vielmehr die Attribute erfassen, die Gegenstand sind, wo es uns im besonderen um uns selbst als Menschen geht, und die Quelle all dessen sind, was wir in unserem Leben für das Wichtigste wie auch für das am schwersten zu Verstehende halten. Diese Attribute wären für uns genauso bedeutsam, auch wenn sie nicht de facto den meisten Mitgliedern und nur Mitgliedern unserer Spezies eigentümlich wären. Was uns so sehr an der *conditio humana* interessiert, würde uns nicht weniger interessieren, auch wenn es ebenso zum Wesen anderer Kreaturen gehören würde.

Unser Begriff von uns selbst als Personen darf also nicht als ein Begriff von notwendig artspezifischen Attributen verstanden werden. Es ist denkbar, daß Mitglieder noch zu entdeckender oder auch bekannter nichtmenschlicher Arten Personen sein könnten. Und es ist genauso denkbar, daß einige Mitglieder der Spezies ›Mensch‹ keine Personen sind. Andererseits nehmen wir aber an, daß de facto kein Mitglied einer anderen Spezies eine Person ist. Und darum vermuten wir, daß das Wesen einer Person in einer Menge charakteristischer Eigenschaften besteht, von denen wir zu Recht oder zu Unrecht annehmen, daß sie ausschließlich menschliche Eigenschaften sind.

Ich bin der Ansicht, daß ein wesentlicher Unterschied zwischen Personen und anderen Kreaturen in der Struktur des Willens einer Person zu finden ist. Menschen sind nicht die einzigen Wesen, die Wünsche und Motive haben oder die Wahlentscheidungen treffen. Sie unterscheiden sich darin nicht von Mitgliedern anderer Arten, von denen einige anscheinend sogar Erwägungen anstellen und Entscheidungen nach vorhergehender Überlegung treffen. Es scheint aber eine besondere Eigentümlichkeit von Menschen zu sein, daß sie, wie ich sie nennen werde, ›Wünsche zweiter Stufe‹ zu bilden fähig sind. Neben wünschen und wählen und bewegt werden, dies oder das zu *tun*, können Menschen außerdem wünschen, bestimmte Wünsche oder Motive zu haben (oder nicht zu haben). Sie können, was ihre Vorlieben und Zwecke angeht, gern anders sein wollen, als sie sind. Viele Tiere scheinen durchaus zu, wie ich sagen will, ›Wünschen erster Stufe‹ fähig zu sein. Kein Tier außer dem Menschen scheint dagegen die Fähigkeit zur reflektierenden Selbstbewertung zu haben, die sich in der Bildung von Wünschen zweiter Stufe ausdrückt.[2]

# I.

Der Begriff, den die Verben ›mögen/wünschen‹ bezeichnen, ist nur sehr schwer faßbar. Ein Satz der Form ›A möchte Xen‹, nur für sich selbst genommen und ohne Rücksicht auf einen Zusammenhang, aus dem sich eine weitere oder genauere Bedeutung ablesen läßt, enthält bemerkenswert wenig Informationen. Er kann zum Beispiel mit jedem der folgenden Sätze zusammen bestehen: (a) die Aussicht darauf zu Xen ruft in A keine Empfindung oder keine innerlich wahrnehmbare emotionale Reaktion hervor; (b) A ist sich dessen nicht bewußt, daß er Xen möchte; (c) A glaubt, daß er nicht Xen möchte; (d) A möchte sich davon abhalten zu Xen; (e) A möchte Zen und glaubt, daß es ihm unmöglich ist, sowohl zu Xen wie auch zu Zen; (f) A möchte nicht ›wirklich‹ Xen; (g) A würde eher sterben als zu Xen; und so fort. Wie man sieht, läßt sich die Unterscheidung zwischen Wünschen erster und Wünschen zweiter Stufe wohl kaum hinreichend genau formulieren, wenn man, wie ich es zunächst getan habe, nichts weiter in Anschlag bringt als: jemand hat einen Wunsch erster Stufe, wenn er dies und das tun oder nicht tun möchte, und er hat einen Wunsch zweiter Stufe, wenn er einen bestimmten Wunsch erster Stufe haben oder nicht haben möchte.

2    Der Einfachheit halber werde ich mich nur mit dem beschäftigen, was jemand möchte oder wünscht, und werde verwandte Phänomene wie Wahl oder Entscheidung vernachlässigen. Ich schlage vor, die Wörter ›mögen‹ (›to want‹) und ›wünschen‹ (›to desire‹) als füreinander austauschbar zu gebrauchen, obwohl sie keineswegs dasselbe bedeuten. Mein Grund, bestehende Nuancen zu vernachlässigen, liegt in der Tatsache, daß sich das Verb ›mögen‹ (›to want‹), das seiner Bedeutung nach meinen Zwecken besser dient, nicht so leicht zur Bildung von Substantiven anbietet wie das Verb ›wünschen‹. (Zusatz des Übersetzers: Im Deutschen ist die Lage noch ungünstiger. Denn während es im Englischen zwar nicht gerade elegant, aber immerhin möglich ist, wenigstens im Plural von jemandes ›wants‹ zu sprechen, können wir aus ›mögen‹ gar kein entsprechendes Substantiv bilden.)

So wie ich sie verstehen will, decken Sätze der Form ›A möchte Xen‹ einen ziemlich großen Bereich verschiedener Möglichkeiten ab.[3] Sie können wahr sein, auch wenn zugleich Sätze wie (a) bis (g) wahr sind: Wenn A sich keiner Gefühle, die das Xen betreffen, bewußt ist, wenn er sich dessen nicht bewußt ist, daß er Xen möchte, wenn er sich darüber täuscht, was er möchte, und dann irrtümlich glaubt, daß er nicht Xen möchte, wenn er noch andere Wünsche hat, die seinem Wunsch zu Xen widerstreiten, oder wenn A unschlüssig ist, stets gilt: ›A möchte Xen‹. Die Wünsche, um die es geht, können bewußt oder unbewußt sein, sie brauchen nicht eindeutig zu sein, und A kann sich im Irrtum über sie befinden. Es gibt dann aber noch eine weitere Quelle der Unbestimmtheit in Sätzen, die angeben, welche Wünsche jemand hat. Und es kommt für meine Zwecke sehr darauf an, in diesem Punkt weniger großzügig zu sein.

Betrachten wir zuerst Sätze der Form ›A möchte Xen‹, wenn sie Wünsche erster Stufe bezeichnen, also Sätze, in denen sich der Ausdruck ›Xen‹ auf eine Handlung bezieht. Ein solcher Satz, für sich allein genommen, zeigt, bezogen auf andere Wünsche, nicht an, wie stark A's Wunsch ist zu Xen. Der Satz macht nicht deutlich, ob der Wunsch überhaupt mit einiger Wahrscheinlichkeit für das, was A wirklich tut oder zu tun versucht, eine entscheidende Rolle spielt. Denn es kann zutreffen, daß A Xen möchte, auch wenn sein Wunsch zu Xen nur einer unter mehreren Wünschen und bei weitem nicht der größte ist. Es kann also wahr sein, daß A Xen möchte, auch wenn er es zugleich bei weitem vorzieht, etwas anderes statt dessen zu tun. Und es kann wahr sein, daß er Xen möchte, ungeachtet der Tatsache, daß dann, wenn er handelt, nicht sein Wunsch zu Xen ihn dazu bringt zu tun, was er tut. Andererseits kann jemand mit dem Satz ›A möchte Xen‹ gerade mitzuteilen meinen, daß es ebendieser Wunsch ist, der A veranlaßt oder dazu bewegt zu tun, was er tatsächlich tut, oder auch, daß A durch genau diesen Wunsch zum Handeln veranlaßt werden wird (sofern er sich nicht eines anderen besinnt).

Nur wenn der Satz auf die zweite Art und das Wort ›Wille‹ in dem besonderen Sinn, den ich hier vorschlage, gebraucht werden, dann beschreibt der Satz A's Willen. Den Willen eines Handelnden zu beschreiben heißt entweder,

---

3    Was ich in diesem Absatz sage, trifft nicht allein auf Fälle zu, in denen ›Xen‹ sich auf mögliches Handeln oder Nichthandeln bezieht. Es gilt auch für den Fall, daß sich ›Xen‹ auf Wünsche erster Stufe bezieht und also Sätze der Form ›A möchte Xen‹ verkürzte Fassungen von Sätzen sind, die die Form ›A möchte, daß er Xen möchte‹ haben und Wünsche zweiter Stufe beschreiben.

den Wunsch oder die Wünsche anzugeben, die ihn zu den Handlungen bewegen, die er tatsächlich ausführt, oder heißt, den Wunsch oder die Wünsche anzuführen, die ihn bewegen werden, wenn er handelt, oder die ihn bewegen würden, falls er handelte. Der Wille eines Handelnden ist also identisch mit einem oder mehreren seiner Wünsche erster Stufe. Aber der Begriff des Willens, wie ich ihn gebrauche, ist nicht umfangsgleich mit dem Begriff von etwas, das den Handelnden bloß bis zu einem gewissen Grade geneigt macht, in bestimmter Weise zu handeln. Sondern es ist der Begriff eines *effektiven* oder handlungswirksamen Wunsches, der eine Person dazu bringt (oder dazu bringen wird oder würde), den ganzen Weg bis zu einer Handlung zu gehen. Also ist der Begriff des Willens auch nicht umfangsgleich mit dem Begriff dessen, was jemand zu tun beabsichtigt. Denn obwohl jemand ganz fest die Absicht haben kann, X zu tun, so kann es doch sein, daß er nichtsdestoweniger etwas anderes statt dessen tut, weil sich trotz seiner Absicht der Wunsch, X zu tun, als schwächer oder weniger effektiv erweist als ein anderer, widerstreitender Wunsch.

Betrachten wir nun Sätze der Form ›A möchte Xen‹, wenn sie Wünsche zweiter Stufe beschreiben, also Sätze, in denen sich der Ausdruck ›Xen‹ auf einen Wunsch erster Stufe bezieht. Auch hier gibt es zwei Arten verschiedener Situationen, in denen es wahr sein kann, daß A wünscht, daß er zu Xen wünscht. Einmal könnte es so sein, daß A einen Wunsch zu Xen haben möchte, ungeachtet der Tatsache, daß er, ganz eindeutig und ohne im Widerstreit von Wünschen unschlüssig zu sein, den Wunsch hat, sich davon zurückzuhalten zu Xen. Anders gesagt: jemand kann einen bestimmten Wunsch haben, aber zugleich ganz eindeutig wünschen, daß dieser Wunsch unerfüllt bleibe.

Nehmen wir an, ein Arzt, der sich mit der psychotherapeutischen Behandlung von Drogensüchtigen befaßt, glaubt, daß er seinen Patienten besser helfen könnte, wenn er besser verstünde, wie es für sie ist, den Wunsch nach der Droge zu haben, nach der sie süchtig sind. Nehmen wir weiter an, er komme auf diese Weise dazu, daß er selber den Wunsch nach der Droge haben möchte. Wenn nun, was er haben möchte, wirklich ein richtiger Wunsch ist, dann möchte er nicht nur die Gefühle haben, wie sie Süchtige charakteristischerweise erleben, wenn sie ihr Verlangen nach der Droge packt. Der Arzt möchte, sofern er ein solches Verlangen haben möchte, in einem gewissen Maße die Neigung spüren oder dazu gedrängt werden, die Droge zu nehmen.

Es ist aber durchaus möglich, daß er, obwohl er von dem Verlangen nach der Droge gedrängt sein möchte, doch nicht möchte, daß sein Verlangen handlungswirksam sei. Vielleicht möchte er nicht, daß ihn sein Wunsch den ganzen Weg bis zur Ausführung der Handlung gehen läßt. Es braucht ihn nicht zu interessieren, wie es ist, die Droge zu nehmen. Und insofern er nun bloß wünscht, daß er die Droge nehmen *möchte*, aber nicht, sie zu *nehmen*, möchte er nichts, was ihm nur die Droge selber geben könnte. Er kann also in der Tat den ganz eindeutigen Wunsch haben, die Droge *nicht* zu nehmen. Und er wird klug alles so arrangieren, daß es ihm unmöglich wird, den Wunsch zu befriedigen, den er haben würde, falls sein Wunsch, das Verlangen nach der Droge zu haben, einmal in Erfüllung ginge.

Es wäre also nicht richtig, aus der Tatsache, daß der Arzt jetzt wünscht, das Verlangen nach der Droge zu haben, zu schließen, daß er auch schon wirklich verlangt, sie zu nehmen. Sein Wunsch zweiter Stufe, zur Droge gedrängt zu werden, schließt nicht ein, daß er einen Wunsch erster Stufe hat, die Droge zu nehmen. Würde man ihm nun die Droge verabreichen, so brauchte dieser Akt keinen Wunsch zu befriedigen, der in seinem Wunsch enthalten wäre, ein Verlangen nach der Droge zu haben. Während er möchte, daß er die Droge nehmen möchte, braucht er *nicht* den Wunsch zu haben, sie zu nehmen; es kann sein, daß er *nichts weiter* möchte, als das Verlangen nach ihr zu kosten. Das heißt also: Sein Wunsch, einen bestimmten Wunsch zu haben, den er nicht hat, braucht nicht ein Wunsch zu sein, daß sein Wille im mindesten ein anderer ist als der, der er ist.

Wer freilich nur in dieser verstümmelten Form sich wünscht, daß er zu Xen wünscht, steht am Rande des Bloß-so-tuns; und die Tatsache, daß er sich wünscht, er wünsche zu Xen, taugt nicht dazu zu sagen, was er wirklich will. Allerdings paßt der Satz ›A wünscht, daß er zu Xen wünscht‹ noch auf Situationen einer zweiten Art. Und wenn der Satz dazu verwendet wird, eine Situation dieser zweiten Art zu beschreiben, dann hat er mit dem zu tun, wovon A möchte, daß es sein Wille sei. In diesen Fällen bedeutet der Satz: A möchte, daß sein Wunsch zu Xen der effektive Wunsch sei, der ihn tatsächlich zum Handeln bewegt. Er möchte nicht etwa bloß, daß der Wunsch zu Xen zur Gesamtheit der Wünsche gehöre, die ihn mehr oder weniger stark zum Handeln bewegen oder geneigt machen. Sondern er möchte, daß ebendieser Wunsch tatsächlich handlungswirksam sei, also das Motiv für das abgebe, was er wirklich tut. Wenn nun der Satz ›A wünscht, daß er zu Xen wünscht‹ in dieser Weise gebraucht wird, dann schließt er ein, daß A schon den Wunsch zu Xen hat. Es kann dann nicht zugleich wahr sein, daß A möchte, der Wunsch zu Xen solle ihn zum Handeln veranlassen, und daß er nicht Xen möchte. Nur wenn er Xen möchte, kann er übereinstimmend damit auch wünschen, daß sein Wunsch zu Xen nicht bloß irgendeiner seiner Wünsche, sondern ent-schiedener: sein Wille sei.[4]

Nehmen wir an, jemand möchte zu dem, was er tut, durch den Wunsch, sich auf seine Arbeit zu konzentrieren, motiviert werden. Es ist dann, wenn die Annahme erfüllt ist, notwendigerweise wahr, daß er sich bereits auf seine Arbeit konzentrieren möchte. Dieser Wunsch ist nun Teil aller Wünsche, die er hat. Aber die Frage, ob sich sein Wunsch zweiter Stufe erfüllt oder nicht, bezieht sich nicht bloß darauf, ob der Wunsch, den er haben möchte, einer seiner Wünsche ist. Sondern sie bezieht sich auch darauf, ob dieser Wunsch, wie er es gerne möchte, sein effektiver Wunsch oder sein Wille ist. Wenn die Würfel gefallen sind und wenn dann sein Wunsch, sich auf seine Arbeit zu konzentrie-ren, ihn wirklich dazu veranlaßt zu tun, was er tut, dann ist, was er zu jener Zeit will, in der Tat im relevanten Sinne das, wovon er wünscht, daß er es wolle. Wenn es dagegen ein anderer Wunsch ist, der ihn zum Handeln veranlaßt, dann ist, was er zur Zeit des Handelns will, im relevanten Sinne nicht das, wovon er wünscht, daß er es wolle. Und das ist so, ungeachtet der Tatsache, daß der Wunsch, sich auf seine Arbeit zu konzentrieren, auch weiterhin Teil seiner Wünsche bleibt.

## II.

Jemand hat einen Wunsch zweiter Stufe, wenn er entweder einfach einen bestimmten Wunsch haben möchte, oder wenn er möchte, daß ein bestimmter Wunsch sein Wille sei. Für diesen zweiten Fall will ich die Wünsche der zwei-ten Stufe ›Volitionen zweiter Stufe‹ nennen. Nun glaube ich, daß es für das Personsein wesentlich ist, Volitionen zweiter Stufe und nicht ganz allgemein

4 Es ist nicht klar, ob das hier beschriebene Implikationsverhältnis auch in bestimmten anderen Fällen besteht, die man aber, scheint mir, getrost als Ausnahmefälle ansehen kann. Die wesentliche Differenz zwischen dem Normalfall und dem Ausnahmefall besteht darin, daß die Wünsche erster Stufe, um die es jeweils geht, auf verschiedene Art beschrieben wer-den. Nehmen wir etwa an, daß A B so über alle Maßen bewundert, daß er, obwohl er gar nicht weiß, was B tun möchte, doch möchte, daß, welche Wünsche auch immer B wirklich zum Handeln veranlassen, dieselben Wünsche auch für ihn handlungswirksam sein sollen. Anders gesagt: Ohne B's Willen zu kennen, möchte A, daß sein Wille derselbe wie B's Wille sei. Daraus folgt gewiß nicht, daß A unter seinen Wünschen auch schon den gleichen Wunsch hat, der B's Willen ausmacht. Ich werde hier die Frage nicht weiterverfolgen, ob es triftigere Gegenbeispiele gegen die in diesem Absatz vertretene These gibt und wie sie gege-benenfalls geändert werden müßte.

Wünsche zweiter Stufe zu haben. Es ist logisch möglich, wenn auch unwahrscheinlich, daß ein Handelnder wohl Wünsche zweiter Stufe, aber keine Volitionen der zweiten Stufe hat. Ein solches Wesen wäre in meinen Augen keine Person. Als einen ›Triebhaften‹ *(wanton)* bezeichne ich jemanden, der Wünsche erster Stufe hat, aber deshalb keine Person ist, weil er, gleichgültig ob er Wünsche der zweiten Stufe besitzt, keine Volitionen zweiter Stufe hat.[5]

Das charakteristische Merkmal eines Triebhaften ist, daß ihm sein Wille gleichgültig ist. Seine Wünsche treiben ihn, bestimmte Dinge zu tun, ohne daß man von ihm sagen könnte, er möchte sich von solchen Wünschen bewegen lassen, oder er zöge es vor, von anderen Wünschen zum Handeln veranlaßt zu werden. Die Klasse der triebhaften Wesen schließt alle Tiere ein, die nicht Menschen sind, aber Wünsche haben, und alle kleinen Kinder. Vielleicht gehören zu ihr auch manche Erwachsene. Auf jeden Fall können Erwachsene mehr oder weniger triebhaft auf Wünsche erster Stufe reagieren, in bezug auf die sie keine Volitionen zweiter Stufe haben.

Der Umstand, daß triebhafte Wesen keine Volitionen der zweiten Stufe haben, bedeutet nicht, daß sie alle ihre Wünsche der ersten Stufe unbedacht und unverzüglich in die Tat umsetzen. Es kann sein, daß sie keine Gelegenheit haben, entsprechend ihren Wünschen zu handeln. Weiter kann die Umsetzung von Wünschen in Taten durch widerstreitende Wünsche erster Stufe oder durch Erwägungen zurückgestellt oder ausgeschlossen werden. Denn ein Triebhafter kann durchaus in hohem Grade vernünftig sein und sich entsprechend verhalten. Nichts im Begriff eines triebhaften Wesens schließt ein, daß es nicht vernünftig erwägen kann, wie das zu tun ist, was es tun möchte. Was den vernünftigen Triebhaften von anderen Handelnden unterscheidet, ist, daß er sich nicht die Wünschbarkeit seiner Wünsche selber zum Gegenstand macht. Er übergeht die Frage, welches sein Wille sein soll. Er folgt nicht nur dem Handlungslauf, dem zu folgen er die größte Neigung hat, sondern es kümmert ihn auch nicht, welche seiner Neigungen am stärksten ist.

5  Wesen mit Wünschen zweiter Stufe, aber ohne Volitionen unterscheiden sich deutlich von Tieren; und für manche Zwecke wäre es wohl wünschenswert, sie als Personen anzusehen. Mein Wortgebrauch, der solchen Kreaturen die Bezeichnung ›Person‹ vorenthält, ist also ein wenig willkürlich. Ich halte mich vor allem deshalb an ihn, weil er es einfacher macht, manche meiner Punkte zu formulieren. Wenn ich im folgenden Sätze der Form ›A möchte Xen‹ betrachte, so fasse ich sie als Sätze auf, die Volitionen zweiter Stufe beschreiben, nicht als Sätze, die Wünsche der zweiten Stufe bezeichnen, die nicht zugleich Volitionen sind.

So kann also ein vernünftiges Wesen, das darüber nachdenkt, welcher Handlungsablauf seinen Wünschen entspricht, gleichwohl ein triebhaftes Wesen sein. Wenn ich nun behaupte, daß das wesentliche Moment des Personseins nicht in der Vernunft, sondern im Willen liegt, so will ich damit natürlich nicht unterstellen, daß ein Wesen ohne Vernunft eine Person sein kann. Denn allein dank ihrer Vernunft ist eine Person fähig, sich ihres eigenen Willens kritisch bewußt zu werden und Volitionen zweiter Stufe zu bilden. Daher setzt die Willensstruktur einer Person voraus, daß sie ein vernünftiges Wesen ist.

Die Unterscheidung zwischen einer Person und einem Triebhaften läßt sich am Unterschied zwischen zwei Drogensüchtigen verdeutlichen. Wir wollen annehmen, daß die physiologischen Bedingungen, die der Sucht zugrunde liegen, in beiden Fällen gleich sind, und daß beide Süchtigen unausweichlich ihrem periodischen Verlangen nach der Droge erliegen. Einer von beiden haßt seine Sucht und kämpft unablässig – verzweifelt, aber erfolglos – gegen ihre Macht. Er probiert alles, wovon er meint, es könne ihn befähigen, sein Verlangen nach der Droge zu überwinden. Aber dieser Wunsch ist zu mächtig, er kann ihm nicht widerstehen, und am Ende bleibt jedesmal das Verlangen Sieger über ihn. Er ist ein Süchtiger wider Willen, hilflos der Gewalt seiner eigenen Wünsche preisgegeben.

Der Süchtige wider Willen hat einander widerstreitende Wünsche der ersten Stufe: er möchte die Droge nehmen, und er möchte sich doch zugleich davon zurückhalten, sie zu nehmen. Über diese Wünsche erster Stufe hinaus hat er aber noch eine Volition zweiter Stufe. Er steht dem Widerstreit seiner Wünsche, die Droge zu nehmen, und auch von ihr abzulassen, nicht neutral gegenüber. Er möchte, daß der zweite Wunsch und nicht der erste sein Wille sei. Er möchte, daß sich der zweite Wunsch wirkungsvoll durchsetze und den Zweck abgebe, den er durch das, was er wirklich tut, zu erreichen sucht.

Der andere Süchtige ist ein triebhaftes Wesen. Seine Handlungen spiegeln die Ökonomie seiner Wünsche der ersten Stufe, ohne daß es ihn kümmert, ob die Wünsche, die ihn zum Handeln treiben, auch Wünsche sind, durch die er sich zum Handeln veranlaßt sehen möchte. Gibt es Probleme, an die Droge heranzukommen oder sie sich zu verabreichen, dann können seine Reaktionen auf das Verlangen nach der Droge verschiedene Überlegungen einschließen. Aber es geschieht ihm nie, daß er erwägt, ob er auch möchte, daß sich aus dem Verhältnis seiner Wünsche eben der Wille ergibt, den er hat. Der triebhafte Süchtige kann ein Tier und deshalb unfähig sein, seinen Willen zu bedenken. Jedenfalls unterscheidet er sich, was seine triebhafte Unbekümmertheit angeht, nicht von einem Tier.

Auch der zweite Süchtige kann sich wie der erste in einem Widerstreit zwischen Wünschen erster Stufe befinden. Ob Mensch oder nicht, der Triebhafte kann (vielleicht aufgrund einer Konditionierung) sowohl die Droge zu nehmen als auch sich von ihr zurückzuhalten wünschen. Anders als der Süchtige wider Willen aber würde er es nicht vorziehen, daß einer der widerstreitenden Wünsche den anderen übertreffen oder daß der eine statt des andern Wunsches erster Stufe sein Wille sein sollte. Es wäre irreführend zu sagen, daß er dem Widerstreit zwischen seinen Wünschen gleichgültig gegenübersteht, denn das würde den Schluß nahelegen, daß er beide Wünsche für gleichermaßen annehmbar hält. Da er keine von seinen Wünschen erster Stufe geschiedene Identität hat, ist es weder wahr, daß er einem Wunsch gegenüber dem andern den Vorzug gibt, noch, daß er es vorzieht, keine Partei zu ergreifen.

Für den Süchtigen wider Willen, der eine Person ist, macht es einen Unterschied, welcher seiner Wünsche der ersten Stufe im Streit obsiegt. Gewiß sind beide Wünsche seine; und ob er schließlich die Droge nimmt oder ob es ihm am Ende gelingt, sich zurückzuhalten, in jedem Falle handelt er, um Wünsche zu befriedigen, die im wörtlichen Sinne seine Wünsche sind. In beiden Fällen tut er etwas, das er selber tun möchte. Und er tut es nicht aufgrund eines äußeren Einflusses, dessen Ziel sich zufällig mit seinem deckt, sondern weil er selbst es zu tun wünscht. Der Süchtige wider Willen identifiziert sich jedoch durch die Bildung einer Volition zweiter Stufe, die sich eben nur auf den einen, nicht den andern der widerstreitenden Wünsche erster Stufe bezieht. Er macht einen der Wünsche wirklich mehr zu seinem eigenen als den anderen, und indem er das tut, zieht er sich von dem anderen zurück. Diese Identifikation und zugleich der Rückzug durch Ausbildung einer entsprechenden Volition der zweiten Stufe sind es, die den Süchtigen wider Willen die analytisch irritierende Behauptung machen lassen können, daß die Kraft, die ihn dazu bringt, die Droge zu nehmen, eine andere als seine eigene Kraft ist, und daß es nicht nach seinem eigenen freien Willen, sondern gegen seinen Willen geschieht, wenn diese Kraft ihn dazu bewegt, die Droge zu nehmen.

Den triebhaften Süchtigen kann es nicht kümmern, welcher der widerstreitenden Wünsche sich durchsetzt, oder er kümmert sich eben einfach nicht darum. Seine Unbekümmertheit rührt nicht daher, daß er unfähig wäre, eine feste Grundlage für seine Entscheidung zu finden, welcher Wunsch vorzuziehen wäre. Sie rührt entweder aus einem Mangel an Reflexionsvermögen oder daher, daß einer aus gedankenloser Gleichgültigkeit den Mut nicht findet, seine eigenen Wünsche und Motive einer wertenden Beurteilung zu unterziehen.[6] In seinem Kampf zwischen Wünschen der ersten Stufe kommt es nur auf eines an: ob der eine oder der andere stärker ist. Da ihn beide Wünsche bewegen, so wird er durch das, was er tut, nicht völlig befriedigt sein, egal welcher Wunsch sich durchsetzt. Aber *für ihn* macht es keinen Unterschied, ob nur sein Verlangen oder sein Widerwille die Oberhand behält. Für ihn steht bei dem Widerstreit nichts auf dem Spiel, und deshalb kann er, anders als der Süchtige wider Willen, bei dem Kampf, in den er verwickelt ist, nicht verlieren und nicht gewinnen. Wenn eine *Person* handelt, dann leitet sie entweder der Wille, den sie haben möchte, oder ein Wille, den sie los sein will. Wenn einer *triebhaft* handelt, dann gilt keines von beiden.

## III.

Es besteht eine sehr enge Beziehung zwischen der Fähigkeit, Volitionen zweiter Stufe zu bilden, und einer weiteren für Personen wesentlichen Fähigkeit, die man oft für ein auszeichnendes Merkmal des Menschseins gehalten hat. Nur weil eine Person Volitionen der zweiten Stufe hat, kann sie sich der Freiheit ihres Willens erfreuen oder auch ihrer ermangeln. Der Begriff der Person ist also nicht nur der Begriff eines Wesens, das sowohl Wünsche erster Stufe wie auch Volitionen zweiter Stufe hat, sondern er läßt sich auch als Begriff einer Art von Wesen fassen, für die die Freiheit ihres Willens ein Problem sein kann. Dieser Begriff schließt alle triebhaften Wesen, ob Mensch oder Tier, aus, denn sie erfüllen eine wesentliche Bedingung, um Willensfreiheit genießen zu können, nicht. Und er schließt, wenn es sie gibt, alle übermenschlichen Wesen aus, deren Wille notwendig frei ist.

Von genau welcher Art ist nun die Freiheit des Willens? Diese Frage verlangt, daß man den Bereich menschlicher Erfahrung bestimmt, dem der

---

6  Wenn ich sage, daß es für Personen charakteristisch ist, ihre eigenen Wünsche und Motive wertend zu beurteilen, so will ich damit nicht unterstellen, daß in den Volitionen zweiter Stufe unbedingt eine *moralische* Einstellung zum Ausdruck kommt, die jemand gegenüber seinen Wünschen erster Stufe einnimmt. Es muß kein moralischer Standpunkt sein, von dem aus jemand seine Wünsche der ersten Stufe einer Beurteilung unterzieht. Außerdem kann jemand launenhaft unbeständig und in der Bildung seiner Volitionen zweiter Stufe verantwortungslos sein und einfach nicht ernsthaft erwägen, was auf dem Spiele steht. Volitionen der zweiten Stufe sind Bewertungen nur in dem Sinne, daß sie ausdrücken, was jemand vorzieht. Es gibt da keine wesentlichen Einschränkungen, wenn überhaupt welche, welcher Art die Grundlage zu sein hat, auf der eine solche Präferenzentscheidung zustande kommt.

Begriff der Willensfreiheit im Unterschied zu anderen Formen der Freiheit ganz eigentümlich zugehört. Indem ich dieser Frage nachgehe, kommt es mir vor allem darauf an, das Problem zu lokalisieren, vor das sich eine Person dann unmittelbar gestellt sieht, wenn es ihr um die Freiheit ihres Willens geht.

Gemäß einer vertrauten philosophischen Tradition besteht Freisein grundsätzlich im Tun, was man tun möchte. Nun ist der Begriff eines Handelnden, der tut, was er tun möchte, keineswegs sonnenklar: sowohl das Tun wie das Tun-mögen wie auch die Beziehung zwischen beiden bedürfen der Aufklärung. Aber auch wenn die Bedeutung des Begriffs schärfer zu fassen und seine Analyse zu verfeinern ist, so glaube ich doch, daß der Begriff zum Teil wenigstens deckt, was in der Idee von einem frei *Handelnden* enthalten ist. Dagegen enthält er nichts von dem besonderen Gehalt der ganz anderen Idee eines Handelnden, dessen *Wille* frei ist.

Wir nehmen nicht an, daß Tiere Willensfreiheit haben, obwohl wir sehen, daß ein Tier in beliebige Richtungen laufen kann, wie es gerade möchte. Also ist die Freiheit zu tun, was man möchte, keine hinreichende Bedingung für einen freien Willen. Und sie ist auch keine notwendige Bedingung. Denn jemanden seiner Handlungsfreiheit zu berauben heißt nicht notwendig, seine Willensfreiheit zu untergraben. Wenn einem Handelnden klar wird, daß es gewisse Dinge gibt, die zu tun er nicht die Freiheit hat, so berührt dieser Umstand zweifellos seine Wünsche und die Grenzen des Bereichs, innerhalb dessen er Entscheidungen treffen kann. Aber nehmen wir an, jemand habe, ohne sich dessen bewußt zu sein, seine Handlungsfreiheit faktisch verloren oder sei ihrer beraubt worden. Auch wenn er nun nicht länger frei ist zu tun, was er möchte, so bleibt er doch so frei wie zuvor. Denn ungeachtet der Tatsache, daß er nicht die Freiheit hat, seine Wünsche in Handlungen umzusetzen oder entsprechend seinen Willensbestimmungen zu handeln, so kann er sich doch auch weiterhin Wünsche und Willensbestimmungen ebenso frei bilden, als ob seine Handlungsfreiheit nicht beeinträchtigt worden wäre.

Wenn wir fragen, ob eine Person einen freien Willen hat, dann fragen wir nicht danach, ob sie in der Lage ist, ihre Wünsche erster Stufe in die Tat umzusetzen. Das wäre die Frage, ob sie frei ist zu tun, was ihr gefällt. Die Frage nach der Willensfreiheit betrifft nicht das Verhältnis zwischen dem, was jemand tut, und dem, was er tun möchte, sondern sie betrifft die Wünsche selber. Aber welches ist genau der Sinn dieser Frage?

Es scheint mir naheliegend und auch nützlich, die Frage, ob jemand einen freien Willen hat, möglichst genau in Analogie zu der Frage zu konstruieren, ob jemand Handlungsfreiheit genießt. Nun ist Handlungsfreiheit (jedenfalls im groben Umriß) die Freiheit zu tun, was man tun möchte. Entsprechend besagt die Behauptung, daß jemand sich eines freien Willens erfreut (ebenfalls grob umrissen), daß er frei ist zu wollen, was er wollen möchte. Genauer heißt das daß er frei ist, den Willen zu haben, den er haben möchte. Genauso wie die Frage nach der Freiheit einer Handlung darauf zielt, ob sie auch die Handlung ist, die der Betreffende ausführen möchte, so bezieht sich die Frage nach der Willensfreiheit darauf, ob der Wille, den einer hat, der Wille ist, den er haben möchte.

Jemand macht also dann von seiner Willensfreiheit Gebrauch, wenn er sicherstellt, daß sein Wille und seine Volitionen zweiter Stufe übereinstimmen. Wenn der Wille und die Volitionen zweiter Stufe auseinander treten, oder wenn der Betroffene sich dessen bewußt wird, daß ihre Übereinstimmung nicht sein eigenes Werk, sondern nur ein glücklicher Zufall ist, dann empfindet die Person, die keine Willensfreiheit hat, einen Mangel. Der Wille des Süchtigen wider Willen ist nicht frei. Das zeigt sich an der Tatsache, daß er nicht der Wille ist, den er haben möchte. Es stimmt auch, aber auf eine andere Art, daß der Wille des triebhaften Süchtigen nicht frei ist. Weder hat er den Willen, den er haben möchte, noch hat er einen Willen, der von dem verschieden wäre, den er möchte. Da er keine Volitionen zweiter Stufe hat, kann ihm die Freiheit seines Willens nicht zum Problem werden. Er versäumt sozusagen seine Freiheit.

Im allgemeinen sind wir Menschen erheblich komplizierter gebaut als meine skizzenhafte Beschreibung der Willensverfassung einer Person unterstellt. Wir können uns hinsichtlich unserer Wünsche zweiter Stufe ebensooft unklar sein und im Zwiespalt befinden oder können uns über uns selbst genauso täuschen wie bei Wünschen der ersten Stufe. Besteht ein ungelöster Widerstreit zwischen Wünschen zweiter Stufe, dann ist der Betroffene in Gefahr, keine Volitionen zweiter Stufe zu haben. Denn solange der Konflikt andauert, weiß er nicht, welchen seiner Wünsche der ersten Stufe er vorziehen und zu seinem Willen machen soll. Wenn dieser Zustand so schlimm ist, daß er ihn daran hindert, sich in hinreichend entschiedener Form mit *irgendeinem* seiner Wünsche erster Stufe zu identifizieren, dann zerfällt die Person. Denn es besteht dann entweder die Gefahr einer Willensparalyse und vollständiger Untätigkeit, oder der Zweifelszustand wird den Betroffenen und seinen Willen entzweien, so daß der Wille ohne Beteiligung der Person agiert. In beiden Fällen wird der Handelnde wie der Süchtige wider Willen, aber auf andere Weise, zum hilflosen Betrachter der Mächte, die ihn treiben.

Schwierig wird die Lage auch dadurch, daß eine Person, besonders dann, wenn unter ihren Wünschen der zweiten Stufe ein Widerstreit besteht, Wünsche und Volitionen noch höherer Stufe haben kann. Theoretisch gibt es kein Ende in der langen Reihe von Wünschen höherer und immer höherer Stufe; nichts außer einem geraden Verstand und vielleicht einer rettenden Ermüdung hindert jemanden, wie besessen die Identifikation mit einem seiner Wünsche zu vermeiden, ehe er sich nicht einen Wunsch der nächsthöheren Stufe gebildet hat. Die Tendenz, sich in einer solchen Reihe von Wunschbildungsakten zu verlieren, die dann ein Fall von wildgewordenem menschlich-reflektierendem Bewußtsein wäre, führt auch zur Zerstörung der Person.

Es ist aber möglich, eine solche Reihe abzuschließen, ohne sie willkürlich abzuschneiden. Wenn sich eine Person *entschlossen* mit einem ihrer Wünsche der ersten Stufe identifiziert, dann ›durchhallt‹ diese Bindung den ganzen potentiell endlosen Raum höherer Stufen. Betrachten wir eine Person, die rückhaltlos und ohne Zwiespalt von dem Wunsch, sich auf ihre Arbeit zu konzentrieren, motiviert sein möchte. Daß ihre Volition zweiter Stufe, von diesem Wunsch bewegt zu werden, entschlossen ist, heißt, daß kein Raum für die Frage ist, ob Wünsche oder Volitionen höherer Stufe irgend von Belang sind. Nehmen wir an, der Betreffende werde gefragt, ob er den Wunsch zu haben wünsche, daß er sich wünsche, sich auf seine Arbeit zu konzentrieren, dann könnte er ganz richtig darauf bestehen, daß sich diese Frage nach einem Wunsch dritter Stufe nicht erhebe. Es wäre falsch zu behaupten, daß er deshalb, weil er sich nicht die Frage vorgelegt hat, ob er seine Volition zweiter Stufe auch haben möchte, nun unentschieden gegenüber der Frage wäre, ob er möchte, daß sein Wille mit dieser Volition zweiter Stufe oder einer anderen übereinstimme. Die Entschiedenheit seines Entschlusses bedeutet zugleich die Entscheidung, daß sich in bezug auf seine Volition zweiter Stufe keine Fragen irgendeiner höheren Ordnung stellen. Es hängt nicht viel davon ab, ob wir diesen Sachverhalt nun dadurch erklären, daß wir sagen, der Entschluß erzeuge implizit eine endlose Reihe einstimmiger Wünsche höherer Stufe, oder daß wir sagen, der Entschluß löse alle Fragen höherer Stufe dadurch auf, daß er ihnen den Ansatzpunkt entzieht.

Manche Beispiele wie das vom Süchtigen wider Willen mögen den Gedanken nahelegen, daß Volitionen zweiter oder höherer Stufe mit Bedacht und Überlegung gebildet werden müssen, und daß, sie zu erfüllen, für die Person charakteristischerweise einen Kampf bedeutet. Aber die Übereinstimmung des

Willens mit den höherstufigen Volitionen einer Person kann ohne Nachdenken und sehr spontan zustande kommen. Für manche ist es natürlich, daß
Freundlichkeit sie bewegt, wenn sie freundlich sein möchten, und daß sie garstig sind, wenn sie garstig sein möchten, ohne daß sie ausdrücklich daran denken oder Kraft zur Selbstkontrolle aufwenden müßten. Andere sind garstig,
wenn sie freundlich sein möchten, und freundlich, wenn sie es darauf anlegen,
garstig zu sein, ebenfalls ohne besonderes Vorausdenken und ohne aktiven
Widerstand gegen die Volitionen ihrer höherstufigen Wünsche. Manche haben
es leicht, in den Genuß der Freiheit zu kommen; andere müssen kämpfen, um
sie zu erlangen.


## IV.

Meine Theorie der Willensfreiheit liefert eine ganz einfache Erklärung, warum
wir nicht geneigt sind, den Mitgliedern von unter uns stehenden Arten den
Genuß dieser Freiheit zuzugestehen. Sie erfüllt auch eine andere Forderung,
die an jede solche Theorie gestellt werden muß, indem sie offenbart, warum
Willensfreiheit als etwas Wünschenswertes angesehen werden sollte. Sich
eines freien Willens zu erfreuen, bedeutet die Erfüllung bestimmter Wünsche
zweiter oder höherer Stufe; wo hingegen die Freiheit fehlt, stellt sich Enttäuschung ein. Hier geht es um die Zufriedenheit, die einer Person zuteil wird, von
der man sagen kann: Sie hat ihren eigenen Willen. Unter einer entsprechenden
Unzufriedenheit leidet eine Person, von der man sagen kann, sie ist sich selbst
entfremdet oder sie findet sich als ein hilfloser passiver Betrachter der Mächte,
die sie umtreiben.

Jemand, der frei ist, zu tun, was er möchte, braucht darum noch nicht in
der Lage zu sein, den Willen zu haben, den er haben möchte. Aber nehmen
wir an, daß er beides genießt: Handlungsfreiheit und Willensfreiheit. Dann
ist er nicht allein frei zu tun, was er möchte, sondern er ist auch frei zu wollen, was er wollen möchte. Dann, scheint mir, hat er alle Freiheit, die
wünschbar und denkbar ist. Es gibt viele gute Dinge im Leben, und vielleicht hat er manche davon nicht. Aber in Hinblick auf die Freiheit fehlt ihm
nichts.

Es ist durchaus nicht klar, ob andere Theorien der Willensfreiheit diese
elementaren, aber wesentlichen Änderungen erfüllen, nämlich verständlich zu
machen, warum wir uns diese Freiheit wünschen, und warum wir sie Tieren
absprechen. Betrachten wir zum Beispiel Roderick Chisholms sonderbare
Version der Lehre, daß menschliche Freiheit kausale Bestimmtheit aus-

schließt.[7] Wann immer jemand eine freie Handlung im Sinne Chisholms vollbringt, handelt es sich um ein Wunder. Bewegt jemand seine Hand, dann ist die Bewegung der Hand das Resultat einer Reihe physischer Ursachen; aber ein Ereignis in dieser Reihe, »vermutlich eines von denen, die im Gehirn stattfinden, wurde von dem Handelnden selbst und nicht von einem anderen Ereignis verursacht« (18). Wer frei handelt, hat daher »ein Vorrecht, das manche nur Gott zugestehen wollen: jeder von uns, wenn er handelt, ist ein unbewegter Beweger« (23).

Diese Erklärung bietet dem Zweifel keine Basis, daß Tiere, die niedriger stehen als der Mensch, sich nicht derselben Freiheit erfreuen. Chisholm sagt nichts, weshalb es weniger wahrscheinlich ist, daß ein Kaninchen ebenso ein Wunder vollbringt, wenn es sein Bein bewegt, wie ein Mensch, der seine Hand bewegt. Aber gleichviel, es fragt sich doch, warum es denn jemanden überhaupt kümmern sollte, ob er die natürliche Ordnung der Ursachen unterbrechen kann, wie Chisholm es beschreibt? Chisholm bietet keinen Grund an, warum wir glauben sollen, daß eine erkennbare Differenz besteht zwischen der Erfahrung eines Menschen, der wunderbarerweise eine Reihe von Ursachen anstößt, wenn er seine Hand bewegt, und der Erfahrung eines Menschen, der einfach und ohne einen solchen Bruch in der natürlichen Ursachenfolge seine Hand bewegt. Es scheint keine konkrete Grundlage für die Entscheidung zu geben, ob man es vorzieht, in die eine oder in die andere Sachlage verwickelt zu sein.[8]

Im allgemeinen wird angenommen, daß eine befriedigende Theorie der Willensfreiheit über die zwei genannten Bedingungen hinaus unbedingt auch eine Analyse für eine der Bedingungen moralischer Verantwortung bereitstellen müsse. Um das Problem anzugehen, wie man die Freiheit des Willens zu verstehen hat, wird denn auch heute zumeist untersucht, was in der Annahme impliziert ist, daß jemand moralisch für seine Handlungen verantwortlich ist. Ich glaube dagegen, daß man die Beziehung zwischen moralischer Verantwortung und Willensfreiheit weitgehend mißverstanden hat. Es ist nicht wahr, daß jemand nur dann für seine Handlung moralisch verantwortlich ist, wenn er in

---

7  Vgl.: Freedom and Action, in: K. Lehrer (ed.), Freedom and Determinism, New York 1966, 11-14; dt.: Freiheit und Handeln, in: Analytische Handlungstheorie I, hg. v. G. Meggle, Frankfurt/M. 1977, 354-387.

8  Ich meine nicht, daß sich dieser angebliche Unterschied zwischen zwei Sachverhalten der Überprüfung entzieht. Im Gegenteil könnte es gut sein, daß Physiologen in die Lage kommen zu zeigen, daß Chisholms Bedingungen für freie Handlungen nicht bestehen, indem sie zeigen, daß es kein für Handlungen wichtiges Hirnereignis gibt, für das sich keine hinreichende physische Ursache finden ließe.

seinem Willen frei war, als er handelte. Er kann auch dann für eine Tat moralisch verantwortlich sein, wenn sein Wille durchaus nicht frei war.

Der Wille einer Person ist nur dann frei, wenn sie frei ist, den Willen zu haben, den sie möchte. Das heißt, jemand hat in Bezug auf seine Wünsche erster Stufe die Freiheit, diesen oder einen anderen solchen Wunsch zu seinem Willen zu machen. Welcher Wille immer dann dabei herauskommt, der Wille einer Person, die Willensfreiheit hat, hätte auch ein anderer sein können. Wer in seinem Willen frei ist, hätte sich einen anderen Willen bilden können, als er tatsächlich tat. Es ist eine vertrackte Frage, wie man die Phrase ›er hätte anders handeln können‹ in diesem und ähnlichen Zusammenhängen genau zu verstehen hat. Obwohl dieser Punkt für die Theorie der Freiheit wichtig ist, spielt er in der Theorie der moralischen Verantwortung keine Rolle. Denn die Annahme, daß jemand moralisch für das, was er tat, verantwortlich ist, impliziert nicht, daß der Betreffende in der Lage war, zu seinem Willen zu machen, was immer er mochte.

Die Annahme *schließt* allerdings *ein*, daß die Person, was sie tat, frei tat oder daß sie es aus eigenem freien Willen tat. Aber es ist ein Fehler, wenn man glaubt, daß jemand nur dann frei handelt, wenn er die Freiheit hat zu tun, was immer er mag, oder daß er nur dann nach seinem eigenen freien Willen handelt, wenn dieser Wille frei ist. Nehmen wir an, daß jemand tat, was er tun mochte, daß er es tat, weil er es tun mochte, und daß der Wille, der ihn im Handeln leitete, sein Wille war, weil es der Wille war, den er zu haben wünschte. Dann handelte er frei und nach eigenem freien Willen. Auch wenn wir nun annehmen, er hätte anders handeln können, so hätte er doch nicht anders gehandelt. Und wenn wir ebenso annehmen, er hätte einen anderen Willen haben können, so hätte er doch nicht gewollt, daß sein Wille ein anderer gewesen wäre. Weil weiter der Wille, der ihn im Handeln leitete, sein Wille war, denn er wünschte ja, daß es seiner sei, so kann er nicht behaupten, sein Wille sei ihm aufgezwungen worden, oder daß er der Bildung seines Willens als passiver Beobachter gegenübergestanden habe. Unter diesen Umständen ist für die Einschätzung moralischer Verantwortung die Frage ganz unerheblich, ob die Alternativen, gegen die er sich entschied, wirklich im Bereich seiner Möglichkeiten lagen.[9]

---

9  Eine andere Erörterung der Überlegungen, die das Prinzip in Zweifel ziehen, jemand sei nur dann für seine Taten moralisch verantwortlich, wenn er anders hätte handeln können, enthält mein Aufsatz: Alternative Possibilities and Moral Responsibility, in: The Journal of Philosophy 66 (1969), 829-839.

Denken wir zur Verdeutlichung an eine dritte Art von Süchtigem. Und nehmen wir an, daß seine Sucht dieselbe physiologische Grundlage hat und von demselben unwiderstehlichen Zwang ist wie beim Süchtigen wider Willen und beim triebhaften Süchtigen, aber daß dem Süchtigen im dritten Fall sein Zustand durchaus angenehm ist. Er ist ein williger Süchtiger, der die Dinge nicht anders haben möchte, als sie sind. Sollte sich der Griff seiner Sucht ein wenig lockern, so würde er tun, was immer er könnte, um den alten Zustand wiederherzustellen. Sollte sich sein Verlangen nach der Droge schwächen, würde er Schritte unternehmen, um seine Intensität zu erneuern.

Der Wille eines willigen Süchtigen ist nicht frei, denn sein Verlangen, die Droge zu nehmen, wird sich als wirksam erweisen, gleichgültig ob er nun möchte, daß dieser Wunsch sein Wille sei oder nicht. Aber wenn er die Droge nimmt, dann nimmt er sie frei oder aus eigenem freien Willen. Ich neige zu der Auffassung, daß man seine Lage als eine Überbestimmtheit seines Wunsches erster Stufe, die Droge zu nehmen, verstehen muß. Dieser Wunsch ist sein handlungswirksamer Wunsch, weil der Süchtige körperlich abhängig ist. Aber er ist auch deshalb sein handlungswirksamer Wunsch, weil der willige Süchtige möchte, daß es so sei. Er hat seinen Willen nicht unter Kontrolle, aber durch seinen Wunsch zweiter Stufe, daß sein Verlangen nach der Droge handlungswirksam sei, hat er diesen Willen zu seinem eigenen gemacht. Wenn es also stimmt, daß ein Verlangen nach der Droge nicht allein aufgrund der Sucht handlungswirksam ist, dann kann der Betreffende auch moralisch dafür verantwortlich sein, daß er die Droge nimmt.

Mein Begriff von Willensfreiheit scheint gegenüber dem Problem des Determinismus neutral zu sein. Es scheint vorstellbar, es könnte kausal bestimmt sein, daß sich jemand eines freien Willens erfreut. Die Aussage, daß es unausweichlich und durch Mächte, die sich der Kontrolle entziehen, bestimmt ist, daß manche Leute einen freien Willen haben und andere nicht, hat nur einen harmlosen Anschein des Paradoxen. Es liegt keine Unstimmigkeit in der Behauptung, daß eine von einer bestimmten Person verschiedene Handlungsinstanz dafür (sogar moralisch) verantwortlich ist, daß der Betreffende Willensfreiheit hat oder ihrer ermangelt. Es ist möglich, daß jemand für das, was er aus eigenem freien Willen tut, moralisch verantwortlich ist, und daß jemand anderes dafür, daß der erste es tat, auch moralisch verantwortlich ist.[10]

---

10  Es besteht ein Unterschied zwischen voll verantwortlich und *allein* verantwortlich sein. Nehmen wir an, der willige Süchtige wäre von einem anderen mit Absicht und systematisch

Andererseits scheint es auch vorstellbar, es könnte zufällig geschehen, daß jemand frei ist, den Willen zu haben, den er mag. Wenn das denkbar ist, dann könnte es eine Sache des Zufalls sein, daß einige Leute sich der Freiheit ihres Willens erfreuen und andere nicht. Vielleicht ist es auch denkbar, wie manche Philosophen glauben, daß sich Sachverhalte weder durch Zufall noch als Folge natürlicher Ursachen ergeben. Wenn man sich wirklich denken kann, daß die entscheidenden Umstände auf solch eine dritte Art zustande kommen, dann ist es auch möglich, daß jemand auf diese dritte Art in den Genuß der Willensfrei- heit kommen kann.

süchtig gemacht worden. Dann kann es sein, daß beide voll dafür verantwortlich sind, daß der Süchtige Drogen nimmt, während keiner von beiden allein verantwortlich ist. Daß ebenfalls ein Unterschied zwischen voll moralisch und allein moralisch verantwortlich sein besteht, zeigt das folgende Beispiel. Ein Licht läßt sich an zwei Schaltern an- und ausma- chen, und nun drehen zwei Personen, die einander nicht bemerken, gleichzeitig den Schal- ter an. Keiner von beiden ist allein dafür verantwortlich, daß das Licht angeht; auch teilen sie sich nicht in die Verantwortung derart, daß jeder nur zum Teil verantwortlich wäre. Son- dern beide sind voll verantwortlich.

# Drei Konzepte freien Handelns

I. Es gibt viele Situationen, in welchen eine Person eine Handlung ausführt, weil sie diese Handlung gegenüber irgendeiner anderen unter denen, die sie glaubt ausführen zu können, vorzieht oder weil sie von ihr stärker angezogen wird, als von irgendeiner anderen. Dennoch zögert sie, sich unumwunden als jemand zu beschreiben, der bereitwillig gehandelt hat. Sie gibt vielleicht zu, daß sie etwas tat, das sie in einem *bestimmten* Sinne tun wollte und daß sie sich hinreichend darüber im klaren war, was sie wollte und was sie tat. Aber gleichzeitig kann sie es für angemessen und gerechtfertigt halten, sich in gewisser Hinsicht von ihrer Handlung zu distanzieren – vielleicht indem sie sagt, daß das, was sie tat, nicht das war, was sie *wirklich* tun wollte, oder daß das, was sie tat, nicht das war, was sie wirklich tun *wollte*. Situationen dieser Art unterteilen sich in drei verschiedene, klar bestimmte Typen.

In Situationen des Typus A ist das Gefühl der Person, mit Widerwillen gehandelt zu haben, auf die Tatsache zurückzuführen, daß die äußeren Umstände ihres Handelns – so wie sie von ihr wahrgenommen wurden – ihren Wünschen widersprachen. Natürlich ist es einer Person nahezu immer möglich, sich eine Situation vorzustellen, die ihr lieber wäre als die, in der sie sich tatsächlich befindet. Es gibt jedoch einen grundlegenden – oft ziemlich einfach wahrnehmbaren, dabei aber nur mit Schwierigkeiten genau erklärbaren – Unterschied zwischen der Erkenntnis, daß eine Sachlage idealen Ansprüchen nicht genügt und der wirklichen Unzufriedenheit mit ihr und dem Widerstand ihr gegenüber. Der Widerspruch zwischen Wirklichkeit und Wunsch, der Situationen des Typus A charakterisiert, führt zu letzterem und nicht bloß zum ersteren: Es geht nicht einfach darum, daß eine andere Situation vorstellbar wäre, in der sich der Handelnde lieber befinden würde, sondern darum, daß er die Sachlage bedauert oder sich über sie, gegenüber der er sich doch tatsächlich behaupten muß, ärgert.

Stellen wir uns vor, daß jemandes Grund dafür war, eine bestimmte Handlung vollzogen zu haben, daß er sie als das geringste von verschiedenen Übeln betrachtete, unter denen er wählen mußte. Die Alternativen vorausgesetzt, denen er gegenüberstand, gab er vorbehaltlos derjenigen den Vorzug, die er verfolgte. Dies liefert die Rechtfertigung dafür, ihn als jemanden zu beschreiben, der getan hat, was er tun wollte. Aber die Alternativen, denen er gegenüberstand, bildeten eine Menge, aus der er nicht wünschte wählen zu müssen; er war unzufrieden mit der Notwendigkeit, diese Wahl zu treffen. Es ist dieser Widerspruch zwischen der Welt, wie sie war, und der Welt, wie er wollte, daß sie sei, der seine Behauptung stützt, im ganzen genommen nicht bereitwillig gehandelt zu haben.

In Situationen des Typus B sind es die internen Umstände seiner Handlung, die mit den Wünschen des Handelnden im Widerspruch stehen. Was seine Handlung motiviert, ist ein Wunsch, von dem er, unter den Alternativen, denen er gegenübersteht, nicht möchte, daß er von ihm zum Handeln bewegt wird. Es gibt hier einen Konflikt im Handelnden selbst, zwischen einem Wunsch erster Ordnung, das zu tun, was er wirklich tut, und einem Wollen zweiter Ordnung, daß dieser Wunsch erster Ordnung bei der Bestimmung seiner Handlung nicht wirksam sein möge. Anders gesagt, in Hinblick auf die Alternativen, denen er gegenübersteht, möchte er de facto durch einen anderen Wunsch motiviert werden als durch denjenigen, der ihn wirklich zu der Handlung bewegt, die er vollzieht.

Daß die Person hier verneint, im ganzen genommen bereitwillig gehandelt zu haben, spiegelt ihre Ansicht wider, in dem Konflikt, aus dem heraus sich ihre Handlung ergab, von einer Macht besiegt worden zu sein, mit der sie sich, obwohl diese Macht aus ihrem Inneren kam, nicht identifizierte. Sie kann z. B. erfolglos gegen eine Begierde (effektiver Wunsch erster Ordnung) angekämpft haben, der sie nicht erliegen wollte (besiegtes Wollen zweiter Ordnung). Folglich kommt in ihrem Bemühen um Distanzierung von dem, was sie getan hat, zum Ausdruck, daß sie sich als jemand sieht, der angesichts eines widerwillig treibenden Wunsches, das zu tun, was ungeachtet ihres Vorzugs einer anderen Handlung diese Person tat, hilflos war.

Innerweltliches Mißgeschick und interner Konflikt der hier in Frage stehenden Arten betreffen moralische Verantwortlichkeiten der von ihnen bedrängten Akteure auf verschiedene Weise. Aufgrund der Diskrepanz zwischen dem seine Handlung motivierenden Wunsch und dem Wunsch, von dem er motiviert sein möchte, ist der Handelnde in einer Situation des Typus B vielleicht moralisch gar nicht für das verantwortlich, was er tut. Der ihn treibende Wunsch ist sicherlich in einer Beziehung unzweifelhaft der seine. Aber er treibt ihn dazu, gegen seinen eigenen Willen zu handeln, oder gegen den Willen, den er haben möchte. In dieser Hinsicht ist der treibende Wille ihm fremd, womit man rechtfertigen mag, den Akteur als jemanden anzusehen, der passiv durch eine Kraft, für die er nicht moralisch verantwortlich gemacht werden kann, dazu bewegt worden war, das zu tun, was er tat.

Andererseits hat die Tatsache, daß jemand Handlungsalternativen gegenübersteht, unter denen er nicht wünscht wählen zu müssen, selbst überhaupt keinen Einfluß auf seine moralische Verantwortung für die Handlung, die er auszuführen sich entscheidet. Es gibt überhaupt keinen Grund, warum eine Person nicht für verdienstvoll oder tadelnswert – anders gesagt moralisch verantwortlich – gehalten werden soll hinsichtlich dessen, wie sie in Situationen handelt, die sie lieber vermieden hätte, wie auch für ihr Verhalten in Situationen, in denen sich zu befinden ihr gefällt. Folglich liefert die Tatsache, daß eine Person in einer Situation des Typus A handelt, überhaupt keine Grundlage dafür, ihre moralische Verantwortung für das, was sie tut, zu leugnen.

Unter den Situationen des Typus A gibt es viele, in denen der Handelnde mit einer Strafe bedroht wird, die – ausgenommen er vollzieht eine bestimmte Handlung – entweder eine andere Person verhängt oder unpersönliche Mächte auferlegen. Wenn wir nun aber annehmen, daß der Zwang, etwas Bestimmtes zu tun, moralische Verantwortung ausschließt, dann ist die Drohung kein Zwangsmittel, wenn die bedrohte Person korrekterweise glaubt, sich dieser Drohung dann widersetzen zu können, wenn sie beschließt, so zu handeln. Denn in diesem Falle ist die Handlung, die sie sich der Drohung fügend ausführt, eine solche, zu welcher die Person glaubt, eine Alternative zu haben; sie führt sie also aus, weil sie selbst entscheidet, so zu handeln. Und deshalb ist ihre Handlung verdienstvoll oder tadelnswert – das heißt, die Person *ist* moralisch verantwortlich für ihre Ausführung – je nachdem, ob der Vollzug oder Nichtvollzug angesichts der Umstände, unter denen sie sich zum Handeln entschließt, den moralischen Vorzug vor dem Widerstand hat.

Androhungen von Zwang schließen andererseits Strafen ein, die sich aufzubürden der Adressat wirklich nicht beschließen kann. Seine Neigung, die unerwünschte Konsequenz zu vermeiden, der er sich gegenübersieht, ist unwiderstehlich; ihm ist es unmöglich, sich dazu durchzuringen, jene Konsequenz zu akzeptieren. Wenn die Unwiderstehlichkeit dieser Neigung oder dieses Wunsches den Grund für die von ihm ausgeführte Handlung bildet, dann ist der Adressat einer Drohung moralisch für das, was er tut, nicht verantwortlich – er trägt nicht mehr Verantwortung als jemand moralische Verantwortung für die von ihm vollzogene Handlung trägt, deren Grund ein unwiderstehlicher, in ihm selbst entstandener Zwang ist.

Die Situation einer Person, die sich einer Drohung beugt, weil es ihr unmöglich ist, ihr zu trotzen, ist folglich keine Situation des Typus A. Auch ist sie nicht zwangsläufig eine Situation des Typus B, denn es gibt keinen Grund anzunehmen, daß eine Person, die aufgrund der Unwiderstehlichkeit eines Wunsches handelt, es angesichts der Alternativen vorziehen würde, von einem anderen Wunsch motiviert zu sein. Die Situation ist somit die eines davon zu unterscheidenden Typus C, dessen besonderes Charakteristikum darin besteht, daß der Akteur aufgrund der Unwiderstehlichkeit eines Wunsches handelt ohne den Versuch zu unternehmen, die Bestimmung seiner Handlung durch diesen Wunsch zu verhindern. (Der Akteur in einer Situation des Typus C ähnelt in verschiedener Hinsicht dem, den ich an anderer Stelle einen »Wanton« genannt habe, was teilweise den Widerwillen dem Zwang gegenüber erklären mag.) Er wird nicht, wie in Situationen des Typus B, durch einen Wunsch besiegt, weil er diesem Wunsch nicht ein Wollen zweiter Ordnung gegenüberstellt. Auch ist er nicht, wie in Situationen des Typus A, autonom, innerhalb der Grenzen einer unbefriedigenden Menge von Alternativen zu wählen, weil seine Handlung nicht Resultat einer wirklichen, von ihm getroffenen Wahl unter Handlungsmöglichkeiten ist.

Angesichts einiger Bemerkungen von Locke[1] müssen insbesondere zwei Fragen zu Situationen des Typus C geklärt werden. Erstens kann eine Person handeln, um ein Bedürfnis zu befriedigen, dem sie in der Tat nicht widerstehen kann, und dennoch ist es vielleicht nicht die Unwiderstehlichkeit des Wunsches, die ihre Handlung erklärt. Die Person mag sich z. B. im unklaren darüber sein, daß der Wunsch unwiderstehlich ist, und aus Gründen, die mit ihrem Unvermögen, Widerstand zu leisten, in keiner Verbindung stehen, genau die Handlung ausführen, zu der sie andernfalls genötigt worden wäre. In diesem Falle ist die Situation der Person kein Fall des Typus C. Zweitens bedeutet die Tatsache, daß jemand aufgrund der Unwiderstehlichkeit eines Wunsches handelt, nicht, daß er panisch oder aus einer plötzlichen, starken Gefühlsanwandlung heraus agiert. Eine Person kann von sich glauben, einem bestimmten Wunsch gegenüber zum Widerstand unfähig zu sein und deshalb in stiller Ergebung fortfahren, diesem Wunsch nachzukommen, ohne den unkontrollierbaren, zwanghaften Druck zu spüren, dem sie sich freilich aussetzen könnte, wenn sie versuchen sollte, ihm die Befriedigung zu versagen.

Sowohl in Situationen des Typus B als auch in Situationen des Typus C wird der Akteur ohne Mitwirkung eines Wollens zweiter Ordnung zum Handeln

---

1  Don Locke, Three Concepts of Free Action: I, in: Proceedings of the Aristotelian Society, Ergänzungsband XLIX (1976), 95-112. Mein Essay ist eine Antwort auf den von Locke.

bewegt: im ersteren Fall, weil sein Wollen zweiter Ordnung besiegt ist, und im letzteren, weil ein Wollen zweiter Ordnung im Haushalt seiner Wünsche keine Rolle spielt. Andererseits billigt der Akteur in Situationen des Typus A den Wunsch, der ihn zum Handeln bewegt. Trotz seiner Unzufriedenheit mit einer Sachlage, in welcher er den Wunsch vorfindet, der seine Billigung verdient, ist er es angesichts der Lage der Dinge zufrieden, von dem Wunsch bewegt zu werden. Somit erfolgt seine Handlung entsprechend einem Wollen zweiter Ordnung, und die Unwilligkeit, mit der er handelt, ist von anderer Art als die Unwilligkeit, mit welcher Akteure in Situationen der Typen B und C handeln. Dieser Unterschied zeigt sich in der Tatsache, daß er für das, was er tut, moralisch verantwortlich sein kann, während dies für sie nicht zutrifft.

Überlegen wir, ob es möglich ist, die Klasse der freien Handlungen mit der Klasse (nennen wir sie »W«) der Handlungen zu identifizieren, die *nicht* in Situationen des Typus B oder C ausgeführt werden, unter der Voraussetzung, daß alle Handlungen dieser Klasse mit dem notwendigen Verstand und dem geeigneten Vorsatz erfolgen. Wir sollten beachten, daß W der Klasse bereitwilliger Handlungen ähnelt, wie sie Lockes Begriff der Bereitwilligkeit definiert. W ist jedoch umfassender als jene Klasse: Sie schließt nicht nur Handlungen der letzteren Klasse ein, sondern auch solche, die in Situationen des Typus A ausgeführt werden.

II. Aufgrund des Unterschieds der zwei Klassen kommt Lockes Behauptung, daß Bereitwilligkeit keine *notwendige* Bedingung freien Handelns sein kann, keine Geltung entgegen der Ansicht zu, daß freie Handlungen solche der Klasse W sein müssen. Zur Unterstützung seiner Behauptung führt Locke das Beispiel einer Person an, die handelt, um das zu tun, was sie als ihre Pflicht versteht, die aber möchte, daß die von ihr vollzogene Handlung moralisch nicht von ihr hätte gefordert werden sollen. Locke bemerkt, daß, obwohl diese Person widerwillig handelt, » es ... wenig überzeugend sein (würde) zu meinen, daß sie deshalb nicht frei handelte, geschweige denn, daß ihr Verantwortlichkeit für ihr Tun fehlte«[2]. Aber weil die Situation des widerwilligen Moralisten zum Typus A gehört und nicht zum Typus B oder zum Typus C, gehört seine Handlung zu W. Folglich ist die Bemerkung Lockes, daß die Person sowohl frei als auch verantwortlich handelt, für die Ansicht, daß die Zugehörigkeit zu W eine notwendige Bedingung freien Handelns ist, unproblematisch.

2   Ebd., 100.

Locke vertritt auch die Auffassung, daß Bereitwilligkeit keine *hinreichende* Bedingung freier Handelns sein kann. Die Begründung, die er für seine Behauptung liefert, verliert wegen des Unterschieds zwischen seiner Klasse bereitwilliger Handlungen und W nichts von ihrer Relevanz. Wenn Bereitwilligkeit, so behauptet er, als hinreichend für freies Handeln betrachtet wird – sein Argument kann gleichfalls vorgebracht werden, wenn man die Zugehörigkeit zu W als hinreichend versteht –, dann handelt ein bereitwilliger Süchtiger frei, wenn er die Droge nimmt, der er verfallen ist, während ein unwilliger Süchtiger nicht frei handelt. Diese Schlußfolgerung ist in der Tat zwingend, und Locke behauptet, daß sie »angesichts dessen nicht plausibel ist, daß es sich bei beiden... um Süchtige handelt«[3].

Aber worin besteht die mangelnde Plausibilität dieser Schlußfolgerung? Die Tatsache, daß es sich bei beiden um Süchtige handelt, bedeutet einfach, daß keiner von beiden den Gebrauch der Droge unterlassen kann oder, wenn man diese Formulierung vorzieht, daß keiner von beiden frei ist, deren Gebrauch zu unterlassen. Das wird schwerlich die Frage klären. Denn es ist alles andere als offensichtlich, daß eine Person, die es nicht frei steht, die Ausführung einer bestimmten Handlung zu unterlassen, nicht frei ist, sie auszuführen oder daß sie diese Handlung nicht frei ausführen kann. Warum eigentlich sollte die Freiheit einer Person in Hinsicht auf den Vollzug einer Handlung in irgendeinem grundlegenden Zusammenhang mit seiner Freiheit hinsichtlich der Ausführung einer anderen stehend gedacht werden? Offensichtlich sieht Locke es aber als selbstverständlich an, daß etwas aus freien Stücken zu tun auch die Fähigkeit bedeutet, diese Handlung zu unterlassen oder ihr aus dem Wege zu gehen. Weiter unten in seinem Essay macht er sich diese Annahme freimütiger zu eigen und gibt ihr die Bedeutung des zentralen Aspekts seiner eigenen Darstellung freien Handelns. Doch liefert er nirgendwo in seinem Essay ein Argument zur Stützung dieser Annahme.

Meiner Ansicht nach ist die Behauptung (die Locke auch vorbringt) ziemlich unverständlich, daß die beiden Süchtigen die gleiche moralische Verantwortlichkeit für den Gebrauch der Droge haben. Es ist, wie ich glaube, in dieser Beziehung entscheidend, daß die Sucht des bereitwilligen Süchtigen vielleicht überhaupt keine Rolle bei der Erklärung seiner Handlung spielt. Was seinen Drogengebrauch erklärt, kann, insbesondere wenn er sich über seine Sucht nicht im klaren ist, tatsächlich dasselbe sein wie das, was den Gebrauch

3  Ebd.

einer Droge durch einen Nichtsüchtigen erklärt, der sie einfach deshalb nimmt, weil er ihren Konsum vorbehaltlos mag. In diesem Falle entspricht die moralische Verantwortlichkeit des bereitwilligen Süchtigen für seine Handlung eher derjenigen des die Droge nehmenden Nichtsüchtigen als der des sie nehmenden unwilligen Süchtigen, dessen Drogengebrauch nur in Hinsicht auf seine Sucht erklärbar ist.

Was die Handlung des bereitwilligen Süchtigen über diesen verrät, gleicht dem, was durch die Handlung des Nichtsüchtigen offenbar wird. Es ist nicht dem gleichzusetzen, was die Handlung des unwilligen Süchtigen zeigt. Die moralische Bedeutung der Handlung des bereitwilligen Süchtigen scheint mir deshalb dieselbe zu sein wie die des Nichtsüchtigen und verschieden zu sein von der moralischen Bedeutung dessen, was der unwillige Süchtige tut. Wir sollten, nebenbei gesagt, beachten, daß beide, die Handlungen des bereitwilligen Süchtigen und des Nichtsüchtigen, zu W gehören, die des unwilligen Süchtigen hingegen nicht.

Bei der Bewertung der moralischen Verantwortlichkeiten des bereitwilligen und des unwilligen Süchtigen neigt Locke dazu, den Unterschied zu ignorieren, der zwischen dem Ausführen einer Handlung, deren Ausführung zu vermeiden man nicht fähig ist, besteht und dem Ausführen einer Handlung, *weil* man nicht fähig ist, ihre Ausführung zu vermeiden. Offensichtlich erlaubt ihm dieser Mangel an Unterscheidung, das Problem der Einschätzung der moralischen Verantwortlichkeit im Falle der zwei Süchtigen irrtümlicherweise als ein relevantes Analogon zum Problemfall der beiden entführten Piloten zu betrachten. Seine Bemerkung über die Piloten – es sei kurios, dem bereitwilligen Piloten irgendeine Verantwortlichkeit für den Flug nach Kuba zuzuschreiben, die nicht gleichermaßen dem unwilligen Piloten zugeschrieben werden kann – stützt nicht, wie er glaubt, seine Behauptung, daß die beiden Süchtigen in gleichem Maße verantwortlich seien.

Beide Piloten handeln, wie Locke sie beschreibt, aus einem Grunde – um zu vermeiden, erschossen zu werden –, obwohl einer von beiden froh ist, daß er diesen Grund nach Kuba zu fliegen hat, während das für den anderen nicht gilt. Aber genau deshalb, weil sie aus demselben Grunde handeln, oder weil ihre Handlungen dieselbe Erklärung haben, sind die Piloten gleichermaßen für das verantwortlich, was sie tun. In dieser entscheidenden Hinsicht unterscheidet sich ihr Fall natürlich vom Falle der beiden Süchtigen; was der Grund für die Handlung des einen Süchtigen ist, begründet nicht die Handlung des anderen. Falls wir Grund zu Annahme hätten, daß der bereitwillige Pilot nach Kuba flog, weil er seine Geliebte in Havanna treffen wollte, und der Wunsch, zu verhindern, daß er erschossen wird, nicht das war, was ihn wirklich bewegte, dann *würde* der Fall der beiden Piloten sachdienlicher sein als der der beiden Süchtigen. Dann aber würden wir, wie ich glaube, urteilen, daß die Verantwortung des bereitwilligen Piloten sich von der Verantwortung des unwilligen Piloten unterscheidet.

Lockes Diskussion der Süchtigen und der Piloten bildet keine Grundlage dafür, die Identifikation von W mit der Klasse freier Handlungen abzulehnen, oder dafür, seine Behauptung zu akzeptieren, daß freie Handlungen vermeidbar sein müssen. Es ist klar, daß der unwillige Süchtige, wenn er die Droge nimmt, weder frei noch verantwortlich handelt, und daß der bereitwillige Süchtige nicht fähiger als der unwillige ist, den Drogengebrauch zu vermeiden. Jedoch unterscheiden sich die beiden Süchtigen in der Frage, was jeden zu seinem Handeln führt. Aufgrund dieser Differenz unterscheiden sich ihre moralischen Verantwortlichkeiten für diese Handlungen. Die Ansicht, daß es da keinen Unterschied der Freiheitsgrade gibt, erlangt deshalb keine Stützung durch Betrachtungen, die mit moralischer Verantwortlichkeit zu tun haben.

III. Es scheint, daß Handlungen, die zu W gehören, durch ein Individuum ausgeführt werden könnten, dessen Geistesleben und physisches Verhalten der Festlegung durch eine bestimmte Art Manipulation seiner physiologischen Verfassung durch Lockes Teufel/Neurologen unterlägen. Die Identifikation von W mit der Klasse freier Handlungen würde daher offenbar bedeuten, daß der T/N sicherstellen konnte, daß sein Subjekt frei handelte. Ist das anfechtbar?

Wir sollten zwei grundsätzlich verschiedene Sachlagen unterscheiden und dabei die schwierigen Probleme ignorieren, die mit der Möglichkeit von Überschneidungen und Grenzfällen verbunden sind. Die erste Sachlage ist dadurch gekennzeichnet, daß der T/N sein Subjekt ununterbrochen, also einer Marionette ähnlich, manipuliert, so daß jeder der geistigen und physischen Zustände des Subjekts das Resultat einer spezifischen Intervention seitens T/N ist. In einem solchen Falle ist das Subjekt überhaupt nicht Person. Seine Geschichte ist völlig episodisch und ohne inhärenten Zusammenhang. Welche identifizierbaren Themen diese Geschichte auch offenbaren mag, sie sind nicht in ihm verwurzelt; sie können nicht so verstanden werden, als ob sie zur inneren Natur des Subjekts gehören oder sie konstituieren. Sie werden vielmehr grundlos durch eine dem Subjekt äußerliche Kraft bereitgestellt. Sicherlich können die augenblicklichen Geisteszustände des Subjekts so reich wie jene einer Person sein; sie beinhalten vielleicht Willensakte und Wünsche zweiter Ordnung oder besitzen noch komplexere Strukturen. Aber das Subjekt hat keinen Charakter, keine eigene Wesensart, und es gibt keinen Grund, von ihm auch nur die geringste Stetigkeit und Verständlichkeit zu erwarten, die wesentlich dafür ist, eine Person zu sein – es sei denn abgeleitet, sofern man Grund hat, sie von T/N zu erwarten. Man kann, wie ich glaube, billigerweise ausschließen, daß Instanzen des Verhaltens des Subjekts zur Klasse W gehören, denn es gibt keinen Grund, sie ihm als seine Handlungen zuzuschreiben, weil ihm jede Selbständigkeit fehlt.

Die andere Möglichkeit besteht darin, daß der T/N sein Subjekt mit einem dauerhaften Charakter oder Programm ausstattet, das er in der Folge nicht zu häufig oder überhaupt nicht mehr ändert. Sie besteht darin, die späteren geistigen und physischen Reaktionen des Subjekts auf sein externes und internes Umfeld eher durch sein Programm bestimmen zu lassen als durch einen weiteren Eingriff von Seiten des T/N. In diesem Falle gibt es keinen Grund, die Annahme auszuschließen, daß Einzelfälle des Verhaltens des Subjekts zu W gehören können. Auch gibt es meines Erachtens weder zwingende Gründe gegen die Annahme, daß das Subjekt frei handeln kann, noch dagegen, es als fähig zu betrachten, für sein Tun moralische Verantwortung zu übernehmen.

Das Subjekt kann, dessen angemessene Programmierung vorausgesetzt, moralische Verantwortlichkeit in derselben Weise wie andere Wesen erlangen: Indem es sich mit einigen seiner Wünsche zweiter Ordnung identifiziert, so daß diese nicht bloße Wünsche sind, die es zufälligerweise hat oder zufällig in sich vorfindet, sondern Wünsche, die es sich zu eigen macht oder hinter die es sich stellt. Vermöge dessen, daß eine Person sich mit einem ihrer eigenen Wünsche zweiter Ordnung identifiziert, wird aus diesem Wunsch ein Wollen zweiter Ordnung. Und damit *übernimmt* die Person Verantwortung für die relevanten Wünsche erster und zweiter Ordnung und für die Handlungen, zu denen diese Wünsche sie leiten.

Locke meint, daß das Subjekt eines T/N nicht als frei handelnd betrachtet werden kann, weil es nicht von ihm abhängt oder seiner Kontrolle unterliegt, was es tut oder welche Wünsche und Willensakte zweiter Ordnung es besitzt. Offensichtlich deutet Locke die Vorstellungen »von X abhängen« und »der Kontrolle von X unterliegen« in einer solchen Weise aus, daß dann nichts von einer Person abhängt oder ihrer Kontrolle unterliegt, wenn jemand anderes ihr Vorkommen bestimmt. Meiner Meinung nach müssen diese Begriffe anders aufgefaßt werden, zumindest in dem hier thematischen Zusammenhang. Was bei der Anwendung dieser Vorstellung auf dem Spiel steht, ist nicht so sehr die

Frage des kausalen Ursprungs der in Frage stehenden Sachlage, sondern die Frage der Aktivität oder Passivität von X angesichts dieser Sachlage.

Nun ist eine Person hinsichtlich ihrer eigenen Wünsche dann aktiv, wenn sie sich mit ihnen identifiziert, und sie ist aktiv hinsichtlich dessen, was sie tut, wenn das, was sie tut, das Resultat ihrer Identifikation mit dem Wunsch ist, der sie dies zu tun bewegt. Ohne diese Identifikation ist die Person ein passiver Zuschauer ihrer Wünsche und ihres Tuns, ungeachtet der Frage, ob die Ursachen ihrer Wünsche oder ihres Tuns das Werk eines anderen Akteurs oder unpersönlicher externer Mächte oder eigener, körperinterner Prozesse sind. Was die eine Person betreffenden Willensakte zweiter Ordnung selbst angeht, so ist es dieser Person unmöglich, ihnen gegenüber ein passiver Zuschauer zu sein. Sie *konstituieren* ihre Aktivität – d. h. ihr Tätigsein statt ihr Untätigsein –, und die Frage, ob sie sich mit diesen Willensakten identifiziert oder nicht, kann überhaupt nicht entstehen. Es macht keinen Sinn zu fragen, ob sich jemand mit seiner Identifikation mit sich identifiziert, es sei denn, daß sich diese Frage einfach als Frage danach versteht, ob seine Identifikation ungeteilt (wholehearted) oder vollständig ist.

Dieser Begriff von Identifikation ist zugegebenermaßen etwas mystifizierend und ich bin mir nicht sicher, wie seine Explikation in Angriff zu nehmen wäre. Meiner Meinung nach trifft er jedoch etwas, das für unser inneres Leben von ganz fundamentaler Bedeutung ist, und er verdient eine zentrale Rolle innerhalb der Phänomenologie und Philosophie der menschlichen Natur (human mentality). Statt zu versuchen, die von dem Begriff erforderte Analyse zu liefern, werde ich mich auf eine Erklärung beschränken: In dem Maße, in dem eine Person sich mit den Triebfedern ihrer Handlungen identifiziert, übernimmt sie Verantwortung für jene Handlungen und erlangt ihnen gegenüber moralische Verantwortlichkeit; außerdem sind Fragen nach den Ursachen sowohl der Handlungen als auch der Identifikation der Person mit den Triebfedern dieser Handlungen irrelevant in Hinblick auf die Frage, ob die Person die Handlungen selbständig ausführt oder moralisch für deren Ausführung verantwortlich ist.

Die Tatsache, daß der T/N sein Subjekt veranlaßt, bestimmte Wünsche zweiter Ordnung zu haben und sich mit ihnen zu identifizieren, beeinträchtigt somit nicht den moralischen Wert des Erwerbs der Willensakte zweiter Ordnung durch das Subjekt, mit welchen es durch diese Aneignung ausgestattet ist. Die Annahme, daß ein T/N einen moralisch gesehen selbständig handelnden Akteur schaffen könnte, ist nicht paradox. Es dürfte sicherlich vernünftig sein, den T/N ebenfalls moralisch verantwortlich dafür zu machen, was sein frei handelndes Subjekt tut, zumindest insoweit ihm gerechterweise die Antizipation der Handlungen des Subjekts zugeschrieben werden kann. Das bedeutet aber nicht, daß dem Subjekt nicht auch die volle moralische Verantwortlichkeit für seine Handlungen zukommt. Es ist gut möglich, daß mehr als eine Person die volle moralische Verantwortlichkeit für dasselbe Ereignis oder dieselbe Handlung tragen können.

IV.   Eine Handlung kann sogar dann zu W gehören, wenn der Akteur sie unter Zwang (under duress) ausführt – das heißt, indem er sich einer Drohung unterordnet, die Unterordnung des Akteurs aber nicht aus der Unwiderstehlichkeit seines Wunsches resultiert, die Strafe, mit der er bedroht wird, abzuwenden. Wenn W mit der Klasse freier Handlungen identifiziert wird, dann folgt natürlich, daß Handlungen frei vollzogen werden können, selbst wenn sie unter Zwang erfolgen. Das klingt eher unangenehm. Es sollte jedoch festgehalten werden, daß die Konsequenz offensichtlich für Locke nicht unannehmbar sein dürfte.

Er ist bereit zuzugeben, daß ein Bankangestellter frei handelt, wenn er, um zu verhindern, daß er erschossen wird, sich den Forderungen eines bewaffneten Bankräubers beugt. Und Locke erklärt, daß man von dem Angestellten deshalb sagen kann, daß er frei handle, weil »es seine Entscheidung (ist) und nur seine Entscheidung, die Geldsumme zu übergeben oder sein Leben zu riskieren, und was er tut, wird von ihm abhängen, seinen Wünschen und seinen Prioritäten, und nicht von irgendeinem anderen, auch nicht von dem Bankräuber«[4]. Locke scheint nicht anzunehmen, daß der Angestellte durch seinen Wunsch, nicht erschossen zu werden, in Panik versetzt wird oder daß sein Handeln dem Glauben entspringt, daß er nicht vermeiden kann, sich diesem Wunsch zu beugen. Anders gesagt, er deutet die Situation, in der sich der Angestellte befindet, als zu Typus A gehörig und dessen Handlung zu W: Der Angestellte handelt unter Zwang, aber er ist nicht gezwungen (is not coerced).

Unter dieser Voraussetzung ist der entscheidende Punkt für die Einschätzung des Angestellten als eines frei Handelnden einfach der, daß seine Handlung – obwohl von ihr schwerlich gesagt werden kann, daß sie bereitwillig zustande kommt – nicht auf Grund eines unweigerlichen Zwanges erfolgt, so zu handeln, wie er es tut. Seine Handlung ist das Resultat einer Entscheidung, zu der er eine greifbare Alternative hat oder glaubt, sie zu haben. Somit bedeu-

4   Ebd., 108.

tet sie eine echte Wahl von seiner Seite. Für die Echtheit dieser Wahl ist es einfach irrelevant, ob der Angestellte zu Recht glaubt oder nicht, daß er die Über-
gabe der Geldsumme unterlassen oder vermeiden könnte, falls er diese Alternative vorzöge. Insofern die Handlungsfreiheit des Angestellten, wie Locke
nahelegt, auf ihrer Herkunft aus einer genuinen Wahl seinerseits beruht,
scheint Handlungsfreiheit Vermeidbarkeit nicht zu erfordern.

Obwohl Locke den Angestellten als frei Handelnden betrachtet, glaubt er
nicht, daß dieser für seine Handlung moralische Verantwortung trägt. In der
Tat ist für Locke die Annahme irgendeiner notwendigen Verbindung zwischen
den Begriffen des freien Handelns und der moralischen Verantwortung falsch.
Seine Gründe für diese Meinung sind jedoch nicht überzeugend.

Um die Position zu stützen, daß freies Handeln keine notwendige Bedingung moralischer Verantwortlichkeit bildet, behauptet Locke, daß ein Fahrer
moralisch dafür verantwortlich gemacht werden kann, mit überhöhter
Geschwindigkeit ein hinter einem parkenden Wagen auf die Straße rennendes
Kind überfahren zu haben, obwohl er das Kind nicht freiwillig überfahren hat.
Diese Behauptung scheint jedoch nicht stichhaltig zu sein. Der Fahrer ist nicht
schuldiger als er es unter sonst gleichen Bedingungen wäre, wenn er das Kind
verfehlt hätte; und er ist weit weniger schuldig als jemand, der ein Kind freiwillig mit seinem Auto überfährt. Diese Überlegungen lassen erkennen, daß der
Raser überhaupt nicht moralisch verantwortlich dafür ist, das Kind überfahren
zu haben. Er trägt etwa dafür Verantwortung, daß er rücksichtslos fährt, und es
gibt keinen Grund, in Zweifel zu ziehen, daß er das freiwillig tut. Das Beispiel
erschüttert also nicht die Ansicht, daß freies Handels eine notwendige Bedingung moralischer Verantwortlichkeit ist.

Und wie schätzen wir den Fall des Bankangestellten ein? Es ist wahr, daß wir
ihm, wenn er sich den Forderungen des bewaffneten Bankräubers gefügt hätte,
wahrscheinlich keinen Vorwurf machen würden. Locke nimmt augenscheinlich
an, daß dies deshalb so ist, weil wir ihn dann nicht moralisch verantwortlich für
seine Handlung halten. Wenn freies Handeln, so glaubt Locke weiter, an moralische Verantwortlichkeit gebunden wäre, müßten wir konsequenterweise
urteilen (zu Unrecht, seiner Meinung nach), daß der Angestellte nicht freiwillig gehandelt hat. Aber angenommen, wir betrachten den Angestellten als freiwillig Handelnden, so machen wir ihm nicht deshalb keine Vorwürfe, weil wir
glauben, daß er keine moralische Verantwortung dafür trägt, sich dem Bankräuber unterworfen zu haben. Wir urteilen, daß er vernünftig handelt, wenn er
statt seines eigenen Lebens das Geld der Bank hergibt. Somit finden wir an seinem Tun nichts Tadelnswertes. Das Beispiel zeigt folglich nicht, anders als es

vermutlich beabsichtigt war, daß eine Person frei handeln kann, ohne für das, was sie tut, moralisch verantwortlich zu sein.

V. Angesichts der Rollen, die Freiheit und damit verbundene Begriffe in unserem allgemeinen Begriffsschema spielen, sowie der Reflexion dieser Rollen in der linguistischen Tradition wäre es nicht unvernünftig zu fordern, daß der Begriff freien Handelns so verstanden werden müsse, daß eine Person nur dafür moralisch verantwortlich ist, was sie freiwillig getan hat. Aus demselben Grunde wäre es ebenfalls vernünftig zu verlangen, keine Handlung als freiwillig vollzogen aufzufassen, wenn sie unter Zwang erfolgt oder unter Zwang eines bestimmten Grades der Härte. Lockes Analyse, der zufolge freie Handlungen solche sind, die man vermeiden kann, genügt keiner der beiden Anforderungen. Fähig zu sein, den Vollzug einer Handlung zu vermeiden ist nicht unvereinbar damit, die Handlung unter Zwang zu vollziehen, es ist auch keine notwendige Bedingung dafür, für ihren Vollzug moralisch verantwortlich zu sein.

Das heißt nicht, daß Vermeidbarkeit überhaupt nichts mit Freiheit zu tun hat. Es heißt nur, daß eine Person frei handeln kann, wenn es ihr nicht freisteht, anders zu handeln. Aus der Tatsache, daß X die Handlung H freiwillig vollzogen hat, folgt anders gesagt nicht, daß X die Freiheit hatte, H zu vermeiden. Folglich mag es einer Person freistehen, das zu tun, was sie zufällig tun möchte, und sie mag es freiwillig tun, ohne sich der Freiheit in dem Sinne zu erfreuen, daß sie all das zu tun in der Lage wäre, was sie sowohl wünschen könnte als auch von Natur aus zu tun fähig wäre. Es kommt mir nicht anstößig vor zu behaupten, daß ein Gefangener es schaffen kann, freier zu handeln, d. h. eine größere Anzahl seiner Handlungen selbständig zu vollziehen, indem er die Lektionen des Epiktet lernt. Aber es werden natürlich so viele Dinge bleiben wie vorher, Dinge, die er nicht die Freiheit hat zu tun, die zu tun er aber die Freiheit hätte, wenn er nicht inhaftiert wäre. Deshalb würde es nicht richtig sein, ihn als jemanden zu verstehen, der durch sein Studium der stoischen Philosophie befreit oder den Beschränkungen seiner Haft entkommen wäre.

Die Identifikation von W mit der Klasse freier Handlungen vermag, weil sie gelten läßt, daß Handlungen sowohl frei als auch unter Zwang vollzogen werden können, einer der vorgeschlagenen Forderungen nicht zu entsprechen. Sie scheint in der Tat der anderen zu genügen: Die Zugehörigkeit zu W ist eine notwendige Bedingung moralisch verantwortlichen Handelns. Tatsächlich ist es nicht möglich, beiden Forderungen gleichzeitig zu entsprechen, weil eine Person auch unter Zwang moralisch für das, was sie getan hat, Verantwortung

tragen kann. Ausdrücke wie »...tat es freiwillig« werden wirklich ein wenig
zweideutig benutzt: Manchmal bedeuten sie, daß der Akteur das, was er tat,
bereitwillig getan hat, und manchmal meinen sie die moralische Verantwortlichkeit des Akteurs für sein Tun. Falls wir einen zweifelsfreien und eindeutigen
Gebrauch des Ausdrucks »freies Handeln« benötigen, müssen wir uns entscheiden, ob wir der einen oder der anderen Forderung Genüge leisten wollen.
So weit ich sehen kann, läßt sich zwischen diesen Alternativen schwerlich
wählen.

# Über die Bedeutsamkeit des Sich-Sorgens

I. Seit einiger Zeit widmen Philosophen den größten Teil ihrer systematischen Aufmerksamkeit in der Hauptsache zwei großen Problemkomplexen, deren jeder sich aus der Beschäftigung mit jeweils einem überall sich aufdrängenden und beunruhigenden Aspekt unseres Lebens ergibt. Im ersten Komplex, der das Feld der Erkenntnistheorie konstituiert, leiten sich die Fragen auf die eine oder andere Weise von unserem Interesse an der Entscheidung her, *was man glauben soll*. Das hauptsächliche Thema des zweiten Komplexes ist die Frage, *wie man sich verhalten soll*, insofern dies Gegenstand der Ethik ist. Ferner ist es möglich, einen dritten Forschungszweig zu umreißen, der sich mit einer Gruppe von Fragen beschäftigt, welche die menschliche Existenz in einer thematisch und grundsätzlich anderen Weise betrifft – nämlich, *worum man sich kümmern soll*.

Die Untersuchung der mannigfaltigen charakteristischen Begriffsfragen, zu welchen diese dritte Beschäftigung führt, liegt nicht wirklich innerhalb des Bereichs von Erkenntnistheorie oder Ethik. Jene Disziplinen müssen weder über das Wesen des Sich-Sorgens als solchem reflektieren noch sind sie verpflichtet, darüber nachzudenken, was die Tatsache besagt, daß wir Lebewesen sind, denen Dinge etwas bedeuten. Ich werde nicht versuchen, eine formale und erschöpfende Darstellung des Forschungszweigs zu liefern, der sich in spezifischer Weise mit solchen Dingen beschäftigt. In diesem Essay beabsichtige ich nur – eher versuchsweise und fragmentarisch – einige seiner hauptsächlichen Begriffe und Probleme anzuschneiden.

II. Es gibt natürlich eine enge Beziehung zwischen dem, worum eine Person sich sorgt, und dem, wovon sie, allgemein oder unter bestimmten Bedingungen, glaubt, daß es für sie selbst das Beste wäre, was sie tun kann. Obwohl damit der dritte Forschungszweig der Ethik deren Beschäftigung mit Problemen der Bewertung und des Handelns ähnelt, unterscheidet er sich jedoch in signifikanter Weise von der Ethik durch seine generativen Begriffe und sein motivierendes Interesse. Die Ethik richtet ihre Aufmerksamkeit auf das Problem der Regelung der Beziehungen, die wir zu *anderen Menschen* unterhalten. Insbesondere beschäftigt sie sich mit dem Gegensatz von *richtig* und *falsch* und mit den Gründen und Grenzen *moralischer Verpflichtung*. Wir gelangen andererseits in den dritten Forschungszweig, weil wir festzulegen interessiert sind, wie wir mit *uns selbst* umgehen sollen und wir deshalb verstehen müssen, was *wesentlich* oder vielmehr, was *uns wesentlich* ist.

Es kann, was die meisten von uns betrifft, schwerlich in Frage gestellt werden, daß die Erfordernisse der Ethik nicht die einzigen Dinge sind, für die wir Sorge tragen. Selbst Menschen, denen viel an moralischen Grundsätzen liegt, kümmern sich in weit größerem Umfang um andere Dinge. Sie können sich z. B. um ihre persönlichen Vorhaben sorgen, um bestimmte einzelne Menschen und Menschengruppen, sie tragen vielleicht Sorge für verschiedene Ideale, denen sie eine über ihr Leben gebietende Autorität einräumen, die aber nicht spezifisch ethischer Natur sein müssen. An Idealen wie etwa der unverbrüchlichen Loyalität einer Familientradition gegenüber, dem selbstlosen Streben nach mathematischer Wahrheit oder der Kennerschaft, der sich jemand widmet, ist nichts charakteristisch Moralisches.

Bei der Ausprägung und dem Ausüben derartiger Interessen spielt die Moral, nicht nur, was ihren Einfluß anbelangt, sondern auch ihrer Relevanz nach, nur ganz am Rande eine Rolle. Es gibt selbstverständlich viele wichtige Entscheidungen, auf die bezogen moralische Überlegungen einfach nicht maßgebend sind und die folglich – zumindest in bestimmtem Maße – auf Überlegungen nichtmoralischer Art beruhen müssen. Aber auch Entscheidungen, die nicht zu dieser Klasse gehören, werden natürlich oft im Lichte von Werten oder Präferenzen getroffen, die keine moralischen sind. Darüber hinaus ist es nicht völlig einleuchtend, daß sie auf diese Weise zu treffen immer ungerechtfertigt ist.

Jemand, der Moral ernst nimmt und glaubt, daß eine seiner Alternativen tatsächlich moralisch den anderen gegenüber vorzuziehen sei, kann dennoch die Wichtigkeit dieser Tatsache als nicht unbedingt im voraus entschieden betrachten. Stellen wir uns erstens vor, daß er nicht wirklich weiß, welche seiner Alternativen die moralisch beste ist. Für ihn könnte es vernünftig sein, von der Sache überhaupt abzusehen, weil es unter den gegebenen Umständen zu kostspielig wäre, so zu handeln. Das heißt, er könnte glaubhaft urteilen, daß es für ihn wichtiger wäre, Zeit und Mühe, die eine gewissenhafte Untersuchung und Einschätzung der relevanten moralischen Charakteristika seiner Situation erfordern würde, für andere Zwecke zu sparen. Ob ein Urteil dieser Art überhaupt vollständig gerechtfertigt ist, hängt davon ab, ob moralische Betrachtungen in einem solchen Maße wichtiger als andere sein müssen, so daß es keine

Grenzen hinsichtlich der Mittel gibt, die zu verwenden vernünftig ist, um dafür zu sorgen, daß ihnen Gerechtigkeit widerfährt.

Oder stellen wir uns zweitens vor, daß die Person wirklich schon weiß, was sie zu tun moralisch verpflichtet ist. Sie kann dennoch mit Bedacht beschließen, diese Verpflichtung zu verletzen – nicht weil sie glaubt, daß diese Verpflichtung von einer stärkeren überwogen wird, sondern weil es eine alternative Handlungsweise gibt, die ihr, was sie selbst betrifft, wichtiger ist, als den Forderungen moralischer Rechtschaffenheit zu entsprechen. Mir scheint, daß in beiden Fällen, in diesem und dem zuerst genannten, die Unterordnung moralischer Betrachtungen unter andere gerechtfertigt sein könnte. Also wird in beiden Fällen deutlich, daß die Frage danach, was am bedeutsamsten ist, unterschieden werden kann von der Frage, was moralisch rechtens ist.

Es mag einige Menschen geben, denen ethische Betrachtungen nicht nur unzweideutig höher stehen, sondern ausschließliche Geltung haben. Wenn dem so ist, dann ist, was ihr Leben anbetrifft, nichts sonst für sich genommen von Wichtigkeit. Der einzige Sinn, welchem all ihre Aktivitäten beitragen sollen, besteht darin, all das zu tun, was sie vom Standpunkt der Moralität als in höchstem Maße wünschenswert erachten – die menschliche Wohlfahrt zu maximieren oder die Gesellschaft gerechter zu gestalten. Diese Art Überspezialisierung ist schwer auszuhalten, und sie ist selten. Aber stellen wir uns vor, daß jemand tatsächlich keinen Grund des Handelns akzeptieren wird, ausgenommen die fragliche Handlung wird mit größerer Wahrscheinlichkeit als jede andere zur Verwirklichung des moralischen Ideals beitragen. Nach wie vor trifft es zu, daß die moralischen Urteile der Person das eine sind und die Tatsache, daß sie sich derart um sie sorgt, eine andere. Anders gesagt, ihre Überzeugung, daß bestimmte Handlungsweisen durch ethische Betrachtungen diktiert werden, unterscheidet sich von ihrer Überzeugung, daß keine anderen Betrachtungen hinsichtlich ihrer Wichtigkeit mit ihnen vergleichbar sind.

III. Eine im ganzen verständliche Analyse der Begriffe des Sich-Sorgens und der Wichtigkeit zu liefern ist nicht einfacher, als die für die ersten beiden Forschungszweige grundlegenden Begriffe zu bestimmen, z. B. jene des Glaubens und der Verpflichtung. In der Tat scheint der Begriff der Wichtigkeit von so fundamentaler Bedeutung zu sein, daß eine befriedigende Analyse desselben vielleicht überhaupt nicht möglich ist. Vernünftig ist die Annahme, daß Dinge nur vermöge der Unterschiede wichtig sind, die sie machen. Falls es überhaupt keinen Unterschied in Beziehung auf irgend etwas machte, daß ein bestimmtes Ding existiert, oder ob dieses Ding bestimmte Merkmale besitzt, dann würde weder die Existenz dieses Dings noch dessen Merkmale von irgendeiner Bedeutung sein. Allerdings macht jedes Ding realiter *irgendeinen* Unterschied. Wie aber ist es dann irgendeinem Ding möglich, wirklich unbedeutend zu sein? Es kann nur unbedeutend sein, weil dem Unterschied, den ein solches Ding macht, selber keine Bedeutsamkeit zukommt. Somit ist es offensichtlich wichtig, bei der Analyse des Begriffs der Bedeutsamkeit einen Vorbehalt dahingehend einzufügen, daß nichts bedeutsam ist, es sei denn, der damit gesetzte Unterschied ist bedeutsam. Ob eine brauchbare Darstellung des Begriffs entwickelt werden kann, ohne in diesen Zirkel zu geraten, ist unklar.

Die Vorstellung dessen, worum sich eine Person sorgt, deckt sich teilweise mit der Vorstellung dessen, wovon sich eine Person – in ihrem Verhalten und in Hinsicht darauf, was sie mit ihrem Leben anfängt – leiten läßt. Natürlich ist nicht anzunehmen, daß sich immer dann, wenn das Leben einer Person über eine bestimmte Zeitspanne eine mehr oder weniger ausgeglichene, ihre Einstellung und ihr Verhalten betreffende Wesensart zeigt, darin das widerspiegelt, wofür die Person während dieser Zeit Sorge trägt. Letztlich können Interessen- oder Reaktionsmuster nur Manifestationen von Gewohnheiten oder unfreiwilliger Stetigkeiten irgendeiner anderen Art sein und es ist auch möglich, daß sie sich nur per Zufall ausbilden. Deshalb sind sie möglicherweise auch im Leben von Wesen erkennbar, die unfähig sind, für irgend etwas Sorge zu tragen.

Sofern es darin besteht, eigenständig ein bestimmtes Leben zu führen oder ein charakteristisches Verhalten zu zeigen, setzt das Sich-Sorgen sowohl Tätigkeit als auch Selbstbewußtsein voraus. Es ist eine Angelegenheit des auf bestimmte Weise Tätigseins, und das Tätigsein trägt wesentlich reflexiven Charakter – strenggenommen nicht deshalb, weil der Akteur, indem er sein Verhalten leitet, mit Notwendigkeit etwas *für* sich selbst tut, sondern eher deshalb, weil er etwas absichtsvoll *mit* sich unternimmt.

Eine Person, die für eine Sache Sorge trägt, ist sozusagen in sie eingesetzt. Sie *identifiziert* sich in dem Sinne mit der Sache, um die sie sich sorgt, als sie sich verletzbar für Verluste und empfänglich für Gewinne zeigt, die davon abhängen, ob das, wofür sie Sorge trägt, vermindert oder gesteigert wird. Folglich sorgt sie sich um das, was von Belang ist, sie schenkt solchen Dingen besondere Aufmerksamkeit und orientiert ihr Verhalten entsprechend. Sofern das Leben der Person im ganzen oder teilweise irgendeiner Sache *gewidmet* ist, statt bloß eine Abfolge von Ereignissen zu sein, deren Themen und Strukturen sie keine Anstrengungen unternimmt zu gestalten, ist es dem gewidmet.

Eine Person könnte aufgehört haben, sich um etwas zu kümmern, weil sie wußte, daß sie es nicht haben konnte. Aber sie könnte dennoch fortfahren, es zu mögen und haben zu wollen und es sowohl für begehrenswert als auch für wertvoll halten. Folglich darf das für etwas Sorge Tragen nicht damit verwechselt werden, es zu mögen oder es haben zu wollen. Auch ist es nicht mit der Vorstellung identisch, daß das, wofür man Sorge trägt, eine bestimmte Art Wert besitzt oder begehrenswert ist. Insbesondere sollte betont werden, daß diese Einstellungen und Überzeugungen sich hinsichtlich ihrer temporalen Charakteristika erheblich vom Sich-Sorgen unterscheiden. Die Perspektive einer Person, die für etwas Sorge trägt, ist wesentlich prospektiv, d. h. sie betrachtet sich notwendigerweise als jemand, der eine Zukunft hat. Andererseits ist es einem Wesen möglich, Wünsche und Überzeugungen zu haben, ohne in irgend einer Weise in Rechnung zu ziehen, daß es weiterhin existieren mag.

Wünsche und Überzeugungen können in einem Leben vorkommen, das bloß aus einer Abfolge vereinzelter Momente besteht, wobei das Subjekt keines dieser Momente – weder während des Eintretens noch in der Antizipation noch in der Erinnerung – als ein in seiner eigenen fortlaufenden Lebensgeschichte mit andern integriertes Element erkennt. Wenn diese Anerkennung völlig fehlt, dann *gibt* es kein fortlaufendes Subjekt. Das Leben einiger Tiere ist dem vermutlich ähnlich. Die Lebensmomente einer Person, die sich um etwas sorgt, sind wesentlich nicht nur durch formale Relationen der Abfolge miteinander verbunden. Die Person verbindet sie notwendigerweise und versteht sie außerdem, der Art des Falles nach, als in komplexerer Weise miteinander verbunden. Beides bewirkt und erfordert ihre fortlaufende Sorge dahingehend, was sie mit sich selbst anfängt und was in ihrem Leben geschieht.

Betrachtungen ähnlicher Art zeigen, daß sich eine Person um etwas nur über eine mehr oder weniger ausgedehnte Zeitspanne sorgen kann. Es ist möglich, etwas bloß für einen Augenblick zu wünschen oder für wertvoll zu halten. Wünsche und Überzeugungen besitzen kein ihnen innewohnendes Beharrungsvermögen; nichts liegt im Wesen des Wünschens oder Überzeugtseins, das erforderte, daß ein Wunsch oder eine Überzeugung fortdauern muß. Der Begriff der Handlungsführung jedoch und folglich der Begriff des Sich-Sorgens beinhalten ein bestimmtes Maß an Konsequenz und Standfestigkeit des Verhaltens, und das setzt ein bestimmtes Maß an Beharrlichkeit voraus. Eine Person, die sich nur für einen einzigen Moment um etwas kümmerte, wäre nicht zu unterscheiden von jemandem, der durch einen Impuls bewegt würde. Sie würde strenggenommen ihr Handeln überhaupt nicht leiten oder ausrichten.

Weil das Fällen einer Entscheidung nur einen Moment erfordert, kann die Tatsache, daß eine Person sich entscheidet, für etwas Sorge zu tragen, nicht gleichbedeutend sein mit ihrem für etwas Sorge Tragen. Auch garantiert die

Entscheidung nicht, daß sie Sorge dafür tragen wird. Indem sie solch eine Entscheidung trifft, bildet die Person eine Intention in Hinsicht darauf, worum sie sich sorgen soll. Ob aber die Absicht in der Tat ausgeführt wird, ist eine ganz andere Sache. Die Entscheidung, Sorge zu tragen, führt sowenig zum Sich-Sorgen wie die Absicht, das Rauchen aufzugeben, dazu führt, es aufzugeben. In keinem der beiden Fälle führt das Fällen einer Entscheidung dazu, die beschlossene Sachlage auch nur einzuleiten, es sei denn, die Sachlage folgt wirklich.

Schwerlich würde es sich lohnen, auf das eben Gesagte zu verweisen, wenn nicht immer wieder der Entscheidung wie auch der Wahl und anderen ähnlichen »Willensakten« eine übertriebene Bedeutung beigemessen würde. Wenn wir den Willen einer Person als das betrachten, wodurch sie sich in Bewegung setzt, dann gehört das, wofür sie Sorge trägt, weit mehr zum Charakter ihres Willens als die Entscheidungen und Wahlen, die sie trifft. Die letzteren mögen zu dem gehören, was die Person *beabsichtigt*, daß es ihr Wille sei, sie betreffen aber nicht notwendigerweise das, was ihr Wille wirklich *ist*.

Der junge Mann in Sartres berühmtem Beispiel wird manchmal so verstanden, als ob er sein Dilemma, das darin besteht, entweder zu Hause zu bleiben und sich um seine Mutter zu kümmern oder sie zu verlassen und am Kampf gegen die Feinde seines Vaterlandes teilzunehmen, dadurch löst, daß er eine von Grund auf freie Wahl trifft. Aber wie bedeutsam ist die Tatsache, daß der junge Mann wählt, lieber die eine als die andere Alternative zu verfolgen, auch wenn wir seine Wahl so verstehen, daß sie nicht nur seine Entscheidung hinsichtlich seines Tuns mit sich bringt, sondern auch seine Entscheidung in Hinblick auf die Frage, welche Art Person er sein soll? Sie liefert uns sicherlich keinen spezifischen Grund für die Annahme, daß er wirklich die Art Person wird, die er sich entschieden hat zu sein, sie erlaubt uns nicht einmal die Vermutung, daß er wirklich die gewählte Alternative verfolgt.

Das Problem ist nicht, daß er, kurz nachdem der seine Wahl getroffen hatte, seine Meinung ändern oder seine Entscheidung sofort vergessen könnte. Es geht darum, daß er möglicherweise *unfähig* ist, seine Absicht auszuführen. Er könnte, wenn es hart auf hart kommt, entdecken, daß er es einfach nicht über sich bringen kann, die Handlungsweise zu vollziehen, für die er sich entschieden hat. Ohne daß er es sich anders überlegt oder etwas vergessen hätte, könnte er entweder zu der Feststellung gelangen, daß er statt dessen unaufhaltsam dazu gebracht wird, die andere Handlungsweise zu vollziehen, oder dazu, daß er entsprechend dazu genötigt ist, von der gewählten Handlungsweise zumindest Abstand zu nehmen. Oder er könnte feststellen, daß er die gewählten Handlungen zu vollziehen wirklich fähig ist, aber nur, indem er sich dazu gegen starke und beharrliche natürliche Neigungen zwingt. Daß heißt, er könnte entdecken, daß er Gefühle, Einstellungen und Interessen nicht besaß und auch später nicht ausgebildet hat, die grundlegend für die Art Person sind, die zu sein ihn seine Entscheidung verpflichtet hatte.

Die Lösung des Dilemmas des jungen Manns erfordert folglich nicht nur, daß er sich entscheidet. Sie erfordert, daß er sich wirklich mehr um die eine der Alternativen, denen er sich gegenübersieht, kümmert als um die andere; und sie erfordert ferner, daß er begreift, um welche der beiden Alternativen er sich wirklich mehr sorgt. Die schwierige Lage, in der er sich befindet, ist entweder seinem Nichtwissen zuzuschreiben, um welche der Alternativen er sich mehr sorgt, oder darauf, daß er sich gleichermaßen um beide sorgt. Es ist klar, daß in keinem der beiden Fälle seine Schwierigkeit glaubhaft durch das Treffen einer Entscheidung überwunden werden kann.

Die Tatsache, daß jemand für eine bestimmte Sache Sorge trägt, gründet in einem Komplex kognitiver, affektiver und volitionaler Dispositionen und Zustände. Manchmal mag es einer Person, indem sie eine bestimmte Wahl oder Entscheidung trifft, tatsächlich möglich sein, sich einer bestimmten Sache anzunehmen oder für eine Sache mehr Sorge zu tragen als für eine andere. Aber das hängt von Bedingungen ab, die nicht immer ausschlaggebend sind. Sicherlich läßt sich nicht annehmen, daß das, worum eine Person sich sorgt, im allgemeinen ihrer unmittelbaren, unabhängigen Kontrolle untersteht.

IV. Natürlich gibt es große Unterschiede dahingehend, wie sehr und wir beharrlich sich Menschen um etwas sorgen. Auch kann man verschiedene *Arten* des Sich-Sorgens unterscheiden, die es in keiner Weise Sinn macht auf Unterschiede des Grades zurückzuführen. Die bemerkenswertesten dieser Arten sind vielleicht die verschiedenen Arten der Liebe. Eine andere charakteristische Unterscheidung – welche der Frage, ob das Sich-Sorgen durch einen Willensakt initiiert werden kann oder nicht, verwandt ist, ohne mit ihr identisch zu sein – betrifft das Problem, ob eine Person dafür, daß sie sich sorgt, etwas kann oder nicht. Wenn eine Person für etwas Sorge trägt, so kann beides völlig von ihr abhängen: daß sie sich sorgt und daß sie es in diesem Maße tut. In bestimmten Fällen jedoch ist die Person empfänglich für eine bekannte, dennoch aber ein wenig obskure Art Unvermeidlichkeit, vermöge deren ihr Sich-Kümmern nicht vollständig ihrer Kontrolle unterliegt.

Es gibt Anlässe, da eine Person bemerkt, daß ihr das, worum sie sich sorgt, nicht nur von großer Bedeutung, sondern auf eine Art und Weise bedeutsam ist, die es dieser Person unmöglich macht, sich einer bestimmten Handlungsweise zu enthalten. Vermutlich war es solch ein Anlaß, der Luther seine berühmte Aussage treffen ließ: »Hier stehe ich! *Ich kann nicht anders.*«[1] Eine Begegnung mit solcherart Unvermeidlichkeit betrifft bezeichnenderweise die Person weniger dadurch, daß sie zu einer bestimmten Handlungsweise gezwungen wird. Eher wird dadurch dieser Person irgendwie deutlich gemacht, daß jede scheinbare Alternative zu jener Handlungsweise undenkbar ist. Solche Begegnungen unterscheiden sich von Situationen, in welchen eine Person feststellt, daß sie eine Handlung zu unterlassen – egal, ob sie so handeln möchte oder nicht – unfähig ist, weil sie durch irgendeinen Wunsch oder irgendeinen Zwang, der zu machtvoll ist, als daß sie ihn überwinden könnte, so zu handeln getrieben wird. Sie unterscheiden sich auch von Situationen, in denen sich eine Person im klaren darüber ist, daß sie die Möglichkeit der Unterlassung verwerfen muß, weil sie diese Unterlassung zu verwerfen eindeutig gute Gründe hat, z. B. weil ihr die Unterlassung als Handlungsweise, der sie nachgehen kann, zu reizlos oder ihren Wünschen zu wenig zu entsprechen scheint.

Andererseits sind Konfrontationen mit der in Frage stehenden Unvermeidlichkeit in bestimmten Hinsichten den davon unterschiedenen Situationen ähnlich. Sie ähneln denen des zuletzt genannten Typus – in welchen nämlich die Person deshalb nicht Abstand nehmen kann, weil sie gute Gründe hat, nicht so zu handeln –, insofern die Unfähigkeit zur Unterlassung nicht einfach eine Sache ungenügender Befähigung seitens des Akteurs ist. Sie ähneln denen der davor genannten Art – da die Person durch unwiderstehliche Leidenschaft oder ähnliches getrieben wird – sofern sich der Akteur als jemand erfährt, der nur die Möglichkeit hat, der ihn nötigenden Macht beizupflichten, selbst wenn er glaubt, daß es besser wäre, nicht so zu handeln.

Es ist natürlich klar, daß die Unmöglichkeit, auf die Luther sich bezogen hatte, weder eine Sache logischer noch eine Sache kausaler Notwendigkeit ist. Letztlich wußte er nur zu gut, daß er in einer Hinsicht durchaus fähig war, genau das zu tun, wovon er sagte, daß er es nicht tun könne; d. h. er war in der Lage, dies zu tun. Was er aufzubringen unfähig war, ist nicht die *Kraft*, die Handlung zu unterbinden, sondern der *Wille*. Ich werde den Terminus »volitionale Nötigung« (»volitional necessity«) benutzen, um auf die Nötigung zu verweisen, von der Luther sagte, daß er ihr ausgesetzt war. Erfolgt eine Nötigung in solchem Maße, daß es einer Person wirklich unmöglich wird, in

1 So angeblich Luther am 18. April 1521 vor dem Reichstag zu Worms auf die Frage, ob er widerrufen wolle. (Anm. d. Übers.)

irgendeiner anderen Weise zu handeln, als sie es tut, ist das der Tatsache geschuldet, daß diese Nötigung die Person davon abhält, von ihren eigenen Fähigkeiten *Gebrauch zu machen*. Vielleicht gibt es einen Sinn, in welchem Luther, auch wenn seine Bekundung wahrhaftig erfolgte, stark genug hätte sein können, die Macht zu überwinden, die sein Streben nach einer anderen Handlungsweise als der, die er verfolgte, verhinderte. Aber er konnte *sich selbst* nicht dazu *durchringen*, diese Macht zu überwinden.

Eine Person, die angesichts einer volitionalen Nötigung handelt, stellt fest, daß sie so, wie sie handelt, handeln *muß*. Aus diesem Grunde mag es angemessen scheinen, Situationen volitionaler Nötigung als Beispiele von Passivität zu betrachten. Aber die Person, die sich in Situationen dieser Art befindet, deutet die Tatsache, daß sie volitional genötigt wird, überhaupt nicht so, daß aus ihr die eigene Passivität folgt. Im allgemeinen liegt den Menschen der Gedanke ziemlich fern, daß volitionale Nötigung sie zu hilflosen Beobachtern ihres eigenen Verhaltens macht. In der Tat können sie sogar dazu neigen, volitionale Nötigung als wirkliche Steigerung sowohl ihrer Autonomie als auch ihrer Willensstärke zu verstehen.

Ist eine Person volitional genötigt und aus diesem Grunde unfähig, eine bestimmte Handlungsweise zu verfolgen, so erklärt sich das nicht von daher, daß sie in irgendeiner einfachen Weise zu schwach wäre, die Nötigung zu überwinden. Eine solche Erklärung kann für die Erfahrung eines Süchtigen geltend gemacht werden, der sich von seiner ihn zwingenden Sucht distanziert, aber bei seinem Versuch, den ihm eigenen Triebkräften seiner Sucht Widerstand zu leisten, erfolglos bleibt. Eine Person jedoch, die durch volitionale Nötigung gezwungen wird, befindet sich in einer Situation, die sich von der gerade genannten in bezeichnender Weise unterscheidet. Anders als der Süchtige fügt sie sich der nötigenden Kraft nicht deshalb, weil ihr die Willensstärke fehlte, die hinreichend wäre, diese zu bezwingen. Sie fügt sich ihr, weil sie *nicht willens* ist, sich ihr zu widersetzen, und ferner, weil ihr Unwille *selbst* etwas ist, das sie zu ändern nicht willens ist.

Die Person sorgt nicht nur dafür, der Handlungsweise zu folgen, zu der sie genötigt ist. Sie trägt auch Sorge für diese Sorge. Aus diesem Grunde vermeidet sie es, sich in gefährlicher Weise durch irgend etwas – von der Außenwelt her oder aus dem eigenen Innern kommend – beeinflussen zu lassen, das sie entweder vom Vollzug dieser Handlungsweise ablenken oder abbringen könnte oder davon, für diesen Vollzug so, wie sie es tut, Sorge zu tragen. Sie kann sich nicht dazu durchringen, die Nötigung, der sie unterliegt, zu überwinden, weil sie, anders gesagt, nicht wirklich so handeln möchte. Die Zwangslage des

unwilligen Süchtigen besteht darin, daß er etwas wirklich tun möchte, dies
jedoch aufgrund einer anderen Kraft, die jene seines eigenen Willens über-
steigt, nicht tun kann. Im Falle des durch volitionale Nötigung Gezwungenen
gibt es auch etwas, das dieser nicht tun kann, aber nur deshalb, weil er es nicht
wirklich tun möchte.

Der Grund dafür, daß eine Person die Kraft volitionaler Nötigung nicht als
ihr fremd oder äußerlich erfährt, besteht folglich darin, daß diese Kraft sich mit
Wünschen deckt (und sich tatsächlich teilweise aus diesen zusammensetzt), die
nicht bloß ihre eigenen Wünsche sind, sondern Wünsche, mit denen sie sich
wirklich identifiziert. Darüber hinaus ist die Unvermeidlichkeit in einem
bestimmten Maße selbst auferlegt. Sie entsteht, indem jemand sich abverlangt,
daß er in seinem Tun vermeidet, von andern Kräften geleitet zu werden als
jenen, von denen er am innigsten geleitet werden möchte. Um zu verhindern,
daß er sich um irgend etwas in dem gleichen Maße wie um das am innigsten
Gewünschte kümmert, unterdrückt oder distanziert er alle möglichen Motive
oder Wünsche, die ihm als der Beständigkeit und Wirksamkeit seiner Verpflichtung widersprechend gelten. Auf diese Weise kann volitionale Nötigung
einen befreienden Effekt haben: Wenn jemand dazu neigt, sich in der Sorge
darum ablenken zu lassen, worum er sich am meisten sorgt, mag ihn die volitionale Nötigung zwingen, das zu tun, was er am meisten zu tun wünscht.

Wie sachdienlich und stichhaltig diese Überlegungen auch immer sein
mögen, sie erklären nicht, wie es einer Person möglich sein sollte, durch eine
Nötigung gezwungen zu werden, die allein sie sich auferlegt. Sicherlich zwingen sich Menschen oft selbst, in bestimmter Weise zu handeln, z. B. wenn sie in
starkem Maße versucht sind, anders zu handeln. Aber in diesen Fällen ist die
energische Ausübung der Willenskraft völlig freiwillig. Der Akteur kann sie
unterbrechen, wann immer er es möchte. Andererseits muß die volitionale
Nötigung, auch wenn sie selbst auferlegt ist, in einer bestimmten Hinsicht
unfreiwillig auferlegt und aufrechterhalten werden.

Daß diese Nötigung selbst auferlegt ist, hilft die Tatsache zu erläutern, daß
sie eher befreiend als zwingend ist – d. h. zu erklären, daß sie eher der Autonomie der Person dient als von deren Willen unabhängig zu sein oder sich ihm
entgegenzustellen. Es kann jedoch nicht der Fall sein, daß die Person, die sich
die Weigerung abverlangt, ihr Verhalten in einer bestimmten Weise zu lenken,
die Selbstauflage dieser Forderung durch bloßen Vollzug einer freiwilligen
Handlung leistet. Ein Wesensmerkmal volitionaler Nötigung muß es sein, daß
sie einer Person unfreiwillig aufgebürdet wird. Andernfalls würde es nicht
möglich sein, der Tatsache Rechnung zu tragen, daß die Person sich nicht ein-

fach nach Belieben von ihr frei machen kann – d. h. darüber Rechenschaft abzulegen, daß die volitionale Nötigung wirklich eine Art Nötigung ist.

Vielleicht ist es schwierig zu verstehen, daß eine volitionale Nötigung selbst
auferlegt und zugleich unfreiwillig aufgebürdet ist, oder wie die Schlußfolgerung vermieden werden kann, daß der durch volitionale Nötigung gedrängte
Akteur hinsichtlich derselben Kraft aktiv und gleichzeitig passiv ist. Die Auflö-
sung dieser Schwierigkeiten besteht darin, daß man folgendes erkennt: (a) die
Tatsache, daß eine Person Sorge für etwas trägt, ist eine Tatsache ihres Willens,
(b) der Wille einer Person muß nicht der eigenen freiwilligen Kontrolle der
Person unterliegen, und (c) ihr Wille ist vielleicht nicht weniger ihr wirklich
eigener Wille, wenn es nicht ihr eigenes freiwilliges Tun ist, daß sie sich sorgt,
wie sie es tut.

Folglich kann volitionale Nötigung beides sein, selbst auferlegt vermöge
dessen, daß sie durch den eigenen Willen der Person auferlegt wird, und
gleichzeitig unfreiwillig aufgebürdet aufgrund dessen, daß ihr Wille nicht
durch ihre eigene freiwillige Handlung der Wille ist, der er ist. Entsprechend
bedeutet in solchen Fällen Unfreiwilligkeit nicht Passivität. Eine Person ist
aktiv, wenn sie vermöge ihres eigenen Willens das tut, was sie tut, auch wenn
ihr Wille selbst nicht innerhalb der Reichweite ihrer freiwilligen Kontrolle
liegt. Es scheint somit, daß eine Person für die Befreiung, die volitionale Nötigung liefern kann, nicht empfänglich sein wird, es sei denn, daß sie sich um
bestimmte Dinge kümmert, egal ob sie so zu handeln beschlossen hat oder
nicht.

V. Die Vermutung, daß eine Person in einer bestimmten Hinsicht befreit werden kann, indem sie einer Macht zustimmt, die nicht Gegenstand ihrer unmittelbaren freiwilligen Kontrolle ist, gehört zu den ältesten und beständigsten
Themen unserer ethischen und religiösen Tradition. Sie spiegelt gewiß ein
ziemlich fundamentales Strukturmerkmal unseres Lebens wider. Jedoch ist dieses Merkmal nach wie vor relativ wenig erforscht. Wir sind in Folge dessen
unfähig, auf zufriedenstellende Weise gründliche und klar verständliche Darstellungen bestimmter Tatsachen zu liefern, die für unsere Kultur und unser
Selbstverständnis von zentraler Bedeutung sind. Insbesondere ist damit
gemeint, daß die beiden, von uns am höchsten geschätzten menschlichen Vermögen die Befähigungen zu Vernunft und Liebe sind, und daß diese Vermögen
nicht nur wegen ihrer Nützlichkeit hinsichtlich unserer Anpassung an unsere
natürliche und soziale Umwelt geschätzt werden, sondern auch deshalb, weil
wir von ihnen annehmen, daß sie uns besonders wertvolle Erfahrungen oder

Zustände der Erfüllung und Freiheit eröffnen. Die Idee, daß vernünftig und liebevoll zu sein Wege sind, Freiheit zu erlangen, sollte uns mehr zu denken geben, als sie es tut – angesichts der Tatsache, daß beides von einer Person verlangt, sich einer Sache *zu fügen*, die jenseits ihrer freiwilligen Kontrolle ist und gegenüber ihren Wünschen neutral sein kann.

Für gewöhnlich ist das Gefühl, das wir haben, wenn wir einwilligen, uns von Logik oder Liebe bewegen zu lassen, kein Gefühl mutloser Schwäche. Im Gegenteil, wir erfahren in beiden Fällen – ob wir der Vernunft oder unserem Herzen folgen – auf charakteristische Weise ein Gefühl von Befreiung und Steigerung. Was erklärt diese Erfahrung? Sie scheint ihren Grund in der Tatsache zu haben, daß eine Person, wenn sie etwas als vernünftig oder geliebt empfindet und darauf antwortet, in Beziehung auf dieses Objekt zur *Selbstlosigkeit* neigt. Ihre Aufmerksamkeit ist nicht bloß auf das Objekt konzentriert, sondern irgendwie fixiert oder von dem Objekt ergriffen. Das Objekt hält die Person gefangen. Sie ist eher durch dessen Eigentümlichkeiten geleitet als durch ihre eigenen. Ganz allgemein fühlt sich diese Person überwältigt, sie fühlt, daß die Leitung ihrer Gedanken und Willensakte durch sie selbst aufgehoben ist. Wie sollen wir das Paradox verstehen, daß eine Person erhöht und befreit werden kann, indem sie ergriffen, gefangen und überwältigt wird? Warum glauben wir, daß wir das höchste Maß an Selbstverwirklichung erreichen, warum meinen wir, daß wir in bester Verfassung sind, wenn wir – durch Vernunft oder Liebe – uns selbst verloren haben oder vor uns selbst geflohen sind?[2]

Beide, Vernunft und Liebe sind mit Selbstlosigkeit verbunden. Sie unterscheiden sich dadurch, daß die erstere außerdem grundsätzlich *unpersönlich* ist. Der Kern dieses Unterschieds zwischen Vernunft und Liebe besteht nicht darin, daß das, was eine Person liebt, zu weiten Teilen von ihren eigenen besonderen Charakterzügen abhängt, während solche Charakteristika bei der Bestimmung dessen, was diese Person als von der Vernunft gefordert oder von ihr erlaubt betrachtet, keine Rolle spielen. Die Urteile, die eine Person in Bezug auf die Vernunft fällt, sind offenkundig nicht weniger abhängig von kon-

---

2   Wir sind auch empfänglich dafür, von Schönheit und Erhabenheit überwältigt zu werden, und wir machen ähnliche, obwohl vielleicht nicht identische Erfahrungen, wenn wir uns in momentaner Erregung oder in der Arbeit verlieren. Auch diese Erfahrungen sind in der Tendenz befreiend. Andererseits bieten Erfahrungen großer Furcht oder großen Schmerzes Analogien zur Selbstlosigkeit von Vernunft und Liebe, bei denen aber der Verlust des Selbst für gewöhnlich nicht als erfüllend oder befreiend gedeutet wird. Daß dies nur deshalb so ist, weil diese Erfahrungen weniger erfreulich als die der Liebe oder Vernunft sind, scheint unwahrscheinlich. Was diesen Unterschied erklärt ist aber unklar.

tigenten Merkmalen ihrer Natur und ihrer Umstände als irgendwelche anderen Ereignisse in ihrem Leben. Was diese Urteile unpersönlich macht, ist die Tatsache, daß die mit ihnen verbundenen Ansprüche nicht auf die Person beschränkt sind, die sie erhebt. Vielmehr ist darin inbegriffen, daß jeder irrt, der diesen Ansprüchen nicht zustimmt. Eine Liebeserklärung andererseits ist eine persönliche Angelegenheit, weil die Person, die sie macht, sich damit nicht zu der Annahme verpflichtet, daß jemand irgend etwas falsch gemacht hat, der das, was diese Person liebt, nicht ebenfalls liebt.

Nun sind moralische Urteile ebenfalls unpersönlich, und in dieser Hinsicht unterscheidet sich deren Kraft grundsätzlich von jener der volitionalen Nötigung. Auch wenn eine volitionale Nötigung im Zusammenhang mit Handlungen erfolgt, welche die Pflicht gebietet oder verbietet, so leitet sie sich doch nicht von den moralischen Überzeugungen als solchen her, sondern von der Weise, in welcher der Person an bestimmten Dingen gelegen ist. Wenn eine Mutter, die versucht ist, ihr Kind im Stich zu lassen, merkt, daß sie das einfach nicht tun kann, so ist der Grund dafür vermutlich nicht, daß sie um ihre Pflicht weiß (oder auch für ihre Pflicht Sorge trägt). Eher liegt der Grund in der Art und Weise, in der sie sich um das Kind sorgt und um sich selbst als Mutter, als in irgendeiner Erkenntnis ihrerseits, die besagt, daß das Verlassen des Kindes moralisch falsch wäre. Die Konsistenz verlangt von ihr nicht anzunehmen, daß die Handlung, zu der sie sich nicht durchzuringen vermag, entsprechend im Falle jeder anderen Mutter unter ähnlichen Lebensumständen für gleichermaßen unmöglich gehalten werden muß.[3]

Gleichfalls wird eine Person, die feststellt, daß sie sich trotz der Sorge um die Kosten ihrer Loyalität nicht dazu durchringen kann, ein Ideal, dem sie sich gewidmet hat, aufs Spiel zu setzen, wahrscheinlich nicht unmittelbar durch objektive moralische Überlegungen bewogen – auch wenn das in Frage stehende Ideal charakteristisch moralischer Art ist. Nehmen wir an, jemandes Ideal sei es, beim Führen seiner Geschäftsbeziehungen grundehrlich zu sein. Natürlich ist jeder zur Ehrlichkeit verpflichtet, aber daraus folgt nicht, daß jeder die

---

3  Obwohl *Konsistenz* ihr diese Annahme nicht abverlangt, könnten sie und andere diese Annahme mit Bezug auf irgendwelche anderen Gründe vertreten. Selbst wenn es für Mütter nicht moralisch bindend wäre, sich intensiv um ihre Kinder zu sorgen, so könnte eine Mutter, die nicht so handelt, dennoch der Kritik ausgesetzt sein – nicht, daß ihre Einstellung eine Pflicht verletzte, wohl aber, daß sie z. B. »anormal« oder »schändlich« sei und daß die Mutter es an wichtigen menschlichen Qualitäten fehlen lasse.

Pflicht hat, Ehrlichkeit als sein Lebensideal anzustreben – d. h. der Pflicht, ehrlich zu handeln, die vorzügliche Aufmerksamkeit und Wichtigkeit einzuräumen, welche mit dem Engagement für ein Ideal verbunden sind. Die Tatsache, daß eine Person entdeckt, daß sie unmöglich wollen kann, eines ihrer Ideale zu mißachten, darf folglich nicht dem sie betreffenden Bekenntnis zu einer ethischen Forderung gleichgesetzt werden.

Wir unterstehen, insbesondere was die, die wir lieben, und unsere Ideale betrifft, der Bindung durch Notwendigkeiten, die weniger mit unserer Folgebereitschaft den Prinzipien der Moral gegenüber zu tun haben, sondern mehr mit Integrität und Konsistenz von eher persönlicher Natur. Diese Notwendigkeiten hindern uns, die Dinge zu verraten, für die wir am meisten Sorge tragen und mit denen wir uns dementsprechend am stärksten identifizieren. In einem Sinne, den eine strikt ethische Analyse nicht klar zu machen vermag, sind es nicht unsere Pflichten oder Verbindlichkeiten, die uns vom Zuwiderhandeln abhalten, sondern wir selbst.

VI. Die Willensbildung einer Person ist in grundlegendstem Sinne eine Frage dessen, wie sie dazu kommt, für bestimmte Dinge Sorge zu tragen, und wie dazu, für einige von ihnen mehr Sorge zu tragen als für andere. Obwohl diese Prozesse vielleicht nicht vollständig unter der Kontrolle ihres Willens stehen, ist es der Person oftmals trotzdem möglich, sie zu beeinflussen. Sowohl aus diesem Grunde als auch deshalb, weil Menschen generell wissen wollen, was sie von sich zu halten haben, kann sich eine Person tatsächlich um das sorgen, worum sie sich sorgt. Dies führt zu Fragen der Bewertung und Rechtfertigung.

Die Tatsache, daß das, worum sich eine Person kümmert, eine persönliche Angelegenheit ist, hat nicht zur Folge, daß *alles* machbar ist. Es mag immer noch möglich sein, zwischen solchen Dingen zu unterscheiden, die es Wert sind, daß man sich um sie in dem einen oder anderen Maße kümmert, und solchen, die es nicht wert sind. Entsprechend kann es von Nutzen sein, daß man fragt, warum eine Sache die Sorge um sie verdient – d. h. welche Bedingungen erfüllt sein müssen, damit etwas dienlich oder geeignet ist, als Ideal oder Gegenstand der Liebe zu gelten – und wie eine Person sich angesichts der mannigfaltigen Dinge, die ihrer Sorge wert sind, entscheiden soll, um welche von ihnen sie sich zu kümmern hat. Wenngleich Menschen sich berechtigterweise um verschiedene Dinge kümmern können oder in verschiedener Weise um dieselben Dinge, so ist damit sicherlich nicht gemeint, daß die Gegenstände ihrer Liebe und ihre Ideale gegenüber ernster Kritik jeglicher Art völlig immun sind oder daß keine allgemeinen analytischen Prinzipien der Unterscheidung hab-haft gemacht werden können.[4]

Menschen kümmern sich oftmals nicht um bestimmte Dinge, die für sie tatsächlich von Wichtigkeit sind. Vielleicht bemerken sie einfach nicht, daß diese Dinge für sie von solcher Wichtigkeit sind. Wenn aber eine Person sich um eine Sache wirklich kümmert, dann folgt daraus, daß sie ihr von Wichtig-keit ist. Nicht daß Sorge für etwas Tragen irgendwie ein infallibles Urteil über die Bedeutsamkeit der Sorge beinhalten würde. Vielmehr *macht* das Sich-Sor-gen die Sache für die sich sorgende Person bedeutsam.

Natürlich tritt eine Person der Sache, um die sie sich sorgt, keineswegs mit kaltblütiger Gleichgültigkeit entgegen. Anders gesagt, was aus dieser Sache wird, kann der Person, die für sie Sorge trägt, nicht ohne Belang sein, und die Tatsache, daß sie von Belang ist, muß der Person ebenfalls wichtig sein. Das heißt natürlich nicht, daß sie sich deshalb um diese Sache sorgt, weil sie von ihr auf bedeutsame Weise angesprochen wird. Es kann im Gegenteil gut der Fall sein, daß die Person nur aufgrund der Tatsache bereit ist, sich durch sie oder ihretwegen berühren zu lassen, weil sie sich um diese Sache sorgt.

Dies deutet darauf hin, daß das, wofür Menschen Sorge tragen, ihnen not-wendigerweise wichtig ist. Die Tatsache, daß eine Person sich um eine bestimmte Sache oder um einen Menschen sorgt, oder die Tatsache, daß sie sich um sie nicht sorgt, ist für diese Person von besonderer Wichtigkeit. Das heißt, sie ist bereit oder nicht bereit, sich von verschiedenen Umständen in einer Weise berühren zu lassen, die sie für bedeutsam erachtet. Folglich ist die Frage, wofür sie Sorge tragen soll (die so zu verstehen ist, daß sie die andere Frage, ob man sich überhaupt um irgend etwas kümmern solle, einschließt), für diese Person notwendigerweise von Wichtigkeit.

---

4    Eine skeptische Lesart dieser Angelegenheit besteht in der Ansicht, daß wirklich nichts es verdiene, daß man sich um es kümmert. Was immer der sachliche Gehalt dieser Auffas-sung sein mag, es ist von Wichtigkeit, sie nicht mit der radikaleren These zu verwechseln (oder zu vermuten, daß sie mit ihr verbunden ist), die besagt, daß für uns nichts von irgend-welchem Wert sei. Eine Person, die für etwas Sorge trägt, lädt sich, indem sie so handelt, bestimmte Kosten auf, verbunden mit der Mühe, die ihr Engagement erfordert, und der Verletzlichkeit durch Enttäuschung und andere Verluste, die sie sich damit aufbürdet. Ver-möge dieser Kosten ist es möglich, daß eine Sache einer Person wichtig sein kann, ohne wichtig genug zu sein, daß es sich für sie lohnen würde, für diese Sache Sorge zu tragen. Deshalb ist die Ansicht, daß wirklich nichts es verdiene, daß man sich um es kümmert, nur mit jener verbunden, daß nichts von *hinlänglicher* Wichtigkeit sei, um dafür in vernünftiger Weise Sorge zu tragen.

Daraus folgt nicht schon, daß es für eine Person der Mühe wert sein muß, sich um diese Frage zu kümmern. Es kann sein, daß die Frage für sie nicht hir - reichend bedeutsam ist, um sich mit ihr zu beschäftigen. Jedoch folgt mit Sicherheit, daß, falls irgend etwas der Sorge lohnt, die Sorge darum sich lohnen muß, worum man sich sorgen soll. Schwerlich kann beides der Fall sein: daß etwas einer Person so wichtig ist, daß die Sorge um sie ihrer Mühe wert ist, es aber ihrer Mühe nicht wert sein soll, sich darum zu sorgen, ob sie sich um diese Sache sorgt oder nicht.

In jedem Falle gibt es zwei von einander verschiedene (obwohl miteinander verträgliche) Wege, auf welchen etwas einer Person wichtig sein mag. Erstens kann die Bedeutsamkeit, welche die Sache für die Person hat, auf Überlegungen beruhen, die im ganzen unabhängig davon sind, ob sie sich um die fragliche Sache kümmert oder nicht. Zweitens kann ihr die Sache einfach deshalb bedeutsam werden, weil sie sich um sie kümmert. Entsprechend gibt es zwei voneinander verschiedene Arten von Gründen, mit denen eine Person, die glaubt, daß die Sorge um eine bestimmte Sache ihrer Mühe lohnt, versuchen könnte, ihre Ansicht zu rechtfertigen. Sie könnte behaupten, daß für sie die Sache aus sich selbst heraus von Wichtigkeit und sie aus diesem Grunde der Sorge wert ist. Oder sie könnte, ganz und gar ohne vorauszusetzen, daß die Sache von vornherein für sie bedeutsam ist, darauf bestehen, daß sie berechtigt ist, sich um sie zu sorgen, weil ihr allein die Sorge um sie wichtig ist.

Natürlich wollen die Menschen, daß die Dinge, um die sie sich sorgen, bis zu einem bestimmten Maße mit jenen übereinstimmen, die ihnen eigenständig oder von vornherein bedeutsam sind. Folglich beginnt eine Person sich oftmals dann um etwas zu kümmern, wenn sie dessen Fähigkeit bemerkt, sie in wesentlicher Hinsicht zu berühren; sie hört auf, sich mit ihm zu beschäftigen, wenn sie entdeckt, daß es jener Fähigkeit ermangelt; und sie wird sich dafür kritisieren, sich zu sehr oder zu wenig um Dinge zu kümmern, deren Bedeutung für sie von ihr falsch eingeschätzt wurde. Erklärt sich jedoch die Bedeutung, die eine bestimmte Sache für eine Person hat, allein aus der Tatsache, daß sie für diese Angelegenheit Sorge trägt, dann kann allein diese Tatsache einfach keinen brauchbaren Maßstab hinsichtlich des Grades liefern, bis zu dem die Sorge für sie gerechtfertigt ist.

In solchen Fällen kann die entscheidende Frage nicht darin bestehen, ob das Objekt der Person hinreichend bedeutsam ist, um ihre Sorge um es zu rechtfertigen. Statt dessen ist zu fragen, ob die Person berechtigt ist, die Sache, indem sie sich darum kümmert, sich bedeutsam zu *machen*. Nun besteht die einzige Möglichkeit der Rechtfertigung dieser Tätigkeit in der Bedeutsamkeit der

Tätigkeit des Sich-Sorgens als solchem. Offensichtlich *sind* die Arten des Betroffenseins, der Hingabe und Liebe uns ganz unabhängig davon wichtig, welche vorausgehenden Fähigkeiten, uns zu affizieren das, wofür wir Sorge tragen, auch immer haben mag. Dies ist nicht spezifisch deshalb der Fall, weil das für etwas Sorge tragen uns für bestimmte zusätzliche Freuden und Enttäuschungen empfänglich machte, sondern wesentlich deshalb, weil es dazu dient, uns aktiv und auf solchen Wegen mit unserem Leben zu verbinden, die für uns kreativ sind und uns charakteristischen Möglichkeiten der Nötigung und Freiheit aussetzen.

Ein schwerwiegendes Mißverständnis wäre es, würde man glauben, daß die Wichtigkeit, die ein Objekt für jemanden hat, nicht völlig authentisch ist, es sei denn, die Wichtigkeit ist von der Sorge um das Objekt unabhängig. Betrachten wir die Tatsache, daß viele der Menschen, für die wir am meisten Sorge tragen, uns nicht in bedeutsamer Weise berühren würden, falls wir uns nicht um sie kümmerten. Schwerlich kann das heißen, daß sie uns nicht wirklich wichtig sind. Sicherlich kann es sich unter bestimmten Umständen herausstellen, daß einer Sache wirkliche Bedeutsamkeit für jemanden fehlt, trotz der Tatsache, daß er sich darum sorgt. Aber wenn unter diesen Umständen die Bedeutsamkeit eines Gegenstands nicht gänzlich authentisch ist, dann nicht aufgrund der Tatsache, daß sich die Person um den Gegenstand sorgt.

Nehmen wir zum Beispiel an, eine Person sorge sich darum, den Tritt auf die Spalten des Fußwegs zu vermeiden. Zweifellos macht diese Person, indem sie sich darum sorgt, irgendeinen Fehler. Aber ihr Fehler besteht nicht darin, daß sie sich um etwas sorgt, das ihr nicht wirklich wichtig wäre. Der Fehler besteht vielmehr darin, sich um etwas zu kümmern und es dadurch mit genuiner Bedeutsamkeit zu erfüllen, das der Sorge nicht wert ist. Der Grund dafür, daß es der Sorge nicht wert ist, scheint klar: Es ist für die Person nicht wichtig, dem Ausweichmanöver Wichtigkeit beizumessen. Aber wir müssen noch besser verstehen, warum das so ist – d. h. welche Bedingungen erfüllt sein müssen, wenn es für uns wichtig sein soll, etwas für uns bedeutsam zu machen, das andernfalls nicht diese Bedeutsamkeit hätte.

Auch wenn die Rechtfertigung des Sich-um-etwas-Sorgens eher auf der Wichtigkeit des Sich-Sorgens selbst beruht, als von der vorhergehenden Bedeutsamkeit ihres Gegenstands abgeleitet zu sein, so ist doch die Wahl des Gegenstands nicht belanglos oder willkürlich. Einer theologischen Doktrin entsprechend wird die göttliche Liebe in der Tat ohne Rücksicht auf den Charakter oder den vorhergehenden Wert ihrer Gegenstände verliehen. Dieser Ansicht zufolge ist es das Wesen Gottes zu lieben, und Gott liebt folglich alles, ungeachtet irgendwelcher ihm äußerlichen Erwägungen. Seine Liebe ist völlig eigenmächtig und unmotiviert – absolut souverän und in keiner Weise durch den Wert ihrer Gegenstände bedingt.[5] Vielleicht ist es nur einem allmächtigen Wesen möglich – dem nichts im voraus bedeutsam ist –, völlig frei und ohne Bedingungen und Beschränkungen irgendwelcher Art zu lieben. Jedenfalls ist die Befähigung zu völlig unbedingter Liebe in keinem Falle ein Wesensmerkmal unserer endlichen Natur.

Warum also mißt eine Person dem einen statt dem anderen Gegenstand Wichtigkeit zu? Der Grund scheint in der Tatsache zu liegen, daß es ihr *möglich* ist, für den einen zu sorgen und nicht für den anderen, oder für den einen auf eine Weise zu sorgen, die ihr bedeutungsvoller ist, als die Weise, auf der ihr die Sorge um den anderen möglich ist. Wenn eine Person sich etwas bedeutsam macht, so ähnelt die Situation zumindest in einer bestimmten Hinsicht einem Fall der göttlichen *Agape*. Die Person trägt nicht deshalb Sorge für den Gegenstand, weil dessen Wert von ihr so zu handeln verlangt. Andererseits verlangt der Wert der Tätigkeit des Sich-Sorgens, daß sie einen Gegenstand wählt, um den zu sorgen sie fähig sein wird.

---

5  Vgl. Anders Nygren, Agape and Eros, New York 1969, 75–81, 91–95.

# Identifikation und ungeteilter Wille*

I.  Der Ausdruck »Geist-Körper-Problem« ist eine derart feststehende Rede-
wendung und seine Rolle im philosophischen Diskurs ist in einem solchen
Maße etabliert, daß es einfach töricht wäre, sich seinem Gebrauch zu widersetzen. Dennoch, sein Gebrauch *ist* ziemlich anachronistisch. Das bekannte Problem, auf welches die Wendung Bezug nimmt, betrifft die Beziehung zwischen
dem Körper eines Lebewesens und der Tatsache, daß das Lebewesen Bewußtsein hat. Folglich würde »Bewußtsein-Körper-Problem« ein geeigneterer
Name sein. Denn es ist nicht mehr plausibel, die Sphäre bewußter Phänomene
mit der Sphäre des Geistes gleichzusetzen, wie es Descartes getan hatte. Dies
ist nicht nur deshalb nicht mehr möglich, weil die Psychoanalyse den Begriff
unbewußter Gefühle und Gedanken zwingend gemacht hat. Andere führende
psychologische Theorien haben es ebenfalls für zweckdienlich erachtet, den
Unterschied zwischen dem Geistigen und Nichtgeistigen als weit umfassender
zu verstehen als jenen, der zwischen Sachlagen besteht, in welchen Bewußtsein
vorliegt, und solchen, in welchen es nicht vorliegt.

So waren zum Beispiel sowohl William James als auch Jean Piaget geneigt,
Seelenleben als ein Merkmal aller Lebewesen zu betrachten. James versteht das
Vorhandensein seelischen Lebens im wesentlichen als eine Frage intelligenten
und zielorientierten Verhaltens, das er einem Verhalten gegenüberstellt, das
nur mechanisch ist: »*Die Verfolgung zukünftiger Ziele und die Wahl von Mitteln zu
ihrer Erlangung sind Zeichen und Kriterium dafür, daß Seelenleben* in einem Phänomen vorliegt. Wir alle benutzen diesen Test, um zwischen einem intelligen-

---

*  Der Titel lautet im Original »Identification and Wholeheartedness«. Der Terminus
»wholeheartedness«/ »wholehearted« hat mehrere Bedeutungsebenen. Er kann bedeuten,
daß jemand aus oder von ganzem Herzen etwas tut, daß er aufrichtig und ernsthaft ist und –
drittens – in dem, was er tut, rückhaltlos handelt, ungeteilt der Überzeugung ist, so und so
handeln zu sollen. Der Autor hat wesentlich den dritten Bedeutungsaspekt im Sinn, weshalb
»wholehearted« hier mit »ungeteilt« wiedergegeben wird. Auf die Übersetzung »aus
ganzem Herzen« wurde nur dort zurückgegriffen, wo sich dies, ohne Mißverständnisse zu
erregen, machen ließ. Die Gründe dafür, »wholeheartedness« mit »ungeteilter Wille« zu
übersetzen, erschließen sich aus dem Gang der Argumentation. (Anm. d. Übers.)

ten und einem mechanischen Vollzug zu unterscheiden.«[1] Ähnlich, jedoch mit
noch stärkerem Nachdruck versteht Piaget den Unterschied zwischen Geistigem und Nichtgeistigem im Sinne von Zweckgerichtetheit: »Nach meiner
Überzeugung gibt es zwischen Lebendigem und Geistigem, zwischen Biologie
und Psychologie keine Trennlinie ... Psychologie (ist) nicht einfach die
Wissenschaft vom Bewußtsein, sondern die vom Verhalten im allgemeinen ...
(Psychologie beginnt, wenn) der Organismus auf äußere Situationen bezogen
ein Verhalten zeigt und Probleme löst.«[2]

Einflußreiche Gedankenströmungen entfernen sich also von der Annahme,
daß bewußt zu sein wesentlich für das Seelenleben ist. Der psychoanalytische
um den Einschluß unbewußter Phänomene erweiterte Geist-Begriff verlangt
natürlich eigentlich nicht, Lebewesen Geist zuzuschreiben, die des Bewußtseins völlig *unfähig* sind. Andererseits haben die Konzepte von James und Piaget wirklich zur Folge, daß das Leben einer riesengroßen Anzahl von Lebewesen – nicht nur von Tieren, sondern auch von Pflanzen, die überhaupt keine
bewußte Erfahrung besitzen – durch Seelisches charakterisiert ist.[3]

Was ist nun dieses Bewußtsein, das sich von Geistigem unterscheidet und
von dem wir glauben, daß es im allgemeinen menschlichen Wesen und den
Angehörigen bestimmter, relativ hochentwickelter Tierarten eigentümlich ist?
Anthony Kenny äußert die folgende Ansicht: »Ich glaube, daß Bewußtsein ...
eine Frage des Besitzes bestimmter Befähigungen ist. Bewußt zu sein heißt zum
Beispiel, sehen und hören zu können. Ob jemand sehen oder hören kann, ist
eine Frage dessen, ob er zwischen verschiedenen Dingen zu unterscheiden vermag, und ob er zwischen verschiedenen Dingen unterscheiden kann ist etwas,
das wir sowohl auf einfachen alltäglichen als auch auf komplizierten experi-
mentellen Wegen prüfen können.«[4]

Kenny meint, daß bewußt zu sein die Fähigkeit bedeutet, Unterscheidungen treffen zu können. Aber was heißt es zu unterscheiden? Es scheint, daß
zwischen zwei Dingen zu unterscheiden im grundsätzlichsten Sinne eine Frage
der unterschiedlicher Affektion durch eines der beiden Dinge ist. Wenn mein
Bewußtseinszustand ungeachtet dessen, ob ein bestimmtes Merkmal in meiner
Umwelt vorkommt oder nicht, genau der gleiche bleibt, dann unterscheide ich

1   William James, The Principles of Psychology I, Cambridge 1983, 21.
2   Jean-Claude Bringuier, Jean Piaget. Im allgemeinen werde ich falsch verstanden, Ham-
burg 1996, 24 f., 27.
3   Piaget selber führt das Verhalten von Sonnenblumen als Hinweis auf Geistiges an.
4   Anthony Kenny u. a., The Nature of Mind, Edinburgh 1972, 43.

nicht zwischen dem Vorliegen und der Abwesenheit dieses Merkmals. Ändert sich dem Vorliegen oder der Abwesenheit des Merkmals entsprechend, mein Bewußtseinszustand tatsächlich, so handelt es sich dabei um eine Form des Unterscheidens zwischen seinem Vorkommen und seiner Abwesenheit. Klänge, Farben, Temperaturen und ähnliches zu unterscheiden heißt – im allgemeinsten Sinne – einfach, auf diese unterschiedlich zu reagieren.

In der Tat scheint es unbestreitbar, daß das Unterscheidungsvermögen ein zentrales Moment des Bewußtseins ist: Sehen beinhaltet notwendigerweise, auf Farbunterschiede zu reagieren; Hören die Reaktion auf Unterschiede des Klanges und so weiter. Keinesfalls aber erfaßt dies wirklich, was wir für gewöhnlich unter Bewußtsein verstehen. Der übliche Weg, den Zustand des bei- Bewußtsein- Seins zu identifizieren besteht darin, ihn mit dem Zustand der Bewußtlosigkeit zu vergleichen – und eine Art der Bewußtlosigkeit ist der Schlaf. Aber auch wenn Tiere schlafen, reagieren sie auf visuelle, auditive, taktile und andere Stimuli. Andernfalls würde es schwierig sein, sie aufzuwecken. Sicherlich ist der Spielraum ihrer Reaktionen während des Schlafes geringer als im Zustand ihres Wachseins. Sie ermangeln jedoch während des Schlafes nicht völlig der Fähigkeit, Unterscheidungen zu treffen, und Kenny kann sie deshalb in diesem Zeitraum nicht für ganz und gar bewußtlos halten.

Nun könnte es aus guten Gründen akzeptabel sein, Schlaf mit einem bestimmten Grad von Bewußtsein für vereinbar zu halten, der niedriger als jener der Wachheit ist, aber über dem Nullpunkt liegt. Der von Kenny vorgeschlagenen Ansicht zufolge sind es jedoch nicht nur schlafende Tiere, denen Bewußtsein zukommt, sondern alles Mögliche in der Welt. Letztlich gibt es keine Entität, die nicht dafür empfänglich wäre, auf unterschiedliche Weise durch irgend etwas affiziert zu werden. Versteht man den Begriff des Bewußtseins bloß in dem sehr allgemeinen und einfachen Sinn, dem ihm durch Kennys Erklärung gegeben wird, dann ist ein Stück Metall in dem Grade der Umgebungstemperatur bewußt, in dem es mit dem Temperaturwechsel heißer und kälter wird, sich ausdehnt und zusammenzieht. So verstanden ist Bewußtsein ein Zustand, der offensichtlich nicht dem Zustand der Bewußtlosigkeit kontrastiert – wenn wir Bewußtlosigkeit als etwas fassen, daß wir für gewöhnlich denen zuschreiben, die tief schlafen, anästhesiert sind oder sich im Koma befinden. Vielmehr ist der dem Bewußtsein in diesem Sinne kontrastierende Zustand der kausaler Isolation.

Bewußtsein im alltäglichen Sinne kann folglich nicht ausschließlich eine Frage der Unterscheidung sein, weil alle Arten unterscheidender Reaktionen sozusagen im Verborgenen geschehen können. Man könnte vielleicht diese

Schwierigkeit vermeiden, indem man sagt, daß Bewußtsein die Fähigkeit zu
*bewußter* Unterscheidung ist. Das würde jedoch nichts ändern. Jedenfalls
möchte ich ein anderes, vom Unterscheidungsvermögen verschiedenes und den
gewöhnlichen Bewußtsein wesentliches Merkmal in Erwägung ziehen: *Reflexi-*
*vität*. Bewußt zu sein beinhaltet notwendigerweise nicht nur sich voneinander
unterscheidende Reaktionen auf Stimuli, sondern ein Bewußtsein diesen Reaktionen gegenüber. Wenn ich an einem heißen Tag wach bin, so läßt die Hitze die
Temperatur meiner Haut steigen, sie läßt auch die Oberflächentemperatur eines
Metallstücks steigen. Beide, das Metall und ich, reagieren auf die Hitze, und in
diesem Sinne sind wir beide uns dessen bewußt. Aber ich bin mir auch meiner
Reaktion bewußt, während dies für das Metall nicht gilt. Der Temperaturanstieg
meiner Haut ist selbst etwas, das ich unterscheide, und dies ist dem Modus des
bewußten Seins wesentlich, der darin besteht, Wärme zu fühlen.

Die Tatsache, daß ein Lebewesen auf seine eigenen Reaktionen reagiert, hat
natürlich nicht zur Folge, daß es bewußt ist. Selbstverständlich kann es der Fall
sein, daß die zweite Reaktion nicht bewußter ist als die erste. Wenn man folglich dem Unterscheiden die Reflexivität hinzufügt, so erklärt das nicht, wie
Bewußtsein entsteht oder worin Bewußtsein und Bewußtlosigkeit voneinander
verschieden sind. Dennoch, bewußt zu sein hat im alltägliche Sinne genommen
(anders als Bewußtlosigkeit) wirklich Reflexivität zur Folge: Es beinhaltet notwendigerweise eine zweite Aufmerksamkeit der ersten Reaktion. Ein Fall ausschließlich primären und unreflektierten Bewußtseins würde überhaupt kein
Fall dessen sein, was wir normalerweise unter Bewußtsein verstehen. Denn was
wäre das Bewußtsein von etwas, ohne sich dieses Bewußtseins bewußt zu sein?
Es würde eine Erfahrung ohne jegliches Bewußtsein ihres Vorkommens bedeuten. Dies wäre exakt ein Fall bewußtloser Erfahrung. Folglich scheint es, daß
bewußt zu sein identisch damit ist, selbstbewußt zu sein. Bewußtsein *ist* Selbstbewußtsein.[5]

Die Behauptung, daß waches Bewußtsein Selbstbewußtsein ist, interpretiert
Bewußtsein nicht als ausnahmslos gedoppelt in dem Sinn, daß jeder Fall von

---

5   Worauf ich mich hier mit »Selbst-Bewußtsein« beziehe, ist weder das Bewußtsein seines
Selbst – eines Subjekts oder Ichs – noch das Bewußtsein davon, daß Aufmerksamkeit (aware-
ness) vorliegt. Beides erfordert rationale Kapazitäten jenseits dessen, was für das Auftreten
von Bewußtsein scheinbar notwendig ist. Die in Frage stehende Reflexivität meint einfach
die Aufmerksamkeit des Bewußtseins es selbst betreffend. Bewußt einen Klang zu hören
beinhaltet, anders als auf ihn unbewußt zu reagieren, auf das Hören des Klangs oder den
Klang als gehörten Klang aufmerksam zu sein.

Bewußtsein sowohl eine primäre Aufmerksamkeit beinhaltet als auch einen anderen Fall von Bewußtsein, der irgendwie von dem ersten unterschieden und trennbar ist und den ersten als sein Objekt hat. Das würde die Gefahr einer unerträglichen Vermehrung von Bewußtseinsinstanzen ins Unendliche heraufbeschwören. Vielmehr ist das fragliche Selbstbewußtsein eine Art *immanente Reflexivität*, vermöge deren jeder Fall von Bewußtsein nicht nur das, worauf es aufmerksam ist, begreift, sondern auch dessen Aufmerksamkeit. Es ist einer Lichtquelle ähnlich, die zuzüglich zur Beleuchtung all der anderen Dinge, die in ihren Kegel fallen, auch sich selbst sichtbar macht.

II. Es ist ein rätselhaftes Problem, *wozu* Bewußtsein da ist. Darüber hinaus ist gleichfalls rätselhaft, warum die Funktion des Bewußtseins so rätselhaft bleiben sollte. Es scheint seltsam, daß wir trotz der allgemeinen Verbreitung von Bewußtsein und trotz dessen, daß wir mit ihm in unserem Leben vertraut sind, daran zweifeln, auf welche Weise (falls überhaupt) es uns wirklich unentbehrlich ist.[6] Wie immer dem auch sei, die Bedeutsamkeit von Reflexivität für jene, in deren Leben sie vorkommt, ist ohne weiteres offenbar. Das Vermögen eines Lebewesens, seine eigene Lage zu empfinden – ob durch die Innerlichkeit oder immanente Reflexivität des wachen Bewußtseins oder aber durch eine weniger verwirrende Art sekundärer Empfänglichkeit – ist für zielgerichtetes Verhalten wesentlich.

Das Metall ändert sich in keiner zielgerichteten Weise, wenn es heiß wird. Andererseits wendet sich eine Sonnenblume unter bestimmten Bedingungen zum Licht. Sowohl das Metall als auch die Sonnenblume reagieren auf das, was um sie herum passiert. Beide werden durch Umweltstimuli affiziert und unterscheiden diese folglich. Anders als das Metall aber trifft die Sonnenblume

6   So sagt der Nobelpreisträger und Physiologe John Eccles: »Als Neurophysiologe möchte ich die Frage stellen, warum wir überhaupt Bewußtsein haben müssen. Im Prinzip können wir alle unsere input-output-Leistungen in Begriffen von Aktivität und neuronalen Kreisläufen erklären. Bewußtsein scheint folglich absolut überflüssig zu sein. Natürlich glaube ich diese Geschichte nicht; aber gleichzeitig kenne ich nicht ihre logische Antwort. Beim Versuch der Beantwortung der Frage, warum wir bewußt sein sollen, kann sicherlich nicht als selbstverständlich angenommen werden, daß Bewußtsein eine notwendige Voraussetzung für solche Leistungen wie logische Argumentation oder Beweisführung oder auch für Initiative und schöpferische Aktivität ist.« (Brain and Conscious Experience, hg. v. John Eccles, Heidelberg/Berlin/New York 1966, 248) Vielleicht ist, obwohl Eccles dies anzuerkennen zögert, die Innerlichkeit menschlichen Lebens eine ontologische Absurdität – etwas, das sich selbst für enorm wichtig hält, aber in Wirklichkeit keine bedeutende Rolle spielt.

sowohl Unterscheidungen zweiter Ordnung als auch solche primärer Art. Dies
trägt wesentlich dazu bei, sie zu zielgerichtetem Wandel zu befähigen. Dem
Metall fehlt diese Fähigkeit, weil es seinen eigenen Reaktionen gegenüber emp-
findungslos ist – das heißt, es ist gegenüber dem, was mit ihm geschieht, unemp-
fänglich oder indifferent. Ein Lebewesen, das von sekundärer Reaktivität in
Anspruch genommen ist, überwacht seine eigene Lage. In diesem Maße ist es
dem Lebewesen möglich oder eher möglich, etwas an seiner Lage zu ändern.
Somit kommt der Reflexivität, genau wie dem Handeln selbst, auf Grund
der Gefährdungen der Existenz eine Bedeutung zu. Sie ermöglicht es einem
Lebewesen, auf den Umstand zu reagieren, daß seine Interessen in widriger
Weise affiziert werden. Dies macht Reflexivität zu einer unverzichtbaren Voraussetzung für ein Verhalten, das darauf angelegt ist, Umstände zu vermeiden
oder zu bessern, in denen ein Konflikt zwischen den Interessen eines Lebewesens und Kräften besteht, die sie gefährden oder unterminieren.

Außerdem gibt es eine weitere Art von Reflexivität oder Selbstbewußtsein,
das ähnlich verständlich zu sein scheint wie jene, die in grundsätzlicher Weise
auf Konflikt und Risiko reagiert. Daß wir Sorge dafür tragen, wer wir sind, ist
eine hervorstechende Eigenschaft menschlicher Wesen, eine Eigenschaft, die
unser Leben auf schwer verständlichen und zahllosen Wegen berührt. Dies steht
sowohl als Ursache als auch als Wirkung in engem Zusammenhang damit, daß
uns in beträchtlichem Maße beschäftigt, was andere Menschen über uns denken.
Wir sind uns unaufhörlich der Gefahr von Unstimmigkeiten bewußt, die zwischen dem, was wir zu sein wünschen (oder dem, was wir zu scheinen wünschen),
besteht und dem, wie wir wirklich anderen und uns gegenüber erscheinen.

Insbesondere sind wir mit unseren eigenen Motiven befaßt. Für uns ist es
von großer Bedeutung, ob uns die Wünsche, von denen wir so zu handeln veranlaßt werden, wie wir handeln, deshalb motivieren, weil wir wünschen, daß sie
uns zu bewegen wirksam sein mögen, oder ob sie uns ohne Rücksicht auf uns
oder sogar uns zuwider bewegen. In den letzteren Fällen werden wir veranlaßt,
so zu handeln, wie wir handeln, ohne aufrichtig zu wünschen, derart motiviert
zu sein, wie wir es sind. Unser Herz ist bestenfalls entzwei, und es kann sogar
sein, daß es bei dem, was wir tun, überhaupt nicht beteiligt ist.

Darüber hinaus heißt dies, daß wir hinsichtlich der von uns ausgeführten
Handlung bis zu einem bestimmten Maße passiv sind. Denn vermöge der Tatsache, daß wir nicht unzweideutig unsere eigenen Motive billigen oder unterstützen, kann mit Recht gesagt werden, daß das, was wir wünschen – das Objekt
unseres motivierenden Wunsches nämlich und der Wunsch selber –, in einem
bestimmten alltäglichen Sinne nicht das ist, was wir *wirklich* wünschen. Obwohl

es sein kann, daß wir unsere Handlung der motivierenden Kraft unseres eigenen Wunsches wegen ausführen, ist es dennoch auch wahr, daß wir durch etwas anderes als das, was wir wirklich wünschen, zum Handeln veranlaßt werden. In diesem Falle sind wir hinsichtlich dessen, was uns antreibt, in einer bestimmten Weise passiv, so wie wir immer passiv sind, wenn wir durch eine Kraft getrieben werden, die nicht völlig unsere eigene ist.

Einem menschlichen Wesen ist es manchmal und vielleicht sogar immer möglich, gegenüber den eigenen Motiven gleichgültig zu sein – keine bewertende Stellung gegenüber den Wünschen einzunehmen, die es zu handeln veranlassen. Wenn ein Konflikt zwischen diesen Wünschen besteht, wird es sich nicht darum kümmern, welcher von ihnen sich als der nutzbringendere erweist. Das Individuum beteiligt sich, anders gesagt, nicht an dem Konflikt. Folglich kann der Ausgang des Konflikts für es weder ein Sieg noch eine Niederlage sein. Weil es keine Autorität ausübt, durch deren Billigung oder Einverständnis bestimmte seiner Wünsche besondere Rechtfertigung erfahren oder in besonderer Weise konstitutiv für es selbst sein könnten, sind die vom Fluß und Zusammenprall seiner Gefühle und Wünsche hervorgebrachten Handlungen einfach triebhaft (wanton).

III. Was ist nun die glaubwürdigste und klarste Auffassung dieser Reihe von Phänomenen? Ich gebe einem Modell den Vorzug, das Stufen der Reflexivität oder des Selbstbewußtseins beinhaltet. Diesem Schema entsprechend sind auf der untersten Stufe Wünsche erster Ordnung, diese oder jene Handlung auszuführen. Ganz gleich, welcher dieser Wünsche erster Ordnung wirklich zum Handeln führt, er ist kraft dieser Wirksamkeit der bestimmte Wille des Individuums, dessen Wunsch er ist. Darüber hinaus ist es für Menschen bezeichnend, Wünsche zweiter Ordnung zu besitzen, die damit zu tun haben, welche Wünsche erster Ordnung sie haben wollen, und sie besitzen Willensakte zweiter Ordnung hinsichtlich der Frage, von welchem Wunsch erster Ordnung sie möchten, daß er ihr Wille sei. Auch mag es Wünsche und Willensakte höherer Ordnungen geben.

Dies legt nahe, zwischen zwei Arten zu unterscheiden, auf welchen die volitionalen Aspekte eines Menschenlebens radikal entzweit oder inkonsistent sein können. Erstens kann ein Konflikt zwischen dem Wunsch bestehen, wie jemand motiviert werden möchte, und jenem, durch den er tatsächlich am stärksten bewegt wird. Ein Beispiel dieser Art inneren Konflikts liefert die Situation einer Person, die nicht rauchen möchte – das heißt, sie möchte, daß der Wunsch, nicht zu rauchen, ihr Verhalten effektiv motiviere –, deren Wunsch nach einer Zigarette sich aber als so stark erweist, daß er ihr Wille wird – trotz der Tatsache, daß die Person es nicht vorzieht, so zu handeln, und sogar dagegen ankämpft. Hier besteht ein Mangel an Konsistenz oder Harmonie zwischen ihrem Willensakt höherer Ordnung oder ihrer Präferenz die Frage betreffend, welchem ihrer Wünsche sie letztlich Wirksamkeit verschaffen möchte, und dem Wunsch erster Ordnung, der sie in Wirklichkeit effektiv zu handeln veranlaßt. Weil der vorherrschende Wunsch einer ist, dessen Vollzug sie nicht den Vorrang geben möchte, hat die innerliche Entzweiung die Unfähigkeit der Person zur Folge, das zu tun, was sie wirklich zu tun wünscht. Ihr Wille ist nicht unter ihrer Kontrolle. Der Wille ist nicht jener, den sie zu haben wünscht, sondern einer, der ihr durch eine Kraft aufgedrängt wird, mit der sie sich nicht identifiziert und der ihr in diesem Sinne äußerlich ist.

Eine andere Art innerer Entzweiung tritt ein, wenn innerhalb des Bereichs der Willensakte höherer Ordnung der Person selbst ein Mangel an Konsistenz besteht. Hier ist nicht die Beziehung zwischen Willensakten und Wille von Belang. Es ist keine Frage der Willensstärke, sondern die Frage, ob die einen volitionalen Streitfall betreffenden Präferenzen höchster Ordnung *ungeteilt* (wholehearted) sind. Es geht darum, daß es möglicherweise keine unzweideutige Antwort auf die Frage gibt, was die Person wirklich möchte, selbst wenn ihre Wünsche eine komplexe und umfassende hierarchische Struktur bilden sollten. Möglicherweise gibt es keine unzweideutige Antwort, weil die Person hinsichtlich des Gegenstands, den zu wünschen ihr am nächsten liegt, *ambivalent* ist, anders gesagt, weil sie dieses Objekt betreffend nicht nur angezogen, sondern auch abgestoßen wird. Oder es könnte deshalb keine unzweideutige Antwort geben, weil die Präferenzen der Person, die das betreffen, was sie will, nicht völlig integriert sind, so daß zwischen ihnen eine (vielleicht noch nicht manifeste) *Inkohärenz* oder ein *Konflikt* besteht.

Die Inkohärenz erster Art ( welche den Raucher plagt) könnte man als eine solche charakterisieren, die *zwischen* dem besteht, was die Person wirklich möchte, und anderen Wünschen – wie dem abgelehnten aber dennoch unabwendbar überwiegenden Wunsch zu rauchen –, die dem volitionalen Komplex gegenüber, mit dem sich die Person identifiziert und von welchem sie ihr Verhalten bestimmt sehen möchte, *äußerlich* sind. Die zweite Art Inkohärenz besteht *innerhalb* dieses volitionalen Komplexes. Ist ihr Wille nicht ungeteilt, so ist die Person nicht nur in Konflikt mit Kräften »außerhalb« ihrer, sondern sie selbst ist entzweit.

Ein Vorzug dieses Modells besteht darin, daß es einen passablen Weg der Erklärung eröffnet, wie – z. B. im Falle des widerwilligen Rauchers – Passivität oder beeinträchtigte Autonomie der Kraft dessen geschuldet sein kann, was in einem grundsätzlich buchstäblichen Sinne die dem Individuum eigenen Wünsche sind. Das Modell eignet sich in ziemlich klarer Weise auch dazu, eine Reihe von Konzepten zu verdeutlichen und zu explizieren, die strukturelle Merkmale des Geistes betreffen (Willensschwäche z. B., Ich-Ideal und so weiter). Aber die dem Modell hauptsächliche Vorstellung einer Hierarchie von Wünschen scheint seinem Ziel nicht völlig angemessen. Wenn man auf die Ressourcen dieser Vorstellung allein zurückgreift, ist es nämlich scheinbar unmöglich zu erklären, in welcher Weise ein Individuum mit Wünschen oder Willensakten zweiter Ordnung hinsichtlich *dieser* weniger triebhaft (wanton) sein kann, als ein völlig unreflektiertes Wesen in Hinblick auf seine Wünsche erster Ordnung.[7]

Jemand tut das, was er *wirklich* tun *möchte*, nur dann, wenn er in Übereinstimmung mit einem angemessenen Willensakt höherer Ordnung handelt. Aber diese Bedingung würde nicht hinreichend sein, wenn nicht der Willensakt höherer Ordnung *selbst* einer wäre, von dem die Person bestimmt zu werden *wirklich wünschte*. Nun ist es ziemlich klar, daß dieser Forderung nicht einfach dadurch genüge getan werden kann, daß man auf der nächst höheren Stufe einen *anderen* Wunsch oder Willensakt einführt. Dies würde zu einem Regreß führen, den an irgendeinem bestimmten Punkt zu beenden ziemlich willkürlich wäre. Die Schwierigkeit betrifft beide Typen volitionaler Inkohärenz, die ich unterschieden habe. Eine Charakterisierung jedes der beiden Typen der Inkohärenz erfordert, einige der Wünsche der Person als in einer Weise ihr wesenseigen aufzufassen, in welcher dies andere nicht sind. Dennoch ist nicht klar, wie man den Unterschied erklären kann, der zwischen volitionalen Elementen besteht, die einer Person wesenseigen sind, und jenen, die in einem relevanten Sinne ihr äußerlich bleiben.

Die bloße Tatsache, daß ein Wunsch auf einer höheren Stufe in der Hierarchie als ein anderer steht, scheint einfach nicht ausreichend dafür, ihn mit größe-

---

7   Der Begriff der Reflexivität scheint mir bei der Beschäftigung mit den gegebenen Phänomenen viel grundsätzlicher und unverzichtbarer zu sein, als der einer Hierarchie. Mir ist andererseits nicht klar, ob eine angemessene Bestimmung von Reflexivität ohne Rückgriff auf die Vorstellung einer hierarchischen Ordnung möglich ist. Obwohl die Erklärung volitionalen Lebens im Sinne einer Hierarchie von Wünschen ein wenig gekünstelt zu sein scheint, sind m.E. die Alternativen – wie die von Gary Watson in: Free Agency, in: Journal of Philosophy, 1975 vorgeschlagene – noch unbefriedigender. Sie sind unklarer, nicht weniger phantastisch und erfordern (wie ich befürchte) letztlich selbst einen Rückgriff auf den Hierarchiebegriff.

rer Autorität oder irgendeiner konstitutiven Legitimität auszustatten. Die Zuweisung von Wünschen zu verschiedenen hierarchischen Stufen liefert, anders gesagt, selbst keine Erklärung dafür, was es für jemanden bedeutet, mit einem seiner eigenen Wünsche statt mit einem anderen *identifiziert* zu werden. Sie macht nicht deutlich, warum es angemessen sein sollte, eine Person als Teilnehmer eines in ihr selbst bestehenden Konflikts zwischen Willensakten zweiter Ordnung und Wünschen erster Ordnung zu verstehen, folglich als in der Gefahr stehend, von ihren eigenen Wünschen besiegt zu werden – wo doch ein Triebhafter (Wanton) nicht als authentischer Teilnehmer eines in ihm selbst bestehenden Konflikts zwischen Wünschen, deren jeder erster Ordnung ist, verstanden werden darf (oder als jemand, der irgendein Interesse am Ausgang dieses Konflikts nimmt). Gary Watson hat dieses Problem kurz und knapp formuliert:»Weil Willensakte zweiter Ordnung selber nur Wünsche sind, bedeutet ihr Hinzurechnung zum Konfliktzusammenhang einfach, die Anzahl der Konkurrenten zu erhöhen; sie bedeutet nicht, jedem der am Streit beteiligten Wünsche einen besonderen Platz zuzuweisen.«[8] Es scheint, daß das hierarchische Modell als solches dieser Schwierigkeit nicht gewachsen ist. Es eröffnet uns lediglich die Möglichkeit, einen inneren Konflikt zwischen Wünschen verschiedener Ordnung zu beschreiben. Dies allein aber dürfte kaum angemessen sein, hinsichtlich dieses Konflikts festzustellen, wo die Person – wenn überhaupt irgendwo – bleibt.[9]

Vor einiger Zeit habe ich in der folgenden Passage versucht, mich mit diesem Problem zu befassen:»Wenn sich eine Person *entschlossen* mit einem ihrer Wünsche der ersten Stufe identifiziert, dann ›durchhallt‹ diese Bindung der ganzen potentiell endlosen Raum höherer Stufen ... Daß ihre Volition zweiter Stufe, von diesem Wunsch bewegt zu werden, entschlossen ist, heißt, daß kein Raum für die Frage ist, ob Wünsche oder Volitionen höherer Stufe irgend von Belang sind ... Die Entschiedenheit (ihres) Entschlusses bedeutet zugleich die Entscheidung, daß sich in bezug auf (ihre) Volitionen zweiter Stufe keine Fragen irgendeiner höheren Ordnung stellen ...«[10]

8   Gary Watson, 218.
9   Das Problem der Erklärung von Identifikation besteht natürlich nicht nur für das Hierarchiemodell. Mit ihm muß man sich in jedem Falle der Strukturbestimmung von Willensakten beschäftigen. Also ist es kein Fehler des Hierarchiemodells, daß es eine Erklärung von Identifikation erfordert.
10   Harry G. Frankfurt, Willensfreiheit und der Begriff der Person, in diesem Band, 26 (Für den hier vorliegenden Text wurde die Übersetzung der Zitatstelle geringfügig geändert, Anm. d. Übers.)

Das Problem mit dem in dieser Passage Geschriebenen besteht darin, daß die von mir angeführten Begriffe – nämlich »Identifikation«, »endgültige Verpflichtung«, »Widerhall« – schrecklich unklar sind. Deshalb läßt es die Passage ziemlich im Dunkeln, wie das Manöver, einen grenzenlosen Regreß dadurch zu vermeiden, daß man eine endgültige Verpflichtung eingeht, dem Verdacht bloß entgehen kann, auf untragbare Weise willkürlich zu sein. Dementsprechend sagt Watson: »Wir wollten wissen, was Triebhaftigkeit (Wantonness) mit Hinblick auf jemandes Willensakte höherer Ordnung verhindert. Was verleiht diesen Willensakten irgendeine besondere Beziehung zu ›einem selbst‹? Zu antworten, daß man eine ›endgültige Verpflichtung‹ eingeht, ist nicht hilfreich, wenn dies einfach heißt, daß ein endloser Aufstieg zu immer höheren Ordnungen nicht erlaubt werden solle. Dies *ist* willkürlich.«[11]

Nun ist Watson hier in der Tat im Irrtum. Wie ich zu erklären versuchen werde, besteht das Treffen einer endgültigen Verpflichtung nicht lediglich in einer willkürlichen *Ablehnung* eines endlosen Aufstiegs zu immer höheren Ordnungen.

IV. Betrachten wir eine Situation, die jener etwas ähnelt, in welcher eine Person sich nicht sicher ist, ob sie sich mit dem einen oder dem anderen ihrer eigenen Wünsche identifizieren soll, die aber eher einfacher ist als diese: jemandes Situation, der versucht, ein arithmetisches Problem zu lösen. Diese Person kann, nachdem sie eine Rechnung ausgeführt hat, eine weitere ausführen, um ihre Lösung zu überprüfen. Die zweite Rechnung kann einfach die gleiche wie die erste oder ihr in dem Sinne gleichwertig sein, als sie gemäß einem Verfahren erfolgt, das sich vom Verfahren der ersten Rechnung unterscheidet, jedoch zum selben Resultat führen muß. In jedem Falle nehmen wir an, daß die erste Rechnung durch die zweite bestätigt wird. Es ist möglich, daß beide Rechnungen fehlerhaft sind, und die Person kann aufs neue prüfen. Diese Folge von Berechnungen läßt sich endlos fortsetzen. Außerdem verleiht nichts an der Stellung eines bestimmten Punktes in der Folge diesem Punkt endgültige Autorität. Ein Fehler kann an jeder Stelle auftreten und derselbe Fehler kann unzählige Male wiederholt gemacht werden. Was kennzeichnet also eine Rechnung, mit welcher die Person vernünftigerweise die Folge beschließen kann? Wie verhindert die Person, unzuverlässig oder willkürlich zu verfahren, wenn sie an einer bestimmten Stelle die Folge beendet, die sie doch fortsetzen könnte?

---

11  Gary Watson, 218.

Eine Weise, auf die eine Folge von Berechnungen beendet werden könnte, besteht darin, daß die sie ausführende Person einfach aufhört, dem Resultat ihrer letzten Rechnung gleichgültig zubilligt, ihr als Lösung zu dienen. Vielleicht verliert sie nur das Interesse an dem Problem, oder vielleicht wird sie von einer weiteren Prüfung durch eine sie nötigende Ablenkung abgebracht. In Fällen wie diesen ähnelt das Verhalten der Person dem eines Triebhaften: Sie gesteht einem bestimmten Resultat Gültigkeit zu, ohne dessen Eignung einzuschätzen oder darüber nachzudenken, ob es wünschenswert ist, dieses Resultat als Lösung zuzulassen. Weder *wählt* sie ein Resultat noch *billigt* sie eines. Sie handelt, als wäre es eine Sache völliger Gleichgültigkeit, ob es tatsächlich einen angemessenen Beweis dafür gibt, ihre Lösung zu akzeptieren.

Andererseits könnte eine Folge von Berechnungen beendet werden, weil die sie ausführende Person sich *aus gewissen Gründen entscheidet*, sich ein bestimmtes Resultat zu eigen zu machen. Es kann sein, daß sie eindeutig von der Richtigkeit des Resultats überzeugt ist und deshalb eine weitere Prüfung für unnötig hält. Oder vielleicht glaubt sie – trotz dem einiges für die Inkorrektheit des Resultats spricht –, daß ihr, was Zeit oder Anstrengung oder verschenkte Möglichkeiten anbelangt, die Kosten weiterer Prüfung größer sind als der Wert, dem sie der Verminderung der Wahrscheinlichkeit eines Fehlers beimißt. In jedem Falle ist eine »endgültige« Identifikation von ihrer Seite her möglich. In einem bestimmten Sinn, den zu explizieren ich mich bemühen werde, findet eine solche Identifikation in einer endlosen Folge möglicher weiterer Überlegungen zu ihrer Entscheidung einen Widerhall.

Nehmen wir an, die Person ist sich sicher, die korrekte Lösung zu haben. In dem Falle erwartet sie, diese Lösung jedes Mal dann zu erhalten, wenn sie sorgfältig eine entsprechende Rechnung durchführt. In diesem Sinne ist ihr die Zukunft offen und ihre Entscheidung, eine bestimmte Lösung für korrekt zu halten, findet einen endlosen Widerhall in genau diesem Sinne: Sie befähigt sie die Resultate einer unendlichen Anzahl möglicher weiterer Berechnungen zu antizipieren. Nehmen wir jetzt an, die Person ist sich nicht ganz sicher, welche Lösung die richtige ist, aber überzeugt davon, daß es für sie dennoch am Vernünftigsten wäre, sich eine bestimmte Lösung zu eigen zu machen. Sie kann dann nicht mit voller Zuversicht die Bestätigung dieser Lösung durch zukünftige Prüfungen erwarten und erkennt an, daß eine sorgfältige Berechnung ein anderes Ergebnis bringen könnte. Wenn sie sich aber wirklich vorbehaltlos der Ansicht verpflichtet, daß die Lösung anzunehmen die vernünftigste Alternative ist, dann kann sie antizipieren, daß *diese* Ansicht immer wieder durch ihre sorgfältige Nachprüfung bestätigt werden wird.

Die Tatsache, daß eine Verpflichtung endlosen Widerhall findet, *ist* einfach die Tatsache, daß die Verpflichtung *endgültig* ist. Eine Verpflichtung ist nämlich dann und nur dann endgültig, wenn sie ohne Vorbehalt erfolgt, und eine Verpflichtung ohne Vorbehalt einzugehen bedeutet, daß die Person, die das tut, dabei in dem Glauben handelt, daß keine weitere sorgfältig vollzogene Prüfung sie zur Änderung ihrer Meinung veranlassen könnte. Daher ist es sinnlos, die Prüfung fortzuführen. Genau das ist der Resonanzeffekt.[12]

Was nun Menschen veranlaßt, Wünsche höherer Ordnung auszubilden, ist dem ähnlich, was sie veranlaßt, ihre Arithmetik zu überprüfen. Jemand prüft seine Berechnungen, weil er glaubt, sie falsch gemacht zu haben. Möglicherweise besteht ein Widerspruch zwischen dem von ihm erlangten Ergebnis und einem anderen, von dem er aus dem einen oder anderen Grund glaubt, daß es möglicherweise richtig ist; oder vielleicht hat er nur den allgemeineren Verdacht, eventuell irgendeinen Fehler gemacht zu haben. Entsprechend kann eine Person veranlaßt sein, über ihre eigenen Wünsche nachzudenken, entweder weil sie miteinander im Widerspruch stehen oder weil diese Person ein allgemeineres Mißtrauen bedenken läßt, ob sie mit ihren vorliegenden Motiven zufrieden sein kann.

In beiden Fällen, dem der Wünsche und dem der Arithmetik, kann die Person eine potentiell unendliche Folge von Bewertungen ohne Willkür beenden, wenn sie feststellt, daß kein beunruhigender Widerspruch vorliegt, weder zwischen bereits erzielten Ergebnissen noch zwischen einem bereits erzielten Resultat und einem anderen, von dem sie vernünftigerweise erwarten kann, daß es, bei Fortsetzung der Folge, erzielt werden würde. Die Folge an dieser Stelle – dort, wo weder Widerspruch noch Zweifel vorliegen – zu beenden ist keine Willkür. Denn der einzige Grund dafür, die Folge fortzusetzen, würde darin bestehen, einen tatsächlichen Widerspruch zu bewältigen oder die Möglichkeit, daß ein solcher auftreten könnte. Vorausgesetzt die Person hat diesen Grund fortzufahren nicht, ist es schwerlich Willkür, wenn sie aufhört.

Vielleicht wird man behaupten, daß in dem Urteil, daß kein entsprechender Widerspruch aufweisbar sei, ein Rest von Willkür bestehen bleibt. Dieses Urteil ist schließlich auch der Möglichkeit des Irrtums ausgesetzt, und es

---

12 Hier stimme ich dem die Beziehung zwischen Resonanz und endgültiger Verpflichtung betreffenden Vorschlag zu, den Jon Elster gemacht hat in: Odysseus und die Sirenen.Vgl. ders., Subversion der Rationalität, Frankfurt/M.-New York 1987, 140, Fußn. 56 (259 f.) Meine eigene Behandlung dieses Themas ist in starkem Maße der Erörterung klarer und deutlicher Perzeption durch Descartes geschuldet.

bestünde die Möglichkeit seiner endlosen Neubeurteilung, ohne daß eine der neuerlichen Einschätzungen definitiv oder abschließend wäre. Was immer der Wert dieses Arguments sein mag, aus ihm folgt aber keine spezifische Schwäche des Prinzips, daß eine Person berechtigt ist, eine Folge von Berechnungen oder Überlegungen zu beenden, wenn sie keinen zu vermeidenden oder aufzulösenden Widerspruch entdeckt. Denn das Argument ist völlig allgemein. Es ist bei der Anwendung ganz egal welchen Prinzips *immer* möglich, fälschlich oder ungerechtfertigt zu urteilen, daß die Bedingungen für die Anwendung des Prinzips erfüllt seien. Es sollte selbstverständlich sein, daß kein Kriterium oder Standart garantieren kann, daß es mit Sorgfalt und ohne Willkür Anwendung findet.

V. Die etymologische Bedeutung des Verbs »entscheiden« ist »trennen«. Das ist treffend, denn es kennzeichnet eine Entscheidung (obwohl in dieser Hinsicht natürlich nicht notwendigerweise oder nicht einmal sehr häufig), daß eine Abfolge von Wünschen oder Präferenzen zunehmend höherer Ordnung beendet wird. Wenn die Entscheidung ohne Vorbehalt getroffen ist, so ist die Verpflichtung, die sie mit sich bringt, endgültig. In dem Falle hält sich die Person nicht mehr von dem Wunsch fern, zu dem sie sich verpflichtet hat. Es ist ihr nicht länger unklar oder ungewiß, ob der Gegenstand jenes Wunsches – das heißt, was sie möchte – das ist, was sie wirklich möchte: Die Entscheidung bestimmt, was die Person wirklich wünscht, indem sie den Wunsch, zu dem sie sich entschließt, sich ganz zu eigen macht. In dem Maße, in dem sie sich durch eine Entscheidung mit einem Wunsch identifiziert, *konstituiert sich* die Person. Der relevante Wunsch ist ihr in keiner Weise mehr äußerlich. Er ist kein Wunsch, den sie nur, wie ein Subjekt, in dessen Geschichte er zufälligerweise vorkommt, »hat«, wie eine Person unfreiwillig einen Krampf »haben« mag, der zufälligerweise in der Geschichte ihres Körpers vorkommt. Er wird ein Wunsch, der ihr kraft der Tatsache einverleibt ist, daß sie ihn *vermöge ihres eigenen Willens* hat.

Das heißt nicht, daß der Wunsch durch die Ausübung des Willens geschaffen wird. Es ist gut möglich, daß der Wunsch schon vor der ihn betreffenden Entscheidung besteht. Aber auch wenn die Person für die Tatsache, daß der Wunsch *vorkommt*, nicht verantwortlich ist, gibt es einen bedeutsamen Sinn, in welchem sie für die Tatsache, daß sie ihn hat, Verantwortung trägt – die Tatsache, daß der Wunsch im vollsten Sinne der ihrige ist, daß er konstituiert, was sie wirklich wünscht –, wenn sie sich mit ihm identifiziert. Durch ihre Handlung, indem sie sich entscheidet, ist sie verantwortlich für die Tatsache, daß der

Wunsch in einer Weise der ihrige wird, in der er das unzweideutig vorher nicht war. Zwischen Wünschen bestehen zwei völlig verschiedene Arten von Konflikten. Bei Konflikten der einen Art wetteifern Wünsche um den Vorrang oder die Stellung in einer Vorzugsordnung. Die Frage ist, welchem Wunsch *zuerst* entsprochen werden soll. Bei Konflikten der anderen Art ist fraglich, ob einem Wunsch überhaupt *irgendein* Platz in der Vorzugsordnung verliehen werden soll – das heißt, ob er als legitimer Kandidat der Befriedigung gutzuheißen ist oder als zu keiner möglichen Vorrangstellung berechtigt abgelehnt werden soll. Ist ein Konflikt der ersten Art gelöst, so sind die miteinander konkurrierenden Wünsche in eine einzige Ordnung *integriert*, innerhalb welcher jeder eine bestimmte Position einnimmt. Einen Konflikt der zweiten Art zu lösen beinhaltet eine radikale *Trennung* der konkurrierenden Wünsche, wobei einem derselben nicht nur eine relativ minderbegünstigte Position zuerkannt würde, sondern er als ein outlaw ganz und gar ausgestoßen wird. Es sind diese Handlungen des Ordnens und der Ablehnung, der Integration und Separation, die ein Selbst aus dem Rohmaterial des inneren Lebens schaffen. Sie bestimmen die intraspychischen Beschränkungen und Grenzen, hinsichtlich welcher die Autonomie einer Person sogar durch deren eigene Wünsche bedroht werden kann.[13]

Aristoteles behauptete, daß Verhalten nur dann frei sei, wenn sich das Bewegungsprinzip innerhalb des Akteurs befindet. Dies kann, versteht man »innerhalb« im buchstäblichen Sinne, nicht korrekt sein: Die Zuckungen eines epileptischen Anfalls sind nicht freiwillig, aber ihr Bewegungsprinzip oder ihre Ursache ist räumlich dem Akteur zugehörig. Die Lokalisierung eines Bewegungsprinzips in Anbetracht des Körpers eines Akteurs ist einfach weniger bedeutsam als dessen »Lokalisierung« in Anbetracht seines Willens. Worum es geht, ist – auch hinsichtlich eines Bewegungsprinzips, das als ein Element seines psychischen Lebens fungiert – die Frage, ob der Akteur dessen Integration selbst geleistet hat oder nicht. Einerseits kann das Prinzip in dem relevanten Sinne innerlich sein, daß das Verhalten, zu dem es führt, kraft

---

13    Die hier relevanten bestimmenden Bedingungen sind ausschließlich *strukturelle* Anordnungen. Obwohl ich diesem Punkt an dieser Stelle nicht nachgehen werde, erwähne ich ihn, weil er sich auf die bekannte Frage bezieht, ob *historische* Betrachtungen – insbesondere Berichte über kausale Zusammenhänge – irgendeine wesentliche Bedeutung in Hinblick auf Fragen haben, die sich damit beschäftigen, ob die Handlungen einer Person autonome Handlungen sind.

der Tatsache freiwillig ist, daß die Person sich selbst an das, was sie bewegt, durch eine Verpflichtung gebunden hat, womit sie dafür Verantwortung trägt. Andererseits kann das Bewegungsprinzip ihres Verhaltens in dem relevanten Sinne äußerlich bleiben, weil sie es nicht zu einem Teil ihrer selbst gemacht hat.

Dies läßt darauf schließen, daß Aristoteles' Theorie noch in einer anderen Hinsicht unbefriedigend ist. Eine Person kann, so behauptet er, Verantwortung für ihren eigenen Charakter tragen, insofern sie Maßnahmen ergreift, welche ihre habituellen Anlagen betreffen (oder sie zu ergreifen versäumt). Anders gesagt, eine Person erlangt laut Aristoteles dadurch Verantwortung für ihren eigenen Charakter, daß sie auf Wegen handelt, die das Zustandekommen jener eigentümlichen Reihe von Anlagen bewirken, auf denen ihr Charakter beruht Ich glaube, daß Aristoteles' Darlegung dieses Sachverhalts aufgrund seiner Voreingenommenheit für kausale Ursprünge und kausale Verantwortlichkeit merklich unklar ist. Die grundsätzliche Verantwortung eines Akteurs hinsichtlich seines Charakters betrifft nicht die Frage, ob es eine Wirkung seiner eigenen Handlungen ist, daß er bestimmte Anlagen dafür *hat*, auf verschiedene Weise zu fühlen und sich zu verhalten. Dies betrifft nur die Frage, ob die Person verantwortlich dafür ist, diese *Charakteristika* zu besitzen. Die Frage, ob die Person Verantwortung für ihren eigenen *Charakter* besitzt, hat damit zu tun, ob sie die *Verantwortung* für ihre Charakteristika *übernommen hat*. Es geht darum, ob die fraglichen Anlagen – unabhängig davon, ob diese ihre Existenz der Eigeninitiative der Person oder einer kausalen Wirkung verdanken – Charakteristika sind, mit denen sie sich identifiziert und welche sie folglich freiwillig sich als solche zu eigen macht, die konstitutiv für sie selbst sind.

Wenn sich jemand mit einem statt einem anderen seiner Wünsche identifiziert, so läuft das nicht notwendigerweise auf die Eliminierung des Konflikts zwischen diesen Wünschen hinaus, nicht einmal darauf, die Schwere des Konflikts zu mindern. Es ändert die Natur des Konflikts. Nehmen wir an, daß sich eine Person angesichts zweier konfligierender Wünsche mit dem einen Wunsch statt mit dem anderen identifiziert. Das *könnte* dazu führen, daß der andere Wunsch – jener, mit dem sich die Person nicht identifiziert – wesentlich schwächer wird, als er ursprünglich war, oder ganz verschwindet. Das muß aber nicht sein. Es ist gut möglich, daß der Konflikt zwischen den zwei Wünschen so virulent bleibt wie vorher. Was die Verpflichtung der Person zu dem einen Wunsch eliminiert, ist nicht der Konflikt zwischen ihm und dem anderen Wunsch. Sie eliminiert den Konflikt *innerhalb der Person*, welchen der beiden Wünsche die Person als ihren Beweggrund vorziehen soll. So hat sich der Konflikt zwischen den Wünschen in einen Konflikt zwischen einem der Wünsche und der Person transformiert, die sich mit dem konkurrierenden Wunsch identifiziert hat. Diese Person ist sich nicht mehr im unklaren darüber, auf welcher Seite sie im Konflikt zwischen den beiden Wünschen steht, und das Fortbestehen des Konflikts muß die Ernsthaftigkeit ihrer Verpflichtung zu dem Wunsch, mit dem sie sich identifiziert, weder untergraben noch vermindern.

VI. Das Sich-Entscheiden spielt eine bedeutende Rollen bei der Formierung und Aufrechterhaltung des Selbst, denn es ist in höchstem Maße bemerkenswert, daß sich eine Person, indem sie eine Entscheidung fällt, mit einem Element ihres psychischen Lebens identifiziert. Es ist schwer zu erklären, worin der Akt des Sich-Entscheidens besteht; schwierig ist es, völlig klar zu machen, was wir tun, wenn wir ihn vollziehen. Obwohl die Natur des Sich-Entscheidens sich äußerst schwer fassen läßt, ist es doch zumindest offensichtlich, daß das Treffen einer Entscheidung etwas ist, das wir *mit uns selbst* tun. In dieser Hinsicht unterscheidet es sich grundsätzlich vom Treffen einer Wahl, dessen unmittelbares Objekt nicht der Wählende ist, sondern das, was immer er wählen mag. Dieser Unterschied zwischen entscheiden und wählen ist der Tatsache geschuldet, daß sich zu entscheiden, eine bestimmte Wahl zu treffen, nicht dasselbe ist, wie sie tatsächlich zu treffen (letztlich können Zeit und Umstände noch ausstehen), während sich zu entscheiden, eine bestimmte Entscheidung zu treffen (das heißt entscheiden, Dinge irgendwie zu bestimmen) sich nicht vom Treffen der Entscheidung selbst unterscheiden läßt.

In einigen Sprachen gibt sich die Reflexivität des Entscheidens – die Tatsache, daß sie eine Handlung ist, die man mit sich selbst unternimmt – in der Form des relevanten Verbs zu erkennen. So ist z. B. das entsprechende französische Verb *se décider*. Das »sich entscheiden« am nächsten stehende englische Synonym ist der Ausdruck »to make up one's mind«, in welchem der reflexive Charakter des Sich-Entscheidens seine ausdrückliche Darstellung findet. Was sollen wir nun mit der eher proteischen Metapher anfangen, die diese Wendung suggeriert? Ist »to make up one's mind« dem »to make up a story« (»sich eine Geschichte ausdenken«) ähnlich oder dem »to make up a bed« (»ein Bett herrichten«)? Ist es dem »to make up one's face« (»sich schminken«) ähnlich, oder eher dem »to make up a list of things to do« (»eine Liste zu erledigender Dinge aufstellen«)? Oder ähnelt es vielleicht eher dem »to make up after a quarrel« (»einen Streit beilegen«)? Was ist der Unterschied zwischen dem, was gebildet wird und was nicht (what is made up and what is not), in diesen verschiedenen Beispielen? Und welche dieser Unterschiede steht dem Unter-

schied am nächsten, der zwischen einem Geist (mind) besteht, der sich ent-
schieden hat (that is made up) und einem solchen, der unentschieden ist?
Der Gebrauch von Kosmetika betrifft einen Unterschied zwischen dem, wie
eine Person von Natur aus aussieht, und dem, wie sie auszusehen ersinnen mag.
Ein ähnlicher Unterschied liegt in der Vorstellung vom Sich-Ausdenken einer
Geschichte, welche der des Sich-Schminkens insofern ähnlich ist, als das Resultat in beiden Fällen etwas Künstliches oder Fiktives ist. Das Resultat stellt die
Dinge nicht einfach so dar, wie sie wirklich sind. Ein Unterschied zwischen
dem Gebrauch von Makeup und dem Sich-Ausdenken einer Geschichte
besteht natürlich darin, daß es ein Gesicht vor dem Makeup gibt – etwas, auf
das bezogen das Makeup angewandt wird. Dies hat keine greifbare Entspre-
chung zum Falle der Geschichte, die nicht umgewandelt wird, sondern nur so
wie ersonnen ins Leben tritt. In dieser Hinsicht ähnelt das Sich-Schminken
eher dem Herrichten eines Bettes. Was das Aufstellen einer Liste anbelangt, so
hat das schlicht gar nichts mit Fiktivem oder Ersonnenem zu tun. Es ist eher
eine Frage der Aufstellung bestimmter Relationen zwischen aufgelisteten
Punkten oder der Aufzeichnung von zwischen diesen Punkten schon bestehenden Relationen.

Die Gemeinsamkeit all dieser Fälle der Vorstellung vom etwas Bilden
(making something up) scheint weder im Unterschied zwischen Fiktion und
Realität zu bestehen noch in dem zwischen Natürlichem und Künstlichem. Das
gemeinsame Thema ist das Schaffen eines wohlgeordneten Zusammenhangs.
Im Lichte dessen ist, wie mir scheint, die naheliegendste Analogie zu einer
Situation, in welcher jemand sich entscheidet, vielleicht überraschend eine
solche, in welcher zwei Menschen ihre Meinungsverschiedenheiten beilegen.
Menschen, die dies nach einem Streit tun, gehen von einem Zustand des Konflikts und der Feindschaft zu einer einträchtigeren und wohlgeordneteren
Beziehung über. Natürlich legen Menschen nicht immer ihren Streit bei, wenn
er endet. Manchmal dauert ihre Feindschaft auch dann an, wenn der Konflikt,
der ihre ursprüngliche Ursache war, gelöst ist. Ferner können Menschen, die
sich gestritten haben, sogar dann Eintracht untereinander wiederherstellen,
wenn ihre Meinungsverschiedenheit fortbesteht. Beilegen (making up) meint
die Heilung einer durch Konflikt gestörten Beziehung, und das hat unmittelbar
oder notwendigerweise nichts damit zu tun, ob der Konflikt beendet ist oder
nicht.

Anhand dieser Analogie verstanden scheint sich das Treffen einer Entscheidung von den Selbstheilungsaktivitäten des Körpers zu unterscheiden, denen es
in anderen Hinsichten ähnelt. Wenn der Körper sich selbst heilt, so *eliminiert*

er Konflikte, bei denen ein physischer Prozeß (z. B. eine Infektion) andere stört
und die Homöostase oder das Gleichgewicht untergräbt, welche Gesundheit
ausmacht. Eine Person, die sich entscheidet, sucht damit ebenfalls einen
Zustand innerer Entzweiung zu überwinden oder zu beseitigen und sich selbst
zu einem integrierten Ganzen zu machen. Sie kann dies aber ohne tatsächliche
Elimination der Wünsche erreichen, die mit jenen konfligieren, für welche sie
sich entschieden hat, so lange sie sich selbst von diesen distanziert.

Natürlich kann einer Person, wenn sie sich entscheidet, die ganzheitliche
Integration mißlingen, weil der Konflikt oder die Unschlüssigkeit, mit der sie
ringt, trotz ihrer Entscheidung fortbestehen mag. Alles, was eine Entscheidung
zuwege bringt, ist eine Absicht zu bilden. Sie garantiert nicht, daß die Absicht
ausgeführt wird. Dies ist nicht einfach deshalb der Fall, weil eine Person es sich
immer anders überlegen kann. Unabhängig von dieser Art Unbeständigkeit ist
es möglich, daß Energien, die zu einem mit dieser Absicht unvereinbaren Handeln drängen, ungezähmt bleiben und nicht zerstreut werden können, wie entschieden auch immer die Person glaubt, sich entschieden zu haben. Der Konflikt, den die Entscheidung überwunden zu haben vermuten ließ, kann
fortbestehen, trotz der Überzeugung der Person, ihn gelöst zu haben. In diesem Falle erfolgt die Entscheidung, egal wie offensichtlich gewissenhaft und
aufrichtig sie sein mag, nicht aus ganzem Herzen: Die Person hat, ob sie sich
dessen bewußt ist oder nicht, andere Absichten, die mit jener, welche die Entscheidung festgesetzt hat und zu welcher ferner die Person verpflichtet ist,
unvereinbar sind. Das kann offensichtlich werden, wenn es hart auf hart kommt
und die Person auf eine Weise handelt, die scheinbar durch die Absicht ausgeschlossen war, von der sie glaubte, sich für sie entschieden zu haben.

VII.    Aber warum haben wir überhaupt ein Interesse daran, uns zu entscheiden? Es könnte scheinen, daß der springende Punkt des Sich-Entscheidens
darin besteht, für eine Handlung zu sorgen, die andernfalls nicht vollzogen
werden würde. Nehmen wir an, ich entscheide mich, meine Wut offener zu zeigen, wenn ich das nächste Mal wieder von einem arroganten Funktionär grundlos beleidigt werde. Das könnte man so verstehen, als ob dadurch eine vorher
nicht bestehende Verbindung hergestellt würde zwischen einem beleidigenden
Verhalten bestimmter Art und einer bestimmten Art Reaktion, zu der ich mich
nunmehr entschlossen habe – eine Verbindung derart, daß die Reaktion erfolgen wird, wenn es zur Provokation kommt. Tatsächlich jedoch entscheiden sich
Menschen oftmals, ob sie es merken oder nicht, Dinge zu tun, die sie in jedem
Falle tun würden. Die Verbindung zwischen der Provokation und der Reak-

tion, welche die Entscheidung zu schaffen scheint, kann schon existieren: Ich hätte meine Wut offener zeigen können, auch wenn ich nicht im voraus die Absicht so zu handeln gebildet hätte. Der springende Punkt des Sich-Entscheidens ist folglich nicht die Sicherstellung einer bestimmten Handlung.

Der springende Punkt des Sich-Entscheidens ist auch nicht, daß es den Erfolg des Handelns sicherstellt. Dies ist Aufgabe der Deliberation, die dazu bestimmt ist, die Wahrscheinlichkeit dafür zu erhöhen, daß Entscheidungen gute Entscheidungen sind. Hobbes vermutet, das Wort »Deliberation« bedeute eine Tätigkeit, in welcher Freiheit verloren ist.[14] Sie ist letztlich *Deliberation*. Dies mag paradox scheinen, weil wir für gewöhnlich Deliberation als paradigmatisch mit der Ausübung von Autonomie verbunden denken. Die Schwierigkeit löst sich auf, wenn wir erkennen, daß die Freiheit, in welche Deliberation eingreift, nicht die des autonom Handelnden ist, sondern die Freiheit dessen, der blind dem Impuls folgt – anders gesagt, die Freiheit des Triebhaften. Deliberation heißt, eine Alternative dazu zu suchen, »was spontan passiert«. Es geht darum, die Freiheit anarchisch impulsiven Verhaltens durch die Autonomie zu ersetzen, die dieses Verhalten unter Selbstkontrolle bringt.

Eine deliberativ erzielte Entscheidung erzeugt, wenn sie eine Absicht bildet, eine andere Präferenzen und Entscheidungen leitende Beschränkung. Eine Person, die sich entscheidet, was sie glauben soll, stattet sich mit einem Kriterium für ihre anderen Überzeugungen aus: Diese müssen nämlich zu der Überzeugung, die zu haben sie sich entschieden hat, kohärent sein. Und eine Person, die eine Entscheidung für eine bestimmte Handlung trifft, macht sich dementsprechend eine Regel zur Koordination ihrer Aktivitäten zu eigen, um die letztendliche Ausführung der von ihr getroffenen Entscheidung zu erleichtern. Folglich könnte man sagen, daß eine Funktion der Entscheidung darin besteht, die Person sowohl dynamisch als auch statisch zu integrieren. Dynamisch insofern, als sie in der gerade von mir erwähnten Weise für Kohärenz und Einheitlichkeit der Absichten sorgt; statisch insofern sie in der zuvor diskutierten Weise eine reflexive oder hierarchische Struktur schafft, durch welche die Einheit einer Person zum Teil konstituiert werden kann.

In beiden Hinsichten besteht die Absicht, den Konflikt zumindest teilweise zu lösen oder zu vermeiden. Das läßt sich nicht dadurch erreichen, daß man

---

14  »Und Überlegung (deliberation) wird dies deshalb genannt, weil wir damit der Freiheit des Tuns oder Unterlassens, die wir zuvor je nach unserer Neigung oder Abneigung hatten, ein Ende setzen.« Thomas Hobbes, Leviathan oder Stoff, Form und Gewalt eines bürgerlichen und kirchlichen Staates, hg. v. Iring Fetscher, Neuwied/Berlin 1966, 46.

eines der konfligierenden Elemente oder mehrere davon eliminiert, so daß die verbleibenden sich harmonisch zueinander verhielten, sondern dadurch, daß man bestimmte Elemente billigt oder sich mit ihnen identifiziert, womit diese für das Selbst autoritativ werden. Natürlich können Kräfte, die durch diese Entscheidung ausgegrenzt wurden, d. h. Wünsche oder Beweggründe, durch welche die Person nicht wirklich bewegt zu werden wünscht, sich dieser Autorität widersetzen und diese sogar besiegen, weil sie zu stark und zu hartnäckig sind, um unterdrückt werden zu können. Auch kann es sich erweisen, daß ein Konflikt innerhalb der Autorität selbst besteht – daß die Person sich selbst auf inkonsistente Weise identifiziert. Das ist das Problem des *ungeteilten, sich aus ganzem Herzen Identifizierens*.

Wie ich den Terminus hier gebrauche, meint er nicht das eine Verpflichtung betreffende Gefühl des Enthusiasmus oder der Gewißheit. Auch ist es wahrscheinlich nicht ohne weiteres offensichtlich, ob eine Entscheidung, die eine Person aus ganzem Herzen zu treffen glaubt, wirklich eine solche ist. Wir kennen unser Herz nicht gut genug, um davon überzeugt zu sein, daß wir unsere Absicht, die besagt, daß nichts eine von uns zu treffenden Entscheidung beeinträchtigen solle, auch dann ausführen werden wollen, wenn wir – vielleicht in der Erkenntnis, daß der Punkt erreicht ist, an dem eine Umkehr unmöglich wird – zu einem umfassenderen Verständnis dessen gelangt sind, was deren Ausführung uns abfordern würde oder welches Opfer wir zu erbringen hätten.

Indem sich eine Person entscheidet, bildet sie Präferenzen hinsichtlich der Lösung von Konflikten, die zwischen ihren Wünschen und Überzeugungen bestehen. Jemand, der eine Entscheidung trifft, vollzieht eine Handlung, der Vollzug jedoch ist kein einfacher Akt, der nur einen Wunsch erster Ordnung in Kraft setzte. Er ist wesentlich mit Reflexivität verbunden und schließt Wünsche und Willensakte höherer Ordnung ein. Folglich ermangeln Lebewesen, die dieser volitionalen Reflexivität unfähig sind, notwendigerweise der Fähigkeit, sich zu entscheiden. Sie mögen begehren und denken und handeln, aber sie können nicht entscheiden. Wenn wir das Treffen von Entscheidungen als die charakteristische Funktion des Vermögens der Willenskraft verstehen, müssen wir diese Wesen als solche betrachten, die dieses Vermögen nicht haben.

In *Willensfreiheit und der Begriff der Person* habe ich behauptet, daß ein Triebhafter zu sein Deliberation nicht ausschließt. Mein Gedanke war damals, daß ein Wesen wohl triebhaft hinsichtlich der Ziele sein könne und es doch, was technische Fragen betrifft, überlegen und urteilen können muß, um das zu bekommen, was es als triebhaftes Wesen begehrt. Urteilen aber ist damit verbunden, Entscheidungen dahingehend zu treffen, was man denken soll. Das scheint nicht weniger unvereinbar mit durchgehender Triebhaftigkeit zu sein als zu entscheiden, was man zu tun wünscht. Offensichtlich ist eine Entscheidung zu treffen davon zu unterscheiden, wie man sie durchführt, aber es ist nicht klar, wie die letztere Tätigkeit geleistet werden soll, ohne daß man Entscheidungen auf eine Weise trifft, die strukturell derjenigen ähnelt, welche die erstere mit sich bringt.

Wir haben uns daran gewöhnt, von unserer Gattung zu glauben, daß sie sich insbesondere durch die Fähigkeit zur Vernunft auszeichnet. Wir neigen der Annahme zu, daß es sich bei Entschluß oder Wille um ein primitiveres oder kruderes Vermögen handelt, das wir mit Lebewesen von geringerer psychischer Komplexität teilen. Dies aber scheint zweifelhaft, nicht nur der Reflexivität wegen, die der Entschluß selbst erfordert, sondern auch in dem Maße als Urteilen das Treffen von Entscheidungen verlangt. In diesem Maße nämlich hat der deliberative Gebrauch der Vernunft notwendigerweise eine hierarchische Struktur, erfordert Elemente höherer Ordnung, über welche ein wirklich triebhaftes Wesen nicht verfügt. Folglich hängt in dieser Hinsicht die Vernunft vom Willen ab.

# Über die Nützlichkeit letzter Zwecke

I. Unter den verschiedenen Begriffsgestaltungen, die dazu bestimmt sind, uns bei der Organisation der unser Handeln betreffenden Gedanken zu helfen, ist die Unterscheidung zwischen Mitteln und Zwecken eine derjenigen, die im weitesten Umfange Anwendung finden. Anderes ist auch nicht zu erwarten. Schließlich ist die Unterscheidung ziemlich elementaren Charakters und leicht zu begreifen. Außerdem ist ein in irgendeiner plausiblen Version dieser Unterscheidung gründender Schematismus für seine Aufgabe mit Sicherheit außergewöhnlich gut geeignet. Denn die Vorstellung einer Ordnung von Zwecken und Mitteln umfaßt sowohl Zielgerichtetheit als auch Rationalität, die Wesensmerkmale unseres aktiven Charakters sind. Auch erleichtert sie das Nachdenken über das beide miteinander verbindende Beziehungsgefüge. Das heißt, sie lenkt auf ganz natürliche Weise die Aufmerksamkeit auf die Wege, auf welchen unsere Ziele mit dem Prozeß des Urteilens zusammenhängen, durch welchen wir zu bestimmen versuchen, diese Ziele zu erreichen.

Ein bekannter Versuch, sich der Unterscheidung von Mitteln und Zwecken zu nähern und das Begriffsgefüge zwischen beiden zu begreifen, beruft sich auf zwei scharf voneinander geschiedene Betrachtungsarten. Betrachtungen der ersteren Art haben mit der Zweckmäßigkeit des in Frage stehenden Gegenstands zu tun. Sie betreffen den *instrumentellen* Wert, der ihm dadurch zuwächst, Mittel eines begehrten Zwecks zu sein, der ihm äußerlich ist. Natürlich kann dieses äußerliche Ziel wünschenswert nur als Mittel eines noch weiteren Zwecks sein. In diesem Falle ist es kein letzter Zweck. Es ist vermittelnd oder untergeordnet und sein Wert ist ebenfalls gänzlich instrumentell. Betrachtungen der zweiten Art betreffen die Wünschbarkeit des in Frage stehenden Gegenstands der Wahl, ungeachtet seiner Nützlichkeit als Mittel für andere Dinge. Das heißt, sie betreffen seinen *endgültigen* Wert – den Wert eines Gegenstands, der als ein letzter Zweck oder ein Zweck in sich selbst angesehen wird.

Entsprechend gibt es zwei verschiedene Arten der Rechtfertigung, die eine Person für den Versuch haben mag, eine bestimmte Tätigkeit oder Sachlage zu bewirken: dessen Nützlichkeit als Mittel und dessen letztendlicher Wert.

Manchmal sind beide Arten der Rechtfertigung zu finden. In solchen Fällen könnte ein Gegenstand teilweise seines instrumentellen Werts wegen erstrebt werden und teilweise wegen seiner Wünschbarkeit als ein letzter Zweck.

Dies ist eine etwas flüchtige Skizze der Begriffe von Mitteln und Zwecken und ihrer respektiven Werttypen, aber bis zu diesem Punkt scheint sie ziemlich glaubhaft. In der Tat ist sie den Neigungen und Annahmen des gesunden Menschenverstands sehr nah. Auch ist sie der von Aristoteles gegebenen Darstellung ziemlich ähnlich, welche in der *Nikomachischen Ethik* den allgemeinen strukturellen Rahmen seiner Untersuchung des Wesens und der Bedingungen des guten Lebens liefert.

Meiner Meinung nach ist der Rahmen jedoch zu eng und zu starr. Er bietet keinen Platz für eine realistische Einschätzung der Fragen, mit denen wir im Versuch konfrontiert werden, eine gute Lebensweise zu beschließen. Unsere Vorstellung der Beziehung von Mitteln und Zwecken muß weitrräumiger angelegt werden und geschmeidiger sein. Andernfalls wird sie uns in unseren Bestrebungen behindern, eine umfassende und authentische Darstellung dessen zu entwickeln, womit wir uns wirklich beschäftigen, wenn wir uns darum sorgen, wie wir leben sollten.

II.  Die Vorgehensweise des Aristoteles wurzelt in einer grundsätzlichen Asymmetrie. Ein Mittel erlangt seinen instrumentellen Wert aus der Beziehung, in welcher es zu seinem Zweck steht, ein Zweck aber erlangt keinen Wert aus der Beziehung zwischen ihm und den ihm dienlichen Mitteln. Mittel werden ihrer Zwecke wegen bewertet, Zwecke werden nicht der Mittel wegen bewertet, die dazu dienen, sie zu erreichen. Die Trajektorie der Herleitung von Wert ist ein unumkehrbarer Vektor. Diese Einsinnigkeit ist ein einfaches und unaufhebbares Merkmal jeder Darstellung des Aristoteles. Ohne sie könnte kein Bericht dieser Art die Unterscheidung zwischen Mitteln und Zwecken kohärent definieren, auf welche sie sich stützt.

Ein anderer zentraler Lehrsatz der Darstellung des Aristoteles scheint möglicherweise noch einleuchtender. Ein Mittel erlangt keinen endgültigen Wert dadurch, daß es nützlich ist. Die Beziehung, in welcher es zu seinem Zweck steht, vermag einem Mittel nur instrumentellen Wert zu verleihen. Natürlich kann dem, was instrumentellen Wert besitzt, ebenfalls auch ein endgültiger Wert zukommen. Es kann den letzteren jedoch nicht vermöge der Tatsacher besitzen, daß ihm der erstere zukommt. Andernfalls könnte etwas ein letzter Zweck einfach deshalb sein, weil es ein Mittel ist, und dies würde die Unterscheidung zwischen Mitteln und Zwecken gründlich unterminieren. Die Tatsache, daß etwas *um seiner selbst willen* wünschenswert ist, kann auf der Grundlage der Darstellung des Aristoteles möglicherweise nicht durch seine Erwünschtheit *als ein Mittel* für etwas anderes als es selbst erklärt werden.

Diese beiden Merkmale sind für die Art, wie Aristoteles das Relationsgefüge zwischen Mitteln und Zwecken versteht, deshalb wesentlich, weil seine Vorgehensweise in einer bestimmten Hinsicht unpersönlichen Charakters ist. Betrachten wir den ersten Satz der *Nikomachischen Ethik*: »Jedes praktische Können und jede wissenschaftliche Untersuchung, ebenso alles Handeln und Wählen strebt nach einem Gut, wie allgemein angenommen wird. Daher ist die richtige Bestimmung von ›Gut‹ als ›das Ziel, zu dem alles strebt‹«.[1] Nun sind es nicht wirklich das Handeln und Wählen, die Zwecke oder Ziele haben, sondern *Akteure*. Nur durch eine bestimmte Art der Rede lassen sich die Zwecke von Akteuren den Aktivitäten dieser Akteure zusprechen. Genaugenommen sind jegliche Ziele, die sich dem praktischen Können und der wissenschaftlichen Untersuchung zuschreiben lassen, nur die Ziele derer, die sich mit ihnen beschäftigen.

Aufgrund des unpersönlichen Charakters der Vorgehensweise des Aristoteles – weil sie die Aufmerksamkeit von der Tatsache ablenkt, daß jedes Ziel das Ziel eines Akteurs ist – neigt dieses Konzept dazu, bei der Aufgabe der Entwicklung einer Theorie letzter Zwecke von einer Würdigung der komplexen Rolle abzusehen, welche letzte Zwecke im Leben der Menschen spielen. Dies verhüllt einige bedeutsame Aspekte des Beziehungsgefüges zwischen Mitteln und Zwecken und behindert ein klares Verständnis dessen, wie letzte Zwecke funktionieren. Eine Folge dessen ist, daß es die Grundlagen verdunkelt, von denen aus jeder vernünftige Versuch der Bewertung solcher Zwecke auszugehen hat.

III. Wie funktionieren nun letzte Zwecke? Um dies zu verstehen müssen wir mit der Betrachtung einer etwas anderen Frage beginnen: Was ist der Sinn des Habens letzter Zwecke? Warum sind wir mit Zielen, derentwegen wir handeln, besser dran, als wir es wären, wenn derartiges in unserem Leben nicht vorkäme? In Frage steht nicht die Bedeutsamkeit der Erkenntnis dessen, was unsere Ziele sind. Selbstverständlich wird für jemanden, der Ziele hat, deren klare Einschätzung hilfreich sein. Er wird letztlich mit größerer Wahrscheinlichkeit

---

1    Aristoteles, Nikomachische Ethik, 1094 a 1–3, weitere Zitatverweise auf diese Schrift erfolgen fortlaufend im Text.

sein Ziel treffen, wenn er es deutlich vor Augen hat. Warum aber sollen wir überhaupt auf etwas zielen?

Wir sind Wesen, die nicht vermeiden können, aktiv zu sein. Deshalb werden wir auch dann aktiv sein, wenn wir keine Ziele haben. Wir werden dann aber ohne Ziel aktiv sein. Ohne Ziel aktiv zu sein heißt nun nicht, daß man hinsichtlich der möglichen Folgen des Verhaltens keine Präferenzen hat, es heißt auch nicht, daß man keinen Schaden nehmen kann. Jemand, der keine Ziele hat, vermag in vollem Maße für das Leid und Wohl seines Verhaltens empfänglich zu sein. Er kann auch in vollem Maße befähigt sein, den Wert der ihn betreffenden Auswirkungen seines Verhaltens zu erkennen. Das heißt, daß unabhängig davon, wie ziellos wir auch immer sind, unser Tun uns dennoch bedeutsam sein mag. Es kann unseren Interessen auch in dem Falle dienen oder sie zunichte machen, daß es durch unsere Interessen nicht geleitet wird.

Dies liefert den einleuchtendsten Grund dafür, Ziele zu haben: die Tatsache nämlich, daß es uns wichtig ist, daß bestimmte mögliche Sachlagen zuwege kommen und andere zu vermeiden sind. Unter der Voraussetzung, daß einige Folgen für uns von größerem Wert als andere sind, kann man sich aufs Geratewohl zu verhalten nicht wollen. Es ist uns vielmehr von Wichtigkeit, unsere Aktivität in Übereinstimmung mit den Erfordernissen dessen zu leiten, woran uns liegt. Zumindest ein Aspekt des Sinns des Habens von Zielen besteht folglich darin, die Wahrscheinlichkeit dafür zu vergrößern, daß das Resultat unseres Tuns etwas sein wird, das wir wünschen. Auf etwas Zielen ist bedeutsam, weil das, was wir treffen, für uns wichtig ist. Aus diesem Blickwinkel heraus ist das Problem des Auswählens unter Zielen in grundsätzlicher Weise eine Angelegenheit des Sich-Entscheidens, die Erreichung welcher Zwecke am meisten zu wünschen wäre.[2]

Was das Haben eines Zwecks tatsächlich leistet ist jedoch mehr, als nur die Wahrscheinlichkeit für das Zustandekommen einer bestimmten, jenem Zweck entsprechenden Sachlage zu vergrößern. In der Tat sagt Aristoteles selbst etwa, daß »es nun wirklich für die verschiedenen Formen des Handelns ein Endziel gibt, das wir um seiner selbst willen erstreben, während das übrige nur in Richtung auf dieses Endziel gewollt wird, und wir nicht jede Wahl im Hinblick auf ein weiteres Ziel treffen – das gibt nämlich ... ein leeres und sinnloses Streben«

---

2   Von Wichtigkeit ist ebenfalls die Kalkulation sowohl der Kosten des Versuchs, jene Ziele zu erreichen, als auch der Wahrscheinlichkeit dafür, daß die Anstrengung sie zu erreichen, erfolgreich sein wird. Die höchst grundsätzliche Frage bei der Auswahl einer Sachlage als eines letzten Ziels besteht jedoch im Wert dessen, daß jene Sachlage maßgebend ist.

(1094 a 18–21). Dies spricht den letzten Zwecken eine Funktion zu, die verschieden von jener ist, Handlungsresultate zu beeinflussen. Ein letztes Ziel zu haben kann auch, so gibt Aristoteles zu verstehen, den Charakter des Wunsches beeinflussen; es kann den Wunsch davor bewahren, leer und sinnlos zu sein. Die Pointe des Aristoteles ist aber hier zu schwach. Hätten wir keine letzten Zwecke, wäre nicht nur der Wunsch leer und sinnlos, sondern das Leben selbst. Denn ein Leben ohne Ziele oder Zwecke wäre ein Leben, in dem man nichts zu tun hätte. Ohne Zwecke gibt es keine Mittel. Und wenn keine Tätigkeit als Mittel dient, dann ist keine Tätigkeit nützlich. Das Haben eines letzten Zwecks ist folglich eine Bedingung dafür, sich nützlicher Tätigkeit zu widmen. Nun gibt die Tatsache, daß eine Tätigkeit nützlich ist, dieser Tätigkeit Bedeutung.[3] Nehmen wir an, daß wir niemals handelten, um etwas zu erreichen oder zu Wege zu bringen, daß wir für wünschenswert hielten. Stellen wir uns anders gesagt vor, daß wir niemals irgend etwas täten, das wir für nützlich hielten. In diesem Falle diente scheinbar unsere Tätigkeit keinem Zweck. Wir fänden sie leer und sinnlos, denn sie wäre vermutlich nichtssagend. Sie wäre in unseren Augen völlig zwecklos. Ein Leben, das sich gänzlich aus solcherart Tätigkeit aufbaute, wäre in gravierender Weise ein sinnloses Leben. Folglich kann in diesem Sinne ein Leben ohne letzte Zwecke nicht bedeutungsvoll sein.

IV.  Was macht ein Leben in hier sachbezogener Weise sinnvoll? Es ist nicht so, daß das Leben, als ein Gegenstand betrachtet, eine spezifische Bedeutung hätte, die man verstehen und beschreiben könnte. Das leerste und ödeste Leben könnte, als Veranschaulichung oder Erläuterung eines Prinzips oder als ein Indikator für etwas anderes als es selbst, diese Art Bedeutung besitzen. In der Tat könnte die reine Leere des Lebens in einer solchen Weise bezeichnend sein. So hat die Tatsache, daß das Leben einer Person deshalb sinnlos ist, weil es bar jeden Zwecks ist, nicht zur Folge, daß es auch in dem Sinne sinnlos ist, daß es unverständlich wäre oder es da nichts gäbe, das man von ihm lernen könnte.

Ähnlich könnte ein Leben, das für den, der es lebt, ohne Bedeutung ist, dennoch von großer Bedeutung sein. Die Bedeutsamkeit eines Lebens ist wesentlich eine Angelegenheit seiner Wirksamkeit. Wenn eine Mikrobe eine verhee-

---

3  Wird die Tätigkeit um ihrer selbst willen geschätzt, läßt sie sich als eine solche betrachten, die nicht nur ein Zweck, sondern auch ein Mittel für sich selbst ist.

rende Epidemie auslöst, die in kritischer Weise den Lauf der Menschheits-
geschichte ändert, dann ist das Leben jener Mikrobe von beachtlicher Bedeutung. Aber das heißt offensichtlich nicht, daß die Mikrobe ein bedeutungsvolles Leben führt. Andererseits kann ein menschliches Leben für die Person, die
es führt, bedeutungsvoll sein, obwohl es keine merkliche Auswirkung auf die
Geschichte oder die Welt hat und deshalb in diesem Sinne ganz unbedeutend
ist.

Ein Leben zu leben, das für einen selbst Bedeutung besitzt, erfordert auch
nicht, daß das Leben glücklich sein oder auch ein gutes Leben sein muß. Allgemein wird die Meinung vertreten, daß es für sich selbst betrachtet eine gute
Sache sei, ein bedeutungsvolles Leben zu leben. Aber es ist bestimmt nicht die
einzige gute Sache und es könnte auch sein, daß es nicht gut genug ist. Ein
Leben mag folglich bedeutungsvoll sein und doch in anderen Hinsichten in so
schwerwiegendem Maße mangelhaft, daß kein vernünftiger Mensch es zu leben
beschließen würde.

Auch läßt sich nicht annehmen, daß ein bedeutsames Leben in jedem Falle
einem solchen vorzuziehen wäre, dem es an Bedeutsamkeit fehlt. Was ein
Leben mit Bedeutsamkeit erfüllt kann ein verwirrender und schwieriger Konflikt oder ein auf schreckliche Weise entmutigender jedoch unwiderstehlicher
Kampf sein, was verbunden mit großer Angst oder tiefem Schmerz äußerst zer-
störerisch ist. Folglich können genau jene Umstände, welche einem Leben
Bedeutsamkeit verleihen, höchst fragwürdig sein. Es wäre vielleicht besser, ein
leeres Leben zu leben, als so viel Leiden und Durcheinander zu erzeugen und
durchzuhalten.

Ein bedeutsames Leben zu leben meint folglich nicht, daß das Leben eine
Bedeutung besitzt, daß es ein bedeutsames oder daß es ein gutes Leben ist. In
Wirklichkeit meint es, daß wer auch immer es lebt sich im Laufe dieses Lebens
in beträchtlichem Maße mit einer Tätigkeit beschäftigt, die ihm wichtig ist.
Wann aber *ist* eine Tätigkeit einer Person wichtig? Sie ist ihr nur dann wichtig,
wenn diese Tätigkeit einer Sache verschrieben ist, für die sie Sorge trägt.[4]
Folglich ist das Leben einer Person nur dann bedeutungsvoll, wenn sie es in
beträchtlichem Maße einer Tätigkeit widmet, die Dingen verschrieben ist, um
die sie sich sorgt. Es ist nicht wesentlich, daß die Tätigkeit, die sie den umsorg-
ten Dingen widmet, erfolgreich sein muß. Das Maß der Bedeutsamkeit eines

---

4  Jemand kann sich natürlich hinsichtlich dessen, was ihm wichtig ist, irren. Dies
geschieht, wenn er einzuschätzen scheitert, woran ihm wirklich liegt.

Lebens hängt weniger davon ab, wieviel in ihm erreicht wird, als davon, wie es geführt wird. Was vorrangig zählt ist das Maß, in welchem die Person für die letzten Zwecke, auf die sie abhebt, Sorge trägt.

V. Letzte Zwecke sind mögliche Sachlagen, die jemand ihrer selbst wegen schätzt. Es darf jedoch nicht angenommen werden, daß das Maß dessen, wie ein Leben gelebt wird, sich durch den *Wert* seiner letzten Zwecke bestimmt. Wie ein Leben gelebt wird ist eher eine Funktion dessen, wie es für die Person ist, sie zu *verfolgen*. Das Problem der Auswahl letzter Zwecke ist dann nicht identisch mit dem Bemessungsproblem des den möglichen Sachlagen innewohnenden oder endgültigen Werts.

G. E. Moore zufolge ist die grundsätzlichste Frage der Ethik »die Frage: ›Welche Dinge sind Güter oder Zwecke an sich?‹«[5] Damit verbinden sich zumindest zwei Schwierigkeiten. Die eine besteht darin, daß Überlegungen zu Fragen des Maßes nicht beachtet werden. Daß etwas in sich selbst gut ist bedeutet, daß sein Wert nicht ausschließlich instrumentellen Charakters ist. Dies betrifft die *Art* von Wert, den es besitzt, hat aber nichts mit der *Quantität* seines Werts zu tun. Von einer Sache zu sagen, daß sie in sich selbst gut sei, heißt überhaupt nichts darüber zu sagen, wieviel Wert die Sache in sich selbst besitzt. Und es ist in der Tat gut möglich, daß eine in sich gute Sache in Wirklichkeit überhaupt nicht gut ist. Ihr Wert mag endgültigen Charakter haben, die Quantität jenes Werts jedoch unbedeutend sein.

Es gibt jedoch eine andere mit Moores Frage verbundene Schwierigkeit, die mit unserem Thema in engerem Zusammenhang steht. Moore erwähnt in einem Atemzug »Güter oder Zwecke an sich«, als ob die Vorstellung von etwas an sich Gutem mit derjenigen vom An-sich-Sein eines Zwecks frei austauschbar wäre. Mir scheint dieser Aspekt seiner Formulierung unscharf zu sein. Ob etwas an sich gut ist oder nicht hängt ausschließlich von seinen inhärenten Charakteristika ab. Ob andererseits etwas ein Zweck an sich ist hängt davon ab, ob es sich jemand zu eigen macht oder erstrebt.

Ferner ist die Überlegung, sich einen bestimmten Zweck zu eigen zu machen, eine Angelegenheit, die von der Abschätzung seines eigentlichen Werts völlig verschieden ist. Aus der Annahme der Überlegenheit einer bestimmten Sachlage gegenüber all den bewirkbaren anderen folgt nicht, daß man sich im Irrtum befände, wenn man eine andere Sachlage als letzten Zweck

---

5    G. E. Moore, Principia Ethica, Stuttgart 1970, 255.

verfolgte. Die Ziele, von denen es höchst wünschenswert wäre, sie zu erlangen, sind nicht notwendigerweise jene, von denen es das Beste wäre, daß man sie erstrebte.

Dies ist nicht nur deshalb so, weil es hinsichtlich der Wahrscheinlichkeit und der Kosten für das Erreichen verschiedener Ziele Unterschiede gibt. Es ist auch deshalb so, weil es Unterschiede hinsichtlich der Arten von Aktivitäten und der Tätigkeitsmuster gibt, durch welche verschiedene letzte Ziele verfolgt werden können. Sich einen letzten Zweck zu eigen zu machen mag eine Person dazu führen, daß sie sich auf ein Geflecht aus Überzeugung, Gefühl, Denken und Handeln einlassen wird, das sich in beachtlichem Maße von demjenigen unterscheidet, auf welches sie sich einlassen würde, falls sie sich einen anderen letzten Zweck zu eigen machen sollte. Das Leben, das sie haben wird, wenn sie den einen letzten Zweck erstrebt, mag deshalb viel reicher an bedeutsamer Tätigkeit und im ganzen gesehen wünschenswerter sein, als das Leben, das sie hätte, würde sie das andere erstreben.

Es gibt keinen Grund für die Annahme, daß die relativen Werte dieser beiden Tätigkeitsreihen den relativen Werten der letzten Zwecke entsprechen werden, denen sie jeweils verschrieben sind. Die für das Erreichen eines bestimmten letzten Zwecks von großem Wert erforderliche Tätigkeit kann letztlich äußerst dürftig sein; und insofern wäre das Leben, das eine Person der Verfolgung jenes letzten Zwecks widmete, nahezu leer. Andererseits könnte ein bestimmtes letztes Ziel von geringerem inneren Wert belebend komplexe und ungeteilte Aufmerksamkeit erfordern. Sich jenen Zweck zu eigen zu machen würde folglich das Leben der Person mit Zielbewußtheit erfüllen und ihr Leben wäre in dieser Hinsicht bedeutungsvoller.[6] Somit könnte eine Person gute Gründe dafür haben, sich letzte Zwecke zu eigen zu machen, deren endgültiger Wert relativ niedrig ist. Die Verfolgung von Zwecken geringeren endgültigen Werts könnte ein Beitrag zu einem Leben sein, das bedeutungsvoller wäre als eine Tätigkeit, die sich dem Zustandekommen von Sachlagen größeren inneren Werts widmete.

---

6  Jemandem könnte es zum Beispiel möglich sein, der Menschheit einen großen Nutzen einfach durch das Drücken eines Knopfes zu stiften. Ein Leben, das sich dem Zustandekommen dieses Nutzens widmete, dessen einzige bedeutungsvolle Tätigkeit im Drücken des Knopfes bestände, würde weniger bedeutsam sein als ein Leben, das einem letzten Zweck von geringerem Wert gewidmet war, aber nur durch eine komplexe und abwechslungsreiche Tätigkeit erstrebt werden konnte.

VI. Wodurch wird festgelegt, ob etwas einer Person von Bedeutung ist oder nicht? Auf den ersten Blick könnte es scheinen, daß in einigen Fällen die Überzeugungen und Einstellungen der Person entscheidend sind, in anderen Fällen hingegen nicht. Einer Person sind bestimmte Dinge bedeutsam, ob diese Person um deren Bedeutsamkeit für sich nun weiß oder nicht – in der Tat unabhängig davon, ob ihr überhaupt etwas an diesen Dingen liegt. Sie sind für die Person aufgrund ihres Vermögens bedeutsam, auf die Person in bestimmter Weise auch dann einzuwirken, wenn sie sich nicht bewußt ist, daß sie jenes Vermögen besitzen. So sind zum Beispiel Vitamine für Menschen von Bedeutung, die nichts über solche Dinge wissen. Andererseits sind bestimmte Dinge einer Person nur deshalb bedeutsam, weil sie in der Tat für sie Sorge trägt. Betrachten wir zum Beispiel die Freunde einer Person. Würde sie diese Menschen nicht kennen oder wäre sie ihnen gegenüber gleichgültig, so könnte es gut sein, daß sie sich weder von ihnen erfreuen noch von ihnen verletzen ließe. Daß sie das Vermögen besitzen, auf die Person Einfluß zu nehmen und ihr folglich von Bedeutung zu sein, kann, anders gesagt, völlig ihren Haltungen ihnen gegenüber geschuldet sein.

In Fällen der ersten Art ist die Person hinsichtlich der Tatsache, daß ihr der Gegenstand bedeutsam ist, passiv. Die Bedeutung, die er für sie besitzt, ist gänzlich unabhängig davon, ob sie auf ihn bezogen irgendwelche tatsächlichen Absichten hegt oder ob sie auch nur über ihn nachdenkt. In Fällen der zweiten Art hängt die Bedeutung, die der Gegenstand für die Person besitzt, wesentlich von ihrer Tätigkeit ab. Für etwas zu sorgen heißt nicht nur, von ihm angezogen zu sein oder bestimmte Gefühle zu erfahren. Streng genommen läßt sich von keinem sagen, er sorge sich um etwas, es sei denn, er bringt sein Verhalten zumindest in bestimmtem Maße in Übereinstimmung mit den Konsequenzen seines Interesses, das er an ihm nimmt. Dies heißt, ihm und demjenigen, was ihm von Wichtigkeit ist, Aufmerksamkeit entgegenzubringen, es heißt Entscheidungen zu fällen und Maßnahmen zu ergreifen. Folglich ist die Person hinsichtlich jener Dinge mit Notwendigkeit aktiv, deren Bedeutung für sie der Tatsache geschuldet ist, daß sie für sie Sorge trägt.[7]

Jedoch auch in Fällen der ersten Art ist einer Person ein Gegenstand dann nicht bedeutsam, wenn sie sich um *überhaupt* nichts kümmert. Nehmen wir an, sie ist sich der Existenz eines bestimmten Gegenstands nicht bewußt und sorgt

---

7   Eine umfassendere Erklärung des sich um etwas Sorgens habe ich versucht zu geben in den abschließenden Essays von: Necessity, Volition, and Love, Cambridge 1999. Vgl. in diesem Band S. 149–179

sich daher nicht um ihn. Er könnte ihr dennoch kraft seines Vermögens, auf sie einzuwirken, von Bedeutung sein. Aber nehmen wir an, sie sorgt sich um keine der sie betreffenden Auswirkungen, die er haben könnte. Nehmen wir an, daß es ihr völlig gleichgültig ist, ob sie auf diese Weise beeinflußt wird oder nicht. In diesem Fall wäre ihr der Gegenstand in keiner Weise bedeutsam.

In allen Fällen ist somit dasjenige, was Menschen wichtig ist, dadurch bestimmt, wofür sie Sorge tragen. Würden sie sich um nichts sorgen, so wäre ihnen nichts wichtig. Hätte dies aber selbst irgendeine Bedeutung? Gibt es irgendeinen Grund, warum es einer Person bedeutsam sein sollte, ob ihr irgend etwas bedeutsam ist? Letztlich würde jemandem, dem nichts bedeutsam wäre, auch *dies* nicht bedeutsam sein, wie Thomas Nagel bemerkt.[8]

Etwas, das einer Person wichtig ist, vermag auf sie so einzuwirken, wie sie sich darum sorgt. Weil sie sich um jene Auswirkungen sorgt, ist sie dahingehend motiviert, Schritte zu unternehmen, sich ihres Besitzes zu erfreuen oder sie zu vermeiden. Nehmen wir aber an, daß ihr nichts bedeutsam wäre. Dann hätte sie kein Motiv, irgendwelche Schritte dieser Art zu unternehmen. Sie würde, was überlegte, zielbewußte Tätigkeit betrifft, vergehen. An nichts interessiert, würde sie weder nach etwas streben noch danach, etwas zu vermeiden. Das Ergebnis wäre eine Zersplitterung des Lebens, Passivität und Langeweile. Es ist wahr, daß auch eine Person, die sich um nichts sorgte, noch immer freiwillige Bewegungen vollbringen könnte. Sie würde sie aber nicht vollziehen, weil sie es als bedeutsam ansähe, sie zu machen. Sie würde sie ohne persönliche Beteiligung an ihrem Tun vollziehen – das heißt, ohne sich darum zu kümmern, ob sie es tut oder nicht.[9]

---

8  »Gibt es *sub specie aeternitatis* keinen Grund daran zu glauben, daß irgend etwas von Bedeutung ist, so ist dies eben gleichermaßen belanglos, und wir tun gut daran, unserem absurden Leben von nun an mit Ironie zu begegnen, statt voller Heldenmut oder Verzweiflung.« Thomas Nagel, Letzte Fragen, Bodenheim b. Mainz 1996, 44.

9  Versteht es sich von selbst, daß sich um nichts zu sorgen bedeutet, ein schlechtes Leben zu haben? Verschiedene östliche Gedankensysteme scheinen das in der Tat zu empfehlen. Ihre Anhänger werden darin bestärkt, nach einem Zustand zu streben, in welchem der Wille aufgehoben ist – in welcher man als wollender Akteur nicht mehr existiert. Sie erkennen jedoch an, daß die Aufhebung des Willens ein anhaltendes Programm streng disziplinierter Anstrengungen erfordert. Das Selbst auszulöschen ist eine komplizierte, langwierige und schwierige Aufgabe. Bestrebungen, dies zu erreichen, sind unvermeidlich anstrengend und scheitern oftmals. Auch denjenigen, deren bedeutsamste Sache darin besteht, daß ihnen nichts bedeutsam sein soll, ist die Sorge *darum* mit beträchtlichem Willen und Handeln verbunden.

VII.  Der Annahme folgend würde ein Leben, in dem es wirklich der Fall wäre, daß es nichts von Bedeutung gibt, ein Leben ohne bedeutsame letzte Zwecke sein. Daraus folgt, daß es ein Leben ohne bedeutsame Aktivität wäre. Jeder, der ein solches Leben lebte, würde gleichgültig und teilnahmslos hinsichtlich all dessen sein, was er tun könnte. Ihm würde ferner langweilig sein. Langeweile zu vermeiden ist, wie ich glaube, ein sehr grundsätzliches menschliches Bedürfnis. Es ist keine Frage bloßer Abneigung gegenüber einem eher unangenehmen Bewußtseinszustand. Langeweile hat eine Verminderung der Aufmerksamkeit zur Folge. Unsere Ansprechbarkeit gegenüber bewußten Stimuli wird immer geringer und schwindet, von Unterschieden wird keine Notiz genommen und Unterscheidungen werden nicht getroffen, so daß das Bewußtseinsfeld in steigendem Maße gleichförmig wird. Das allgemeine Funktionieren des Geistes vermindert sich. Für Langeweile ist wesentlich, daß sie mit einer Minderung geistiger Lebendigkeit verbunden ist. Ihrer Tendenz nach nähert sie sich einer kompletten Einstellung signifikanter Differenzierungen innerhalb des Bewußtseins und diese Vergleichgültigung ist letztlich gleichbedeutend mit dem Beenden bewußter Erfahrung überhaupt.

Nimmt das Ausmaß unserer Langeweile in wesentlichem Maße zu, wird der bloße Fortbestand psychischer Tätigkeit untergraben. Sie droht dann, anders gesagt, das tätige Selbst auszulöschen. Unser Interesse an der Vermeidung von Langeweile manifestiert deshalb nicht nur einen Widerstand gegenüber einem Unbehagen, sondern ein ganz elementares Bedürfnis nach psychischem Überleben. Selbstverständlich ist dies als Modifikation des geläufigeren Triebs der Selbsterhaltung zu deuten. Jedoch steht es mit »Selbsterhaltung« nur in einem ungewöhnlich buchstäblichen Sinn in Zusammenhang – nicht im Sinne der Aufrechterhaltung des *Lebens* des Organismus, sondern des *Beharren des Selbst*.

VIII.  Was jemandem von Bedeutung ist, hängt davon ab, worum er sich sorgt. Das läuft scheinbar darauf hinaus, daß nichts eine jedermann betreffende inhärente Bedeutung hat. Die Tatsache, daß eine Person etwas wichtig findet, ist ausnahmslos eine Funktion der Gefühle, Einstellungen und Absichten der Person. Nur an sich selbst betrachtet, gänzlich abgesehen von jeder dahin gehenden Überlegung, worum sich die fragliche Person sorgt, läßt sich weder sagen, was ihr bedeutsam ist, noch was ihr nicht bedeutsam ist. Das Maß der Wichtigkeit, die etwas für sie besitzt, hängt nämlich im Wesentlichen von anderen als jenen Überlegungen ab, die sich allein mit dessen inhärenten Eigenschaften beschäftigten.

Es gibt jedoch eine Ausnahme dieses Prinzips, daß die Bedeutung, die irgend etwas besitzt, von außerhalb seiner selbst liegenden Überlegungen abhängt. Menschen sind in der Lage, sich selbst von Bedeutung zu sein. Ist sich eine Person von Bedeutung, so hat sie sich offenkundig selbst mit dieser Bedeutung ausgestattet. Denn sie ist sich nur vermöge der Tatsache wichtig, daß sie sich um sich sorgt. In diesem einen Falle sind die Eigenschaften des Gegenstandes der Ursprung der Wichtigkeit. Die Bedeutung, die eine Person sich selber zumißt, ist insofern einzigartig, als sie ihr in keiner Weise äußerlich ist. Daraus folgt natürlich, daß sie jemandem, der sich dieser Bedeutung erfreut, durch nichts anderes und niemand anderen als ihn selbst genommen werden kann. Nur wenn sich eine Person nicht um sich selbst sorgt, kann sie dahingehend versagen, sich selbst von Bedeutung zu sein.

Nun scheint es eine völlig kontingente Angelegenheit zu sein, ob sich eine Person selbst von Bedeutung ist oder nicht. Sie hängt einfach davon ab, ob die Person sich um sich sorgt. Und gewiß könnte sie dies entweder tun oder nicht tun. Die Bedeutung, die eine Person sich selbst beimißt, liegt offenkundig insofern in ihr selbst beschlossen, als sie ausschließlich von ihren eigenen Charakteristika abhängt. Wenn die Charakteristika, von welchen sie abhängt, in der Tat kontingent sind, dann sind sie jedoch auch bedingt. Kann es aber wirklich eine Person geben, die nicht für sich Sorge trägt? Vielleicht ist die Sorge um sich selbst von wesentlicher Bedeutung dafür, eine Person zu sein. Kann man strenggenommen jemanden, den seine eigenen Umstände und Tätigkeiten nicht im geringsten interessieren, überhaupt als Person ansehen? Vielleicht ist nichts, was völlig gleichgültig gegenüber sich selbst wäre, wirklich eine Person – unabhängig davon, wie klug oder gefühlvoll oder in anderen Hinsichten Personen ähnlich es sein mag.

Nehmen wir an, die hier in Frage stehende Art von Reflexivität wäre tatsächlich ein für Personen konzeptionell wesentliches Merkmal. Dann könnte es möglicherweise eine Person, die sich keine Bedeutung beimißt, nicht geben. Sicherlich wäre die sie selbst betreffende Bedeutung einer Person immer noch bedingt. Aber keine Person könnte es unterlassen, der erforderlichen Bedingung zu entsprechen.

IX. Gehen wir zu dem Punkt der die Beziehung von Mitteln und Zwecken betreffenden Frage zurück, der in ihrer Behandlung durch Aristoteles nicht hinreichend berücksichtigt worden war. Der Punkt ist der, daß nützliche Tätigkeit für uns nicht nur instrumentellen Wert besitzt, sondern auch letztendlichen Wert, weil ein belangvolles Leben zu führen uns um seiner selbst willen von Bedeutung ist. Vom Streben nach einer wünschenswerten Sachlage in Anspruch genommen zu sein ist nicht ausschließlich aufgrund dessen wünschenswert, daß das Bestehen der Sachlage wünschenswert ist. Das Streben ist auch wünschenswert als ein Zweck an sich selbst. Dies ist deshalb so, weil die Arbeit daran, wünschenswerte Zwecke zu realisieren, für ein belangvolles Leben wesentlich ist. In der Tat ist das Leben einer Person nur in dem Maße belangvoll, als sie sich der Verfolgung von Zielen widmet, die ihr bedeutsam sind. Daß wir instrumentell wertvolle Arbeit zu tun haben ist uns folglich von beachtlicher Bedeutung um seiner selbst willen.

Da es nützliche Arbeit für eine Person – ausgenommen, sie hat letzte Zwecke – nicht geben kann, ist die Beziehung zwischen instrumentellen und letztendlichen Werten nicht einfach einsinnig. Eher als unzweideutig asymmetrisch zu sein ist die Beziehung reziprok. Denn unsere letzten Zwecke schöpfen einen bestimmten instrumentellen Wert allein aus der Tatsache, daß sie endgültig wertvoll sind. Ein Grund sie zu verfolgen besteht natürlich darin, daß sie (der Annahme entsprechend) an sich selbst wertvoll sind. Sie zu verfolgen ist teilweise jedoch auch deshalb gerechtfertigt, weil das Erstreben einer intrinsisch wertvollen Sachlage selber intrinisisch wertvoll ist. Vermöge der Tatsache, daß diese intrinsisch wertvolle Tätigkeit ohne einen letzten Zweck unmöglich ist, kommt ihrem letzten Zweck instrumenteller Wert zu.

Der springende Punkt besteht hier nicht darin, daß eine Tätigkeit inhärenten, endgültigen Wert besitzen mag. Aristoteles selbst bemerkt, daß Tätigkeiten als letzte Zwecke und nicht nur als Mittel für andere Zwecke begehrt werden können. Er gesteht zu, daß Tätigkeiten einfach um ihrer selbst willen vollzogen werden können, erkennt aber nicht, daß sie endgültigen Wert genau deshalb besitzen mögen, weil sie instrumentell wertvoll sind. Er hat einfach die Vorstellung, daß eine Tätigkeit ihres inhärenten Charakters wegen begehrt werden kann, ganz unabhängig davon, welchen Wert sie dadurch zu erlangen vermag, daß sie ein Mittel für etwas anderes ist.

Ein belebendes Training mit seinem begeisternden Feuer ungehinderter Vitalität ist an sich selbst gut, ungeachtet der Frage, ob es für irgend etwas anderes gut ist. Dasselbe gilt für intellektuelle Tätigkeiten verschiedener Art und das Hören von Musik. Nehmen wir andererseits die Tätigkeit der Herstellung von Zaumzeug für Pferde. Aristoteles betrachtet diese Tätigkeit als wünschenswert ausschließlich der militärischen Zwecke wegen, denen sie als Mittel dienen (1094 a 10–15). Offensichtlich sieht er es als erwiesen an, daß die Herstellung von Zaumzeug nicht an sich selbst erfreulich oder faszinierend ist. Sie ist, wie er glaubt, keine Tätigkeit, die jemand um ihrer selbst willen, als ein

Zweck an sich selbst ausführen würde. Ihr Wert ist ihm ausschließlich instrumentellen Charakters. Die Herstellung von Zaumzeug bietet also ein Beispiel für die Überzeugung des Aristoteles, daß die »Tätigkeit des Handwerkers ihren Wert nur vom Wert dessen erhält, was der erste Wert produziert«.[10]

Räumen wir ein, daß die Herstellung von Zaumzeug eine Tätigkeit ohne inhärenten Wert ist, was völlig sinnlos wäre, falls Zaumzeug überhaupt keinen Wert hätte. Dennoch können wir nicht annehmen, daß die Bedeutung, welche die Herstellung von Zaumzeug für eine Person hat, sich gänzlich mit der Bedeutung deckt, die das Zaumzeug zu haben für sie besitzt. Es ist schon möglich, daß praktisches Können und wissenschaftliche Untersuchungen, wie Aristoteles behauptet, einfach auf ihre Resultate gerichtet sind oder wenn sie es wert sind, um ihrer selbst willen verfolgt zu werden, auf sich selbst. *Menschen* jedoch richten ihre Bestrebungen auch darauf, eine nützliche Arbeit zu haben. Außerdem begehren sie nützliche Arbeit nicht nur deshalb, weil sie deren Produkte schätzen. In der Tat zählt nützliche Arbeit zu ihren letzten Zwecken. Sie begehren sie um ihrer selbst willen, da ohne sie das Leben leer und sinnlos ist.

Jeder rationale, die Aneignung von letzten Zwecken betreffende Beschluß muß zum Teil auf der Grundlage einer Bewertung der Arten von Tätigkeiten getroffen werden, durch welche die verschiedenen voraussichtlichen Zwecke zu verfolgen wären. Er erfordert eine Erwägung nicht nur des diesen Tätigkeiten an sich selbst inhärenten Werts, sondern auch des endgültigen Werts, den sie insofern besitzen, als sie zur Bedeutsamkeit des Lebens beitragen. Erstrebt eine Person einen letzten Zweck lieber als einen anderen, so kann sie dies dazu führen, sich mit an sich selbst angenehmeren Tätigkeiten zu beschäftigen. Auch mag sie das dazu führen, ein bedeutungsvolleres Leben zu leben. Dies wird sich dann erreichen lassen, wenn der Beschluß eine reichere und auf breiteren Grundlagen beruhende Zielbewußtheit zur Folge hat – d. h. wenn der dadurch hervorgerufene Zusammenhang von Tätigkeiten eine größere Komplexität besitzt und er sich dem Leben der Person in umfassenderer Weise mitteilt.

Für die Bewertung eines voraussichtlichen letzten Zwecks ist dementsprechend die Überlegung von wesentlicher Bedeutung, wieviel des endgültigen Werts dieser Zweck den Mitteln, durch welche er zu verfolgen wäre, zuführen würde. In diesem Sinne müssen letzte Zwecke auf der Grundlage ihrer Nützlichkeit bewertet werden. In einer Hinsicht haben die Tätigkeiten kraft deren

10 H. H. Joachim, The Nicomachian Ethics. A Commentary, Oxford 1951, 20.

wir unsere endgültig wertvollen Zwecke verfolgen, nur instrumentellen Wert, der kennzeichnend für Mittel ist. Jedoch in einer anderen Hinsicht sind diese Tätigkeiten selber endgültig wertvoll und statten die letzten Zwecke, derentwegen sie vollzogen werden, mit instrumentellem Wert aus.

X. Wenn jemand die Wahl seiner letzten Zwecke in Angriff nimmt, beabsichtigt er, die Ziele und Werte zu identifizieren, die sein Verhalten auf grundsätzlichste Weise leiten und beschränken werden. Es sucht, mit anderen Worten gesagt, die Fragen zu beantworten, wie er leben sollte. Nun leidet diese Frage an einem Problem, das man »systematisch inchoativ« nennen kann. Es besteht darin, daß die Bedeutung der Frage verläßlich nicht vor ihrer Beantwortung gedeutet zu werden vermag. Das heißt, wie die Frage zu verstehen ist, hängt davon ab, wie sie beantwortet werden muß. Scheinbar müssen wir also die Frage zu klären versuchen, bevor wir genau wissen, worin sie besteht.

Eine Entscheidung hinsichtlich dessen, wie man leben solle, muß eine Vielzahl verschiedener Überlegungen in Betracht ziehen. Einige davon sind ethischen Charakters: Sie beschäftigen sich damit, welche Lebensweisen moralisch erlaubt oder moralisch wünschenswert oder obligatorisch sind. Andere betreffen die Gefühle und Einstellungen der Person, deren Leben in Frage steht: was ihr Genugtuung verschafft, zum Beispiel, oder was sie wirklich wünscht. Die Aufzählung und Klärung dieser Überlegungen ist mit substanziellen Problemen verbunden. Es gibt jedoch eine allgemeinere Schwierigkeit, die viel grundsätzlicher als diese ist.

Eine Person muß bei jeder vernünftigen Überlegung, welche die Frage betrifft, wie sie leben solle, die Werte der von ihr als für sie bedeutsam erachteten Dinge einschätzen und vergleichen. Sie muß die jeweiligen Rollen bestimmen, welche Gefühle, Wünsche, Moral, verschiedene persönliche Verpflichtungen und Ideale und all das, worum sie sich sonst noch sorgt, in ihrem Leben spielen sollen. Die entscheidendste Frage, der sie bei der ihre letzten Zwecke betreffenden Entscheidung begegnen muß, besteht darin, die relative Bedeutung zu bestimmen, die sie jedem von ihnen gewähren wird. Die Beantwortung der Frage, wie man leben solle, ist in der Tat gleichbedeutend damit, diese Festlegung zu treffen.

Dies heißt aber, daß es zwischen der Beantwortung der Frage und der Bestimmung der Grundlage ihrer Beantwortung keinen substanziellen Unterschied gibt. Die Zuerkennung der Gewichte der verschiedenen, eine Entscheidung, wie man leben solle, betreffenden Überlegungen ist identisch mit dieser Entscheidung. Aufgrund dessen läßt sich die Frage als systematisch inchoativ bezeichnen. Vor ihrer Beantwortung ist es unmöglich im Ganzen zu verstehen, wonach sie fragt.

Was bringt uns dazu, danach zu fragen, wie wir leben sollten? Wir werden diese Frage zu stellen veranlaßt, weil wir die Prinzipien und Zwecke feststellen möchten, denen wir uns widmen und durch welche wir uns beschränken sollten. Unser Motiv ist, anders gesagt, ein Interesse am Verständnis dessen, wofür wir Sorge zu tragen haben. Wir sind darauf bedacht, darüber Klarheit zu erlangen, was für uns bedeutsam sein soll. Nun ist die Frage genau aus diesem Grunde so hoffnungslos unbestimmt. Denn der Begriff der Bedeutsamkeit ist ähnlich inchoativ. Auch ist er einer methodischen und analytisch bestimmten Aufklärung nicht zugänglich.

Nichts ist von Bedeutung, es sei denn, es macht einen Unterschied. Nehmen wir nämlich an, etwas machte überhaupt keinen Unterschied: Alles andere würde genau das gleiche bleiben, ob es existierte oder nicht. Dann besäße es sicherlich gar keine Bedeutung. Die Setzung eines Unterschieds ist folglich eine notwendige Bedingung dafür, bedeutsam zu sein. Diese Bedingung ist jedoch nicht hinreichend. Die bloße Tatsache, daß etwas einen Unterschied macht, ist nicht genug dafür, ihm Bedeutung zu verleihen. Letztlich macht in der Tat alles irgendeinen Unterschied. Dennoch sind bestimmte Dinge völlig ohne Bedeutung. Sie sind, obwohl sie einen Unterschied machen, unbedeutend, weil der einzige Unterschied, den sie machen, unbedeutend ist.

Folglich ist etwas, das einen Unterschied macht, nur dann bedeutend, wenn der Unterschied, den es macht, nicht bedeutungslos ist. Es muß einen bedeutenden Unterschied setzen. Daraus folgt, daß wir nicht bestimmen können, ob etwas bedeutsam ist, es sei denn, wir sind schon in der Lage, zwischen Unterschieden zu unterscheiden, die trivial sind, und solchen, die bedeutend sind. Jeder Versuch der Formulierung eines bestimmenden Kriteriums für den Begriff der Bedeutung muß deshalb zirkulär sein.

XI. Nehmen wir an, daß es jemanden gibt, dem nichts bedeutsam ist. Eine solche Person hat keine Grundlage, auf welcher sie zu der Überzeugung kommen kann, daß ihr etwas bedeutsam ist. Wenn es wirklich stimmt, daß sie sich um nichts kümmert, dann ist es ihr nicht möglich, irgendeine überdachte Entscheidung zu fällen, sich um irgend etwas zu sorgen. Sich um irgend etwas zu sorgen oder es als für sich selbst bedeutsam zu erachten heißt, durch irgendein Interesse an ihm motiviert zu sein. Das Interesse kann positiv oder negativ sein: Haß oder Liebe, ein Wunsch, etwas zu besitzen oder ein Wunsch, etwas zu vermeiden, ein Interesse daran, den Gegenstand zu erhalten oder ihn zu zerstören.

Wenn sich eine Person um etwas sorgt, dann ist ihr Wille in irgend einer solchen Weise mit Notwendigkeit entschieden oder fixiert. Das heißt, sie ist nicht jedem gegenüber völlig gleichgültig. Nun kann eine Person effektiv nur dann darüber nachdenken, was ihre letzten Ziele sein sollten, d. h. was ihr von Bedeutung sein oder worum sie sich sorgen sollte, wenn ihre Willensnatur schon in bestimmten Hinsichten fixiert ist. Sie wird nicht in der Lage sein, der Frage nachzugehen, wie sie leben sollte, es sei denn, es ist schon der Fall, daß es einige Dinge gibt, um die sie sich sorgt.

Ist jemand daran interessiert, einen vernünftigen Beschluß dahingehend zu fassen, wie er leben soll, so kann er nicht so vorgehen, daß er es zu Beginn ablehnt, jede Willensbestimmung als erwiesen anzunehmen. Besteht er auf völliger Unbefangenheit und auf der Bewertung der verfügbaren Optionen ohne Leitung durch irgendeine voilitionale Prädisposition, wird seine Nachforschung nichts bringen. Die panrationalistische Forderung nach selbstloser Objektivität ist in diesem Zusammenhang unvernünftig. Es macht keinen Sinn, einen unpersönlichen, von keinem besonderen Bewertungsstandpunkt ausgehenden Zugang für das Problem zu wählen, wie man leben sollte.

Die Tatsache, daß der Wille im voraus fixiert sein muß, bedeutet nicht, daß er unwandelbar fixiert sein muß. Was einer Person wichtig ist hängt, wie andere Charakteristika auch, von einer Vielzahl kausal einflußreicher Faktoren ab. Diese werden zu verschiedenen Zeiten verschieden sein. Deshalb können wir damit beginnen, uns um bestimmte, uns bisher gleichgültige Dinge zu sorgen, und aufhören, uns um andere zu kümmern. Volitionale Änderungen dieser Art beeinträchtigen selbst nicht unser Vermögen zur Beurteilung dessen, was von Bedeutung ist. Um eine Grundlage für die Einschätzung dessen zu haben, was ihr bedeutsam ist, muß eine Person bereits für etwas Sorge tragen. Dabei muß es sich aber nicht um das handeln, worum sie sich zu einer früheren Zeit gekümmert hat, oder etwas, wofür sie später Sorge tragen wird.

Obwohl das, was einer Person früher wichtig war, sich wandeln mag, darf es nicht Gegenstand ihrer eigenen unmittelbaren Willenskontrolle sein. Wenn es ihr eine wirkliche Grundlage für die Bewertung dessen liefern soll, was von Wichtigkeit ist, dann kann die Tatsache, daß sie sich darum sorgt, nicht einfach von ihrer eigenen Entscheidung oder Wahl abhängen. Stellen wir uns nämlich vor, sie würde tatsächlich in der Lage sein, die Tatsache in dieser Weise – d. h. durch die Ausübung eines bloßen Willensakts – zu ändern. Stellen wir uns vor, es läge einfach an ihr, ob sie sich weiterhin um etwas sorgt oder nicht. Wie könnte sie sich entscheiden? Auf welcher vernünftigen Grundlage könnte sie ohne Willkür den notwendigen Beschluß fassen?

Sie hätte sich selbst die folgende Frage zu stellen: »Ist es mir wichtiger, an meinem Willen, so wie er ist, festzuhalten oder ist es mir wichtiger, ihn zu ändern?« Sie würde aber offensichtlich nicht in der Lage sein, diese Frage zu beantworten. Denn allein dadurch, daß sie die Frage stellt und sich überlegt, was ihr Wille sein solle, suspendiert sie die Autorität jedwedes vorherigen Zustands ihres Willens, der die Grundlage ihrer Beantwortung geliefert hätte. Auch hier erfordert die Möglichkeit, vernünftig zu sein, den Verzicht auf die vom panrationalistischen Ideal verordnete Selbstverleugnung.

Damit eine Person eine geeignete Grundlage für den Beschluß über ihre letzten Zwecke besitzt, reicht es folglich nicht aus, daß es etwas gibt, das ihr im Voraus wichtig ist; dessen Bedeutung muß dazu noch ihrer unmittelbaren freiwilligen Kontrolle entzogen sein. Es muß, anders gesagt, etwas geben, um das zu sorgen ihr *nicht freisteht*. Weder heißt dies, daß ihre Sorge darum jeder Möglichkeit der Änderung unzugänglich ist, noch daß sie selbst es nicht ändern kann. Vielmehr meint dies, daß es nicht an ihr – als eine Angelegenheit ihrer freien Wahl – liegt, daß sie sich darum sorgt: Ob sie sich darum kümmert hängt nicht einfach davon ab, daß sie sich in der einen oder anderen Weise entscheidet. Die Tatsache, daß es ihr wichtig ist, muß einem Merkmal ihres Willens zugeschrieben werden, das sie durch eine einfache Entscheidung weder aufrechterhalten noch ändern kann.

In der Diskussion um die Moralphilosophie betreffenden Dinge zählen eine Reihe von Philosophen für gewöhnlich in dem einen oder anderen Maße auf Berichte »moralischer Intuitionen«, d. h. darauf, was Menschen zu Fragen, wie man sich verhalten soll, zu sagen geneigt sind. Obwohl dies hilfreich sein kann, ist etwas anderes erforderlich, um der Frage nachzugehen, wie man leben sollte. Was wir in dem Falle insbesondere wissen müssen ist nicht, worum wir *geneigt sind*, uns zu sorgen oder was wir *geneigt sind*, für wichtig zu nehmen. Wir müssen wissen, was es ist – wenn überhaupt etwas –, das uns wichtig zu nehmen oder uns darum zu sorgen *nicht freisteht*.

Dies ist nicht nur hilfreich, es ist unverzichtbar. Eine Person, die nicht im Voraus durch eine solche Notwendigkeit gebunden ist, wird daran scheitern, einer notwendigen Bedingung dafür zu entsprechen, eine rationale Wahl der letzten Zwecke zu treffen. Wenn ihr volitionaler Charakter unbestimmt ist oder unter der direkten Kontrolle ihres eigenen Willens steht, kann sie in keiner durchdachten Weise bei der Bestimmung dessen verfahren, wie sie leben sollte.

# Die Notwendigkeit von Idealen

## I.

Unsere Kultur schreibt einem bestimmten Freiheitsideal einen hohen Wert zu, das als Verfügbarkeit von Möglichkeiten zu unterschiedlichen Lebensentwürfen und Modalitäten der Lebensführung begriffen wird. Seit langem sind wir darauf festgelegt, die Vermehrung von Optionen zu begünstigen. Institutionelle, technologische und ideologische Vorkehrungen stützen diese Festlegung. Sie ist unterdessen auch moralisch verankert: Wir bewundern Menschen und Gesellschaften, die Freiheit fördern, und wir bedauern Praktiken und Umstände, die Freiheit einschränken. Je größer der Spielraum für individuelle Entscheidungen über den Einsatz von Mitteln und die Definition von Zwecken und je bedeutender die Bandbreite vernünftiger Alternativen, die eine Gesellschaft ihren Mitgliedern bietet, desto menschlicher und aufgeklärter scheint sie zu sein.

Unsere Vorstellung vom Ideal der Freiheit wird freilich durch Legitimitätserwägungen eingegrenzt. Auch begeisterte Anhänger der Freiheit räumen ein, daß bestimmte Handlungsmöglichkeiten in moralischer oder anderer Hinsicht unannehmbar sind. Diese Einschränkungen wurden indessen nach und nach liberalisiert. Die Vermehrung der Möglichkeiten, die durch technologische und sozialtechnische Fortschritte herbeigeführt wurde, hat zu einer erheblichen Schwächung der ethischen und sozialen Einschränkungen geführt, welche die Legitimität von Präferenzen und Handlungsweisen bestimmen. Die Erweiterung der Freiheit betrifft folglich sowohl die Handlungsoptionen als auch das Urteil über die Erlaubtheit einer Option. Die Verbindung einer grenzenlos verbesserten technischen Kontrolle mit einer zunehmend unkritischen Festlegung auf das Ideal der Freiheit hat eine Entwicklung in Gang gesetzt, an deren Ende eine Kultur steht, in der alles möglich und alles zulässig ist.

Auch ein weiteres Ideal genießt erheblichen Zuspruch, obwohl es sich nicht einer so weitgehenden Anerkennung erfreut wie das Ideal der Freiheit. Es handelt sich um das Ideal der Individualität, das im Sinne der Entwicklung eines starken Gefühls einer unverwechselbaren persönlichen Identität begriffen wird. Insoweit dieses Individualitätsideal für Menschen verpflichtend wird, fühlen sie sich gedrängt, ihre Persönlichkeit und ihren Charakter zu bilden und über ihre Lebensführung und Handlungsweisen selbst autonom zu entscheiden. Insoweit es Männern und Frauen gelingt, dieses Ideal zu realisieren, sind sie Menschen, die wissen, was sie wollen. Sie bilden ihre Absichten nicht durch Nachahmung, sondern durch einen individuellen, schöpferischen Prozeß, in dem ein Mensch unabhängig von anderen entdeckt und entscheidet, was er ist. Wenn die Bandbreite der vorhandenen und erlaubten Optionen wächst, nimmt notwendig der Umfang der Notwendigkeit im menschlichen Leben ab. Seltener werden Menschen mit Verhältnissen konfrontiert, die ihnen nach ihrer Auffassung keine andere Wahl lassen, als einer bestimmten Handlungsperspektive zu folgen. Doch führt die fortschreitende Verringerung der Notwendigkeit, wie sie durch die fortgesetzte Annäherung an das Ideal der Freiheit bewirkt wird, zur Gefährdung eben dieses Ideals. Sie gefährdet auch das Ideal der Individualität Denn es gilt für Freiheit und Individualität gleichermaßen, daß sie Notwendigkeit *erfordern*.

## II.

Meist wird unterstellt, daß die Erweiterung der Freiheit das Leben bereichert. Doch dies ist nur teilweise wahr. In der Tat könnte es sein, daß es den Genuß der Freiheit durchaus nicht fördert, wenn der Griff der Notwendigkeit gelockert wird. Wenn die Einschränkung persönlicher Optionen allzu weitgehend aufgehoben wird, so könnte dies auch eine Unsicherheit über die eigenen Interessen und Präferenzen zur Folge haben. Anstatt mit wachsender Bandbreite verfügbarer Optionen zu erfahren, daß Umfang und Intensität der eigenen Handlungsautonomie entsprechend zunehmen, kann es sein, daß ein Mensch die Erfahrung macht, daß sein Wille, zu entscheiden und zu wählen, geschwächt wird.

Mit anderen Worten: Die Zunahme der Optionen, die ein Mensch hat, kann sein Identitätsgefühl schwächen. Die Aufgabe, eine große Zahl zusätzlicher Optionen zu bewerten und zu ordnen, kann seine Fähigkeit überfordern, Entscheidungen zu treffen, die in einem klaren Verständnis seiner Wertungen und Bedürfnisse begründet sind, die persönliche Einschätzung von Interessen und Prioritäten, die einen Menschen einigermaßen befriedigend durch eine begrenzte Zahl alternativen Optionen lenkt, dürfte ihn durch eine größere Zahl von Möglichkeiten weniger zielsicher leiten Seine Gewißheit über die eigenen Präferenzen und Vorlieben – eine Gewißheit, die sich unter der Bedingung weniger und vertrauter Optionen entwickelt hat – dürfte aus dieser Situation erheblich geschwächt hervorgehen. Das heißt, ein Mensch könnte die beunruhigende Erfahrung machen, daß er nicht mehr deutlich versteht, wer er ist. Die zuvor verläßliche Gewißheit seiner Identität könnte tief erschüttert werden.

Stellen wir uns vor, ein Mensch sei in der Lage, Optionen in einem Feld von Alternativen zu treffen, das nicht nur erweitert, sondern grenzenlos ist. Mit anderen Worten: Stellen wir uns vor, daß jede denkbare Handlungsoption verfügbar und auch wählbar ist. Wenn die Grenzen, die Optionen beschränken, tatsächlich aufgehoben sind, öffnen sich Handlungsoptionen, welche die Bedürfnisse und Vorlieben der Person und damit auch die Struktur ihres Willens berühren: Sie kann jene Aspekte der eigenen Natur verändern, die bestimmen, welche Optionen sie wählt und wird so in die Lage versetzt, auch dem eigenen Willen neue Gestalt zu geben.

In diesem Fall ist ein Mensch gezwungen, seine Entscheidung zu treffen, ohne einen festen Satz an Prioritäten, Präferenzen oder anderen Auswahlprinzipien zu besitzen. Wenn er seinen Willen beliebig festlegt, besitzt er im eigentlichen Sinne keinen Willen, bis er festgelegt hat, welchen Willen er wählt. Und bis er diese Entscheidung trifft, scheint er keine willensmäßigen Voraussetzungen dafür zu erfüllen, eine wirklich eigene Wahl zu treffen: Er kann keine wirklich autonome Entscheidung treffen, bis er eine Entscheidung darüber trifft, wie er Entscheidungen treffen soll.

Wie jedoch kann er diese Entscheidung treffen? Was soll ihn bei der Wahl leiten, wenn die Willensmerkmale, die seine Wahl bestimmen sollen, gerade die Gegenstände dieser Wahl sind? Unter diesen Bedingungen gibt es keinen Fixpunkt in seinem Innern, von dem ein autonomer Willensprozeß seinen Ausgang nehmen kann. Wenn die Grenzen fallen, die seiner Freiheit gesetzt sind, bleibt einem Menschen so geringe Willenssubstanz, daß keine Wahl, die er trifft, ihm sinnvoll als eigene Willensentscheidung zugerechnet werden könnte.

Nur wenn ein Mensch über seine Optionen im Rahmen von Beschränkungen befindet, die er nicht durch die bloße Entscheidung aufheben kann, sie aufzuheben, findet der Begriff der Selbstbestimmung oder Autonomie einen Halt. Ein Mensch, der von allen Begrenzungen frei ist, entbehrt so vollständig aller identifizierbaren Tendenzen und Einschränkungen des Willens, daß er keine Abwägungen vornehmen kann: Er kann keine bewußten Entscheidungen treffen. Wenn er überhaupt zu wählen fähig ist, werden die Entscheidungen, die er trifft, ganz und gar willkürlich sein. Sie können keine authentisch personale Bedeutung besitzen, denn sein Wille ist unbestimmt. Es besteht also ein Konflikt oder eine Spannung zwischen Freiheit und Individualität. Letz-

tere fordert Grenzen, während erstere dazu neigt, sie aufzuheben. Im Grenz-
fall völliger Freiheit gibt es keine individuelle Identität. Denn ein Übermaß an
Optionen zerstört den Willen. Und ohne Individualität verliert die Freiheit
weitgehend ihren Sinn. Denn Handlungsspielräume bedeuten schließlich nur
dem etwas, der einen eigenen Willen hat. So nimmt es nicht wunder, daß die
Dinge fehllaufen angesichts der ständigen Bestrebung, sowohl eine allgemeine
Zunahme der Freiheit als auch eine stete Entfaltung der Selbstbestimmung zu
fordern.

## III.

Welche Grenzen benötigt ein autonomer Wille? Welche willentlichen Notwendigkeiten sind es, deren Eliminierung oder Schwächung Eigenständigkeit
und Individualität gefährden? Im Grunde geht es um das, worum ein Mensch
sich sorgt – was ihm wichtig ist. Das ist nicht ein vorwiegend kognitiver oder
affektiver Sachverhalt. Auch wenn kognitive oder affektive Erwägungen die
Grundlage dafür bilden, ist Sich-um-Etwas-Sorgen nicht das Gleiche wie Meinen oder Fühlen. Es ist ein Tatbestand des Willens. Daß ein Mensch sich um
etwas sorgt oder es als wichtig erachtet, besteht nicht darin, daß er bestimmte
Gefühle oder Wünsche oder Meinungen hat. Sich um etwas sorgen bedeutet,
sich darin zu orientieren. Es impliziert, Aufmerksamkeit und Verhalten bewußt
auf Umstände zu lenken, die das Geschick dessen betreffen, um das man sich
sorgt. Ein Mensch, dem etwas wichtig ist, hat sich gleichsam darauf eingelas-
sen, indem er sich um eine Sache sorgt, hat er sich für Verluste und Gewinne
sensibilisiert, die davon abhängen, ob die Sache, die ihm wichtig ist, behindert
oder gefördert wird. In anderen Worten: Er identifiziert sich mit der Sache, die
ihm wichtig ist.

Wenn einem Menschen bestimmte Dinge wichtig sind, kann er sich so sehr
oder in solcher Weise um sie sorgen, daß er einer Art Notwendigkeit unterworfen ist. Aufgrund dieser Notwendigkeit stehen ihm bestimmte Hand-
lungsperspektiven, die er sonst verfolgen könnte, faktisch nicht zur Verfügung. Die Tatsache, daß ihm bestimmte Dinge wichtig sind, macht es ihm
unmöglich, diese Zwecke zu verfolgen. Auch wenn er die Fähigkeiten und das
Wissen besitzt, diese Handlungen auszuführen, vermag er sie dennoch nicht
auszuführen, weil er sich nicht dazu durchringen kann, sie auszuführen. Nicht,
daß er die Kraft dazu nicht aufbringen könnte. Was er nicht aufbringen kann,
ist der Wille. Er ist im Griff einer Notwendigkeit des Willens, die bestimmte
Handlungen unmöglich macht, nicht indem sie ihm die Fähigkeit nimmt, sie

zu vollbringen, sondern indem sie es unmöglich macht, diese Fähigkeit einzusetzen.

Betrachten wir eine Mutter, die nach sorgfältiger Überlegung zu dem Schluß kommt, daß es am besten wäre, ihr Kind für eine Adoption freizugeben, und sich entsprechend entscheidet. Wenn jedoch der Zeitpunkt, das Kind wegzugeben, gekommen ist, könnte sie entdecken, daß sie es nicht schafft – nicht weil sie die Frage erneut durchdacht hat und zu einem anderen Schluß gelangt ist, sondern einfach, weil sie sich nicht dazu durchringen kann, ihr Kind wegzugeben. Ähnlich gibt es Berichte über Offiziere, die den Befehl verweigerten, Maßnahmen zum Abwurf von Atombomben einzuleiten. Da es sich um Freiwillige handelte, waren sie sich offensichtlich der eigenen Willensbeschränkungen nicht bewußt. Als es jedoch zur konkreten Tatausführung kam, entdeckten sie, daß sie sich nicht dazu durchringen konnten, das zu tun, was sie geglaubt hatten tun zu wollen.

Man könnte sagen, daß, wenn ein Mensch einer solchen Willensnotwendigkeit unterworfen ist, für ihn bestimmte Handlungen *undenkbar* werden. Diese Handlungen sind keine echten Optionen für ihn. Er kann sie nicht ausführen, weil er durch eine Willensbeschränkung abgehalten wird; er kann nicht *wollen,* sie auszuführen. Auch wenn er denkt, daß es für ihn das Beste wäre, sie auszuführen, kann er sich nicht dazu durchringen, sie auszuführen. Er kann sich nicht in der notwendigen Weise willensmäßig zurichten. Wenn er es versucht, stößt er auf die Grenzen seines Willens. Dies zeigt sich daran, daß er nicht in der Lage ist, die Handlung auszuführen, auch wenn alle nicht willensbezogenen Bedingungen für deren Ausführung (z. B. Gelegenheit, Wissen, Können) erfüllt sind.

Ein Mensch, der sich nicht dazu bringen kann, eine bestimmte Handlung durchzuführen, steht unter dem Druck einer starken Abneigung, die sein Verhalten in bezug auf diese Handlung ganz und gar bestimmt. Indessen ist es nicht dasselbe, eine Handlung undenkbar zu finden und eine unwiderstehliche Abneigung dagegen zu empfinden. In Fällen einer Notwendigkeit des Willens ist die Abneigung nicht nur unüberwindlich. Sie wird auch in gewisser Hinsicht gutgeheißen: Ja, sie gutheißen ist der Person wichtig. Ihr Verhalten ist gerade deshalb so unfrei; weil die Person – bewußt oder unbewußt – diese Abneigung bejaht und Wert darauf legt, sie beizubehalten. So widersteht sie möglichen eigenen Bemühungen, sich dazu zu bringen zu tun, was ihr im Innersten zuwider ist.

Situationen, in denen ein Mensch eine Handlung für undenkbar hält, unterscheiden sich folglich von Situationen, in denen die Unfähigkeit zu einer bestimmten Entscheidung auf die Abhängigkeit von einer Sucht, auf Gewalt oder andere überwältigende Zwanghaftigkeiten oder Hemmungen zurückgeht. Im ersten, nicht aber im zweiten Fall ist die Unfähigkeit wirksam, weil dies der Person wichtig ist. Das erklärt auch folgende Eigentümlichkeit: Wenn ein Mensch entdeckt, daß er sich zu einer bestimmten Handlung nicht durchringen kann, weil sie für ihn undenkbar ist, erlebt er den entsprechenden Zwang nicht als Einschränkung seines Willens. Die Notwendigkeit, die seinen Willen einschränkt, wird, gegebenenfalls auch ohne sein Wissen, noch von seinem Willen bestimmt. Deshalb erlebt, wer sich einer solchen Notwendigkeit unterwirft, weniger eine Niederlage als eine Befreiung.

Natürlich können sich die Willensnotwendigkeiten ändern. Ein Mensch kann zu einem Zeitpunkt als undenkbar erleben, was ihm zu einem anderen Zeitpunkt nicht undenkbar scheint, und zwar als Folge eines Wandels der Kontextbedingungen, aus denen die Notwendigkeiten des Willens hervorgehen. Ein Mensch kann sogar planvoll und erfolgreich die Notwendigkeiten seines Willens zu ändern suchen. Doch kann er sie natürlich nicht durch bloße Willensakte ändern. Ein Mensch kann die Struktur seines Willens nicht ändern, indem er sich entschließt, das Undenkbare fortan für denkbar zu halten. Das könnte möglich sein, wenn es nur darum ginge, eine starke Hemmung oder Abneigung zu überwinden: Hemmungen und Abneigungen können manchmal durch schiere Anstrengungen des Willens überwunden werden. Doch würde ein durch Notwendigkeit wahrhaft bestimmter Wille sich so kaum ändern lassen.

Ein Mensch, für den es undenkbar ist, eine bestimmte Handlung auszuführen, mag sich wohl durch den Einsatz von Mitteln, die weniger direkt sind als die bloße Willensanstrengung, so verändern, daß die Handlung für ihn nicht mehr undenkbar ist. In manchen Fällen wird er sich jedoch nicht zu dem Versuch durchringen können, das Undenkbare denkbar werden zu lassen. Dann wird es nicht nur undenkbar für ihn sein, die betreffende Handlung auszuführen, sondern es wird für ihn bereits undenkbar sein, die Absicht zu bilden, die Willensvoraussetzungen für die Handlung zu entwickeln. Er vermag schon nicht, die Idee dieser inneren Änderung zu bejahen. Natürlich könnten veränderte Umstände eine Willensänderung bewirken. Doch kann er seinen Willen nicht durch absichtliche Anstrengung ändern. Die Notwendigkeit setzt seinem Willen eine absolute Grenze. Sie begründet seine Natur als eines ohne Zweifel durch Willen konstituierten Subjekts.

## IV.

Die Summe der Winkel eines jeden Dreiecks ist 180 Grad, es mag sich dabei um ein rechtwinkliges, stumpf- oder spitzwinkliges Dreieck handeln. Es ist nicht möglich, daß die Summe der Winkel des Dreiecks mehr oder weniger ist als 180 Grad. Dies ist ein notwendiges Merkmal aller Dreiecke, und es definiert zumindest teilweise die Dreieckshaftigkeit von Dreiecken; es ist eine wesentliche Voraussetzung für die Existenz eines Dreiecks. Dreiecke besitzen, so könnte man sagen, keine Wahl: Sie können nicht anders, als diese Bedingung zu erfüllen. Das Merkmal ist Teil der Definition eines Dreiecks, seiner generischen Identität als des Dinges, das es ist. Sollte einer triangulären Form dieses Merkmal irgendwie abhanden kommen, ist die Form kein Dreieck mehr.

Die Vorstellung, daß die Identität eines Dings durch seine notwendigen Existenzvoraussetzungen konstituiert wird, gehört zu den ältesten und überzeugendsten Prinzipien, die unsere Bemühungen um die Ordnung unserer Erfahrungen und die Klarheit unserer Gedanken leiten. Eine Sache verstehen heißt, das Wesentliche der Sache begreifen. Das Wesentliche einer Sache wird durch jene Merkmale konstituiert, ohne die sie diese Sache nicht sein kann. Die Begriffe der Notwendigkeit und der Identität hängen folglich eng zusammen.

Die Notwendigkeit, die ein Dreieck an seine Wesenszüge bindet, ist ausschließlich begrifflicher bzw. logischer Art. Diese Notwendigkeit hat mit der Ordnung unseres Denkens und unserer Sprache zu tun. Sie bestimmt, wie Dinge Klassen zugeordnet, wie sie identifiziert werden. Doch sie bestimmt nicht oder hat auch nur im geringsten damit zu tun, was mit den Dingen geschieht. Sie ist keine Kraft, die auf die Geschehnisse in der Welt einwirkt. Daß eine Gestalt kein Dreieck sein kann, wenn es nicht jene Merkmale besitzt, die für seine Dreieckhaftigkeit konstitutiv sind, hat keinen Einfluß auf die Dauer oder die Veränderung der Merkmale eines bestimmten Dreiecks, das heißt: auf seinen Bestand.

Wenn wir über die Identität oder »das Wesen« einer Person reden, meinen wir ebenfalls die notwendigen Merkmale dieser Person. Doch in diesem Fall handelt es sich nicht um eine bloß begriffliche Notwendigkeit. Sie hat nicht bloß damit zu tun, wie die Person zu klassifizieren oder zu beschreiben ist. Sie bestimmt die Person selbst – indem sie die Optionen begrenzt, die der Person zu treffen möglich ist.

Das Wesen eines Menschen wird durch seine notwendigen persönlichen Eigenschaften konstituiert. Es handelt sich um Eigenschaften, die spezifisch seine Person bestimmen und nicht seine Natur als biologischen Organismus oder als menschliches Wesen. Aus meiner Sieht handelt es sich insbesondere um Eigenschaften des Willens. Wenn ich von den persönlichen Eigenschaften des Willens eines Menschen rede, meine ich nicht bloß die Wünsche oder Impulse, die ihn bewegen. Solche Eigenschaften schreiben wir sogar Tieren

und kleinen Kindern zu, die nicht eigentlich als Personen oder Willens-
subjekte bezeichnet werden können. Die persönlichen Eigenschaften des Willens einer Person gehören zu den reflexiven, d. h. zu den Willensmerkmalen
zweiter Ordnung. Sie beziehen sich auf die Anstrengungen eines Menschen,
zwischen den unterschiedlichen Impulsen und Wünschen, die ihn bewegen,
eine Ordnung herzustellen, indem er sich stärker mit bestimmten psychischen
Eigenschaften seiner selbst identifiziert, während er sich von anderen distanziert. Personsein heißt, eine evaluative (nicht notwendig an Moral orientierte)
Einstellung zu sich selbst einzunehmen. Eine Person ist ein Geschöpf, das
bereit ist, die Motive seines Handelns zu bejahen oder abzulehnen, zu entscheiden, ob, worauf es Lust hat, ihm auch wichtig ist. Sie organisiert Präferenzen und Prioritäten, die Ordnung in seine Optionen bringen. Sie lenkt ihr
Verhalten, nicht im Einklang mit den Wünschen, die sich zufällig am stärksten
zu Geltung bringen, sondern im Einklang mit Zielen, die ihr wirklich wichtig
sind. Die Notwendigkeiten des Willens, die einen Menschen bestimmen,
implizieren, daß er bestimmte Dinge wollen muß und zu anderen sich nicht
durchringen kann. Der Verlauf und die Struktur seines Lebens werden durch
diese Notwendigkeiten wesentlich bestimmt. Sie bestimmen nicht nur seine
Handlungen. Indem sie die Möglichkeiten begrenzen, die seinem Willen verfügbar sind, und weil die Eigenschaften seines Willens das Wesen eines Menschen konstituieren, bestimmen die Notwendigkeiten des Willens was ein
Mensch unabweisbar sein muß. So wie das Wesen eines Dreiecks aus seinen
notwendigen Eigenschaften besteht, so besteht das Wesen eines Menschen aus
den Unabweisbarkeiten seines Willens. Die Grenzen seines Willens bestimmen seine Gestalt als Person.

## V.

Ich beabsichtige nicht, hier eine Strukturanalyse der Notwendigkeiten des
Willens vorzulegen. Die Kraft dieser Notwendigkeit dürfte in mancher Hinsicht der Macht der Liebe ähneln. Diese Macht ist paradox: Die Liebe nimmt
uns gefangen; doch diese Gefangenschaft wird in mancher Hinsicht als Befreiung erlebt. Liebe ist selbstlos; doch sie macht es möglich, sich zutiefst als Selbst
zu erleben. Liebe könnte nicht so befreiend oder steigernd wirken, wäre ihre
Macht nicht so überwältigend und so außerhalb jeder unmittelbaren Kontrolle
durch den Willen. Wir können nicht anders als lieben, was wir lieben; Liebe
läßt sich nicht durch bloße Willensakte erzwingen. Der Wert einer Liebe geht
mindestens teilweise darauf zurück, daß sie nicht in unserer Macht steht. Der

Wert einer Liebe wäre für uns verloren, wenn wir durch Willensentscheid lieben oder nicht lieben könnten. Die Erfüllung und die Freiheit, die Liebe gewährt, hängt an der Notwendigkeit, mit der sie sich zur Geltung bringt. Ein Mensch, der nicht liebt, hat keine Ideale. Ein Ideal ist eine Grenze. Die Ideale eines Menschen sind die Verpflichtungen, die er nicht zu verraten vermag, und die Bestimmungen, deren Verletzung für ihn undenkbar sind. Wenn einer keine Ideale hat, gibt es für ihn keine Grenzen möglicher Handlungen. Es steht ihm frei, seinen Willen nach seinen Launen zu formen und beliebige Entscheidungen zu treffen. Doch bedeutet dies nicht, daß sein Wille frei ist. Es zeigt nur, daß sein Wille anarchisch ist – ein bloßer Spielball von Impulsen und Neigungen. Ohne Ideale bestehen keine Gesetzmäßigkeiten des Willens, deren Autorität zu achten und bedingungslos anzuerkennen die Person sich verpflichtet hat. Da sie unverletzliche Grenzen nicht hat, ist sie amorph – dieser Mensch hat weder eine feste Identität noch eine bestimmte Form.

Zu behaupten, ein Mensch habe keine Ideale, bedeutet, daß es nichts gibt, was er nicht unter Umständen tun würde. Da nichts für ihn notwendig ist, ist er nichts wirklich Bestimmtes. Er kann natürlich stabile Dispositionen oder Merkmale haben oder konsistente Präferenz- und Entscheidungsmuster aufweisen. Doch solche stabilen Willensmerkmale gehen auf unpersönliche kausale Einflüsse zurück. Sie sind nicht die Folge seines Wunsches, eine bestimmte Person zu sein oder ein bestimmtes Leben zu führen. Seine Willenseigenschaften sind nicht durch seinen Willen festgelegt, sondern durch Umstände außerhalb des Willens. Der Wille eines solchen Menschen wird ganz und gar durch die Umstände, nicht durch die eigene Struktur bestimmt. Kein Willensmerkmal ist notwendig, da keines seiner eigenen Natur entspringt. Folglich kann er keine wirkliche Integrität besitzen, denn es gibt keine persönlichen Grenzen, deren Unverletzlichkeit er verteidigen könnte. Es fehlt ihm die persönliche Substanz, in der die notwendigen Bedingungen seiner Identität ihren Grund hätten. Es gibt nichts, was er wirklich ist. Was er ist, jeweils, ist bloß zufällig.

Die Ideale, welche die Substanz eines Menschen bestimmen, müssen nicht moralische Ideale sein. Moral bezieht sich ja vor allem auf die Art und Weise, wie ein Mensch mit den Interessen anderer Menschen umgeht. Die bestimmtesten Grenzen im Leben eines Menschen können mit den Imperativen der Tradition, seinem Geschmack, seinem Stil, seinem Intellekt oder der persönlichen Spielart seines Ehrgeizes zusammenhängen. Was sind die Merkmale eines Ideals, die bewirken, daß es die Grenzen und die Identität einer Person bestimmt? Die Philosophen haben diese wichtige Frage in erstaunlichem

Umfang vernachlässigt. Ich werde sie hier nicht weiter verfolgen. Eine weitere wichtige und vernachlässigte Frage, die ich ebenfalls hier nicht weiterverfolgen werde, betrifft die Basis für eine vernünftige Wahl zwischen mehreren achtenswerten Idealen.

Vielleicht erscheint es unangemessen, daß Probleme der Wahl und Rechtfertigung im Zusammenhang der von mir als Notwendigkeiten beschriebenen Sachverhalte stehen sollen. Wogegen man sich nicht wehren kann, hängt, so könnte man behaupten, nicht davon ab, ob es vindiziert oder gewählt wird. Es ist wahr, daß ein Mensch nicht einfach die Grenzen seines Willens festlegen kann. Freilich darf daraus nicht der Schluß gezogen werden, daß er überhaupt keinen Einfluß darauf hat. Rationale Argumente haben sehr wohl ihren Platz bei der Analyse und Bewertung von Idealen. Selbst die Verliebtheit impliziert in der Regel anderes und mehr als die blinde Macht eines alles beherrschenden Gefühls.

## VI.

Vielfach heißt es, die wertvollsten Fähigkeiten der Gattung seien, daß wir denken und daß wir lieben können. Beide Fähigkeiten können nur realisiert werden, wenn ein Mensch durch eine Art Notwendigkeit bestimmt ist. Im ersten Fall handelt es sich um den kognitiven Zwang der Logik. Im zweiten Fall handelt es sich um die willensmäßige Notwendigkeit der Liebe. Die Vernunft gilt universell, ihre Imperative binden alle gleichermaßen. Liebe dagegen ist spezifisch und partikular: Wenn ich bestimmten Idealen gehorche oder jemanden liebe, werde ich daraus nicht folgern, daß jeder einen Fehler begeht, der nicht dasselbe tut. Weder läßt sich beweisen, wen man lieben muß, noch welche Ideale die Grenzen des Willens bestimmen müssen. Daraus sollte nicht hergeleitet werden, daß die Notwendigkeiten unseres Willens bloß passiv als Gegebenheit anerkannt werden müssen als rohe Tatsachen, die Überlegung und rationale Kritik ausschließen. Das Verhältnis von Liebe und Vernunft ist ein altes philosophisches Thema. Wir wären gut beraten, es wieder aufzunehmen.[1]

---

[1] Eine weiterführende Diskussion einiger hier behandelter Themen findet sich in meinem Buch: The Importance of What we Care About, New York 1988.

# Autonomie, Nötigung und Liebe

I. Es gibt verschiedene Arten von Handlungen, die wir in dem einen oder anderen Sinn vollziehen *müssen*. Diese Handlungen sind nicht erzwungen. Auch sind die Bewegungen, die wir beim Vollzug dieser Handlungen ausführen, nicht krampfhaft oder in irgend einer anderen Weise unserer physischen Kontrolle entzogen. Was wir tun, ist weder zwanghaft noch aufgezwungen. Die Handlungen sind völlig freiwillig. Dennoch haben wir gegenüber ihrem Vollzug keine wirklichen Alternativen.

Eine Klasse solcher Handlungen wird durch die verschiedenen Dinge gebildet, die wir tun müssen, weil sie für das Erreichen unserer feststehenden Ziele unverzichtbar sind. Dies sind die *Erfordernisse der Geschicklichkeit und der Klugheit*. Eine zweite Klasse umfaßt die entschiedeneren Erfordernisse der moralischen Verpflichtung. Dies sind die *Erfordernisse der Pflicht*. Mit diesen beiden Klassen sind die sich signifikant voneinander unterscheidenden Handlungsarten, hinsichtlich deren wir anerkennen, keine Wahl zu haben, nicht ausgeschöpft. Neben dem, was uns bedingt durch unsere praktischen Interessen und unseren Ehrgeiz unverzichtbar ist, und neben den Forderungen, die uns kategorisch im Namen der Pflicht auferlegt sind, gibt es noch die *Erfordernisse der Liebe*.

Ich werde nicht versuchen, eine umfassende Analyse des Begriffs der Liebe zu liefern. Der Begriff hat, so wie ich ihn gebrauchen werde, einen sehr weiten Umfang: Liebe ist eine Art des Sich-Sorgens um Dinge und ihre möglichen Gegenstände umfassen all das, wofür man auf bestimmte Weise Sorge tragen kann. Etwas zu lieben ist folglich – zumindest in dem Sinne, wie ich die Angelegenheit aufzufassen vorschlage – nicht nur eine Sache dessen, daß man etwas sehr mag oder es für zutiefst befriedigend hält, wie man etwa Schokoladeneiscreme oder die Klaviermusik von Chopin »lieben« kann. Lieben unterscheidet sich davon, Gefühle einer bestimmten Art zu besitzen, wie starke Anziehungskraft oder intensives Verlangen oder unwiderstehliches Vergnügen. Auch ist es nicht gleichbedeutend mit irgendeinem Urteil oder einer Einschätzung des seinem Gegenstand innewohnenden Werts und es folgt auch nicht daraus. Etwas zu lieben ist völlig verschieden davon, es für besonders anziehend oder kostbar zu halten. Die Tatsache, daß eine Person den Wert oder die Güte eines Gegenstandes erkennt, besagt nicht, daß sie sich um ihn kümmert, ja sie besagt nicht einmal, daß sie überhaupt irgendein besonderes Interesse an ihm nimmt.

Natürlich ist Liebe für gewöhnlich mit verschiedenen starken Gefühlen und Überzeugungen verbunden, die ihr Ausdruck verleihen, sie enthüllen und stützen. Das Wesen der Liebe ist jedoch weder affektiv noch kognitiv. Es ist volitional. Daß eine Person für etwas Sorge trägt oder daß sie etwas liebt hat weniger damit zu tun, wie die Dinge ihre Gefühle bewegen, oder damit, welche Meinungen sie über sie hegt, sondern vielmehr mit den mehr oder weniger ausgeglichenen motivationalen Strukturen, die ihren Präferenzen Gestalt verleihen und ihr Verhalten leiten und begrenzen. Was eine Person liebt, trägt zur Bestimmung dessen bei, welche Wahlentscheidungen sie trifft und welche Handlungen sie zu tun bestrebt oder nicht willens ist. Da Menschen oft dahingehend irren, was sie bei ihren Wahlentscheidungen und ihren Handlungen bewegt, können sie sich auch hinsichtlich dessen im Irrtum befinden, was sie lieben.

Dies ist jedoch nicht immer so und auf jeden Fall ist es kein Definitionsmerkmal der Liebe, daß sie eher heiß als kalt sein muß. Der Gegenstand der Liebe ist im allgemeinen ein besonderes, konkretes Einzelwesen: zum Beispiel eine andere Person oder ein Land oder eine Institution. Der geliebte Gegenstand kann auch ein Objekt abstrakterer Art sein, ein moralisches oder nichtmoralisches Ideal zum Beispiel. Ist der Gegenstand der Liebe ein Einzelwesen, so mögen sich oftmals eine stärkere emotionale Färbung und Dringlichkeit manifestieren, als im Falle dessen, daß es sich dabei um so etwas wie soziale Gerechtigkeit oder wissenschaftliche Wahrheit oder eine Familientradition handelt.

Die Anforderungen der Klugheit und der Geschicklichkeit sind nicht nur bedingt. Sie sind auch kontingent. Den Absichten und Bedürfnissen, von denen sie sich herleiten, kommt keine logische Notwendigkeit zu. Folglich sind sie weder apriorisch noch allgemein, sondern können nur empirisch auf der Grundlage persönlicher Erwägungen bestimmt werden. Die Wesenszüge der Anforderungen der Pflicht sind eigentlich noch umstrittener. Nehmen wir jedoch an, daß Kant und andere mit ihrer Behauptung recht haben, daß diese Anforderungen völlig unpersönlich und weder kontingent noch bedingt sind. Was die Anforderungen der Liebe anbelangt, so sind diese sicherlich nicht logisch notwendig. Jedoch können sie, trotz ihrer offensichtlichen Kontingenz, völlig kategorisch sein. Dementsprechend unterscheiden sie sich sowohl von den konditionalen Anforderungen der Geschicklichkeit und der Klugheit als auch von den unpersönlichen apriorischen Anforderungen der Pflicht. Liebe ist unaufhebbar eine Angelegenheit persönlicher Verhältnisse. Es gibt keine notwendigen Wahrheiten oder apriorischen Prinzipien, durch welche festgestellt werden kann, was wir lieben sollen. Auch binden die Zwänge, welche den Liebenden an das, was er liebt, binden, nicht auch unbefangen und gleichgültig jeden anderen daran. Andererseits sind hingebungsvolle Liebe und deren Gebote oftmals im strikten Sinne unbedingt. Wie die unpersönlichen Mandate der Pflicht können auch die Imperative der Liebe völlig kompromißlos sein und Schlupflöcher versagen und Ausfluchtsmöglichkeiten verweigern. Die Ansprüche, die uns die Liebe unserer Kinder oder unserer Länder oder unserer Ideale stellen, mögen genauso unmißverständlich kategorisch sein wie jene, die uns durch das moralische Gesetz auferlegt sind. In Fällen beider Arten ist kein Raum für Verhandlung: Wir *dürfen* unsere moralischen Verpflichtungen einfach *nicht* verletzen und wir *dürfen* das, was wir lieben, einfach *nicht* verraten.

Selbstverständlich können die Ansprüche der Liebe und jene der Pflicht einander widersprechen. Mein Ziel in diesem Essay ist es jedoch nicht, das relative Gewicht der Autorität einzuschätzen, die jedem von beiden genau zuzumessen ist. Auch werde ich nicht die Möglichkeit in Betracht ziehen, daß die Autorität eines jeden – sogar wenn sie miteinander unvereinbar sind – absolut sein kann. Ich bin hier weder an der Frage der Moral noch an jener der Vernunft interessiert, sondern an der Frage der Autonomie.

II.   Für Kant läßt sich Autonomie nur durch den Gehorsam den Vernunftdiktaten des moralischen Gesetzes gegenüber erlangen. Er betont in der Tat mit Nachdruck, daß ein Mensch »eben damit seine Freiheit im höchsten Grade (beweist), daß er der Stimme der Pflicht *nicht* widerstehen *kann*«.[1] Ich stimme dem zu, daß eine Person frei sein kann, ohne Alternativen zu besitzen, unter denen sie nach Belieben wählen kann. Weiterhin glaube ich, daß wirkliche Freiheit nicht nur damit vereinbar ist, daß sie gefordert wird; sie erfordert tatsächlich, wie Kant zu Verstehen gibt, Nötigung. Jedoch teile ich Kants Ansicht nicht, daß Autonomie wesentlich und ausschließlich darin besteht, sich

---

1    Immanuel Kant, Metaphysik der Sitten, in: Kants Gesammelte Schriften, hg. v. d. Königlich Preußischen Akademie der Wissenschaften, Bd. VI, Berlin 1914, 382, Fußnote, Hervorheb. v. Verf.

den Anforderungen der Pflicht unterzuordnen. Meiner Meinung nach können Handlungen autonom sein, wenn sie aus Liebe getan werden, ob sie nun in Übereinstimmung mit der Pflicht stehen oder nicht.[2] Die Idee der Autonomie ist die Idee der Selbstherrschaft. Eine autonome politische Entität ist von äußerer Kontrolle unabhängig. Sie verwaltet ihre eigenen Angelegenheiten selber. Entsprechend sind Individuen in dem Maße autonom, als sie sich selbst regieren. Um zu untersuchen, was dies bedeutet, ist es wichtig, sich von der Etymologie nicht täuschen zu lassen. Der Terminus »Autonomie« leitet sich vor. zwei griechischen Wörtern her: das eine bedeutet »selbst«, das andere »Vernunft« oder »Prinzip« oder »Gesetz«. Diese Tatsache wird manchmal als Stützung der Kantschen Vorstellung betrachtet, daß »Autonomie des Willens ... die Beschaffenheit des Willens (ist), dadurch derselbe ihm selbst ... ein Gesetz ist«.[3] Die Beziehung zwischen Autonomie und Gesetz läßt sich jedoch nicht dadurch herstellen, daß man ein Wörterbuch zu Rate zieht. Ob Selbstherrschaft notwendigerweise heißt, allgemeinen Prinzipien oder Regeln des Handelns zu folgen, ist eine philosophische und keine etymologische Frage.

Zweifellos ist die Sorge berechtigt, daß Herrschaft ohne Gesetz möglicherweise tyrannisch, chaotisch und unmenschlich ist. Dennoch ist eine willkürliche, inkonsistente oder brutale Herrschaft schwerlich das gleiche wie überhaupt keine Herrschaft. Vielleicht ist es auch richtig, daß Individuen sich nicht besonders zufriedenstellend regieren und kein wünschenswertes oder sogar ehrbares Leben führen können, wenn sie sich nicht durch Prinzipien oder Gesetze selbst regieren. Trotzdem regieren sie sich in dem Umfange selbst, als die Befehle, denen sie Folge leisten – ob nun auf Grund von Regeln oder nicht –, ihre eigenen Befehle sind. Es kann einfach nicht für ausgemacht gelten, daß irgendwelche Befehle, durch welche sich Menschen selbst regieren, Befehle sein müssen, die sich der rationalen Anwendung allgemeiner Prinzipien verdanken. Die

---

2  Kant zufolge erhebt uns unser Vermögen, moralische Verpflichtungen zu erkennen und zu akzeptieren über die vernunftlosen Tiere. Wir unterscheiden uns aber von diesen Tieren auch vermöge der Tatsache, daß sie der Liebe unfähig sind. Wenn »Vernunft« auf all das Bezug nehmen soll, was uns charakteristisch menschlich macht, dann sollten wir sie nicht als ein Vermögen verstehen, daß ausschließlich darin besteht, Gründe zu begreifen und Regeln anzuwenden. Sie muß auch unsere Fähigkeit beinhalten, Einstellungen gegenüber unseren eigenen Willensakten zu bilden. Statt irgendeine diskursive oder schließende Tätigkeit ist es diese volitionale Selbstreflexion, die unserem Vermögen der Liebe zugrunde legt.

3  Immanuel Kant, Grundlegung zur Metaphysik der Sitten, in: Kants Gesammelte Schriften, Bd. IV, a.a.O., 440, Hervorheb. v. Verf.

Fähigkeit zu herrschen gehört nicht eindeutig der Vernunft zu. Es gibt auch herrschende Leidenschaften.

III. Kant argumentiert, daß jemand, der sich nur motiviert durch seine eigenen persönlichen Interessen verhält, unvermeidlich heteronom sei. Natürlich ist das, was eine Person interessiert, eine kontingente Angelegenheit, die durch außerhalb ihrer Kontrolle liegende Umstände bestimmt wird. Für Kants Verständnis hat das zur Folge, daß die persönlichen Interessen nicht in der Wesensnatur des Willens der Person beschlossen sind. Seiner Ansicht nach sind sie volitional zufällig; sie sind nicht vollständig von dem der Person eigenen volitionalen Charakter abhängig, sondern zumindest teilweise von Ursachen, die ihm logisch äußerlich sind. Da die Interessen der Person sich nicht strikt und gänzlich aus der Person herleiten, könne Autonomie nicht in Interessen gründen. Insoweit die Interessen der Person deren Verhalten lenken, wären es nicht notwendig ihr zugehörige Umstände, die sie leiten. Sie sei deshalb mit Notwendigkeit heteronom.

Der autonome Wille könne nur ein solcher sein, der das bildet, was Kant einen »reinen« Willen nennt. Er muß, anders gesagt, mit den Anforderungen eines Willens übereinstimmen, der allen persönlichen Interessen gegenüber gleichgültig ist – das heißt bar aller empirischen Motive, Präferenzen und Wünsche. Nun ist dieser *reine Wille* ein sehr eigenartiger und unwahrscheinlicher Platz für die Verortung einer unverzichtbaren Bedingung individueller Autonomie. Letztlich besteht seine Reinheit exakt in der Tatsache, daß er gänzlich unberührt von irgendwelchen kontingenten persönlichen Merkmalen ist, die Menschen Besonderheit verleihen und ihre konkreten Identitäten charakterisieren. Was er will, läßt sich gänzlich a priori, als eine Angelegenheit von universell gültiger, notwendiger Wahrheit bestimmen. Der reine Wille besitzt überhaupt keine Individualität. Er ist in jedem der gleiche und seine Willensakte sind überall genau die selben. Der reine Wille ist, anders gesagt, völlig *unpersönlich*. Die Befehle, die er erteilt, erteilt niemand im besonderen.

Ein autonom Handelnder ist per definitionem jemand, der allein durch sich selbst geleitet wird. Sein Handeln steht völlig unter seiner eigenen Kontrolle. Die Annahme scheint selbstverständlich und vernünftig zu sein, daß eine Person, deren Handeln unter ihrer eigenen Kontrolle steht, ihr Verhalten mit Blick auf jene Dinge leitet, die sie als solche betrachtet, die für sie von größter Bedeutung sind. Wenn sie für ihr eigenes Leben Verantwortung trägt, dann können wir vernünftigerweise nicht erwarten, daß sie das, worum sie sich am meisten sorgt, systematisch der Betrachtungen wegen vernachlässigt, die ihr von geringerem oder gar keinem Interesse sind. Nun ist es meiner Meinung nach nicht sehr wahrscheinlich, daß das, was jeder von uns auf sich selbst bezogen für das Wichtigste hält genau das gleiche ist. Mit scheint noch unwahrscheinlicher zu sein, daß die Sache, für die jeder von uns die größte Sorge trägt, das moralische Gesetz ist.

Eine Person handelt autonom nur dann, wenn sich ihre Willensakte von den grundlegenden Eigenschaften ihres Willens herleiten. Für Kant besteht diese Verbindung zwischen den Willensakten einer Person und ihrem Willen nur dann, wenn die Person den rigiden Diktaten des moralischen Gesetzes Folge leistet. Tatsächlich jedoch besteht die gleiche Relation, wenn die Person aus Liebe heraus handelt. Natürlich ist Liebe in paradigmatischer Weise persönlich. Dennoch sind die unbedingten Forderungen der Liebe nicht, wie Kant meint, zufällige Elemente des Willens einer Person. Sie gehören ihm wesentlich zu, denn was eine Person liebt, ist ein bestimmendes Element der Natur ihres Willens. Wenn sie also aus Liebe handelt, leiten sich ihre Willensakte in der Tat von den grundlegenden Eigenschaften ihres Willens her. Folglich erfüllt die persönliche Nötigung der Liebe die Bedingungen der Autonomie, von denen Kant glaubt, daß ihnen nur die unpersönlichen Beschränkungen des moralischen Gesetzes genügen können.

IV. Jemand ist heteronom, wenn das, was er will, nicht ausschließlich durch die seinem Willen eigene Natur bestimmt wird, sondern zumindest teilweise durch Rücksichten, die ihm konzeptionell unwesentlich sind. Diese konzeptionell unwesentlichen Rücksichten sind von seinem Willen trennbar und in dieser Hinsicht dem Willen logisch äußerlich. Insofern nun ihm äußerliche Rücksichten den Willen einer Person beeinflussen, wird auf die Person eingewirkt. In dem Maße ist sie passiv. Die Person ist andererseits aktiv, insofern ihr Wille sich selbst bestimmt. Die Unterscheidung zwischen Heteronomie und Autonomie fällt folglich mit derjenigen zwischen Passivität und Aktivität zusammen. Wenn es in der Tat möglich ist, kraft der Unterordnung unter die herrschende Leidenschaft der Liebe autonom zu sein, dann muß es möglich sein, durch die Liebe beherrscht zu werden, ohne dabei Passivität zu erleiden.

In vielen ihrer Fälle ist die Liebe im Grunde passiv. Sie ist passiv, wenn der Liebende durch die Erwartung motiviert ist, daß das Erlangen oder der fortlaufende Besitz des Gegenstands seiner Liebe ihm zuträglich sein wird. Es ist möglich, daß die Erwartung ihm nicht wirklich bewußt ist; sie muß sicherlich nicht aus irgendeiner überlegten Kalkulation oder Einschätzung resultieren. Auf die eine oder andere Weise jedoch beeindruckt der Gegenstand den Liebenden als etwas, das die Eigenschaft besitzt, ihn zufriedenzustellen oder zu erfreuen oder ihm irgendeinen anderen wünschenswerten Zustand zu verschaffen. Das ist die wirkliche Grundlage, von der seine Liebe des Gegenstands abhängt: Sie hängt davon ab, daß er seinem geliebten Gegenstand eine Eigenschaft zuspricht, die seine Lebenslage bessert. Was ihn hauptsächlich an das Objekt seiner Liebe bindet ist – ob er bereit ist, dies anzuerkennen, oder nicht – die Tatsache, daß er sich mit seinem eigenen Wohl beschäftigt.

Sicherlich kann er sich mit beträchtlicher Intensität und zu extravaganten Kosten dem Schutz und der Beförderung der Interessen und Absichten des von ihm Geliebten widmen. Sofern er dies jedoch tut, geschieht dies entweder, weil er annimmt, daß dies die Erfüllung seines Verlangens nach dem von ihm Geliebten wahrscheinlicher macht, oder weil er weiß, daß es gedeihen muß, um ihm auf optimale Weise die Vorzüge zu verschaffen, die er von ihm zu erlangen erhofft. Trotz jedweden Anscheins oder jedweder Versicherung des Gegenteils ist es das Eigeninteresse, das die Hingabe dem Geliebten gegenüber motiviert.

Aber Liebe muß nicht auf Eigeninteresse gründen. Sie kann auch grundsätzlich aktiv sein und sich von passiver Liebe durch die Natur der Motivation des Liebenden und die Sorge um das unterscheiden, was er liebt – worum es sich dabei auch immer handeln mag. Liebe, egal welcher Art, beinhaltet ein Verhalten, das dazu bestimmt ist, dem geliebten Gegenstand zuträglich zu sein. Bei aktiver Liebe bewertet der Liebende diese Aktivität um ihrer selbst willen statt der Vorteile halber, die er selbst letztlich daraus zu ziehen vermag. Sein vorrangiges Ziel ist es nicht, Nutzen zu erlangen, sondern Nutzen zu stiften. Er ist durch das Interesse motiviert, den Interessen und Absichten des von ihm Geliebten – eher als seinen eigenen – zu dienen.

Die Liebesaktivität des passiven Liebenden ist wesentlich durch ein eigennütziges Interesse daran motiviert, die Wahrscheinlichkeit dafür aufrechtzuerhalten oder zu vergrößern, daß der Gegenstand seiner Liebe ihm von Nutzen sein wird. Bei aktiver Liebe wird der Liebende durch keinerlei Interesse dieser Art am Nutzen des Geliebten für seine Zwecke angeregt. Vielmehr ist er durch ein Interesse motiviert, das dem Lieben selbst gilt. Dies darf nicht so verstanden werden, als ob das, was ihn motivierte, die den Aktivitäten innewohnenden Anreize wären, womit sich zu beschäftigen ihn das Lieben führte, und zwar völlig unabhängig von den Auswirkungen auf das von ihm Geliebte. Es ist sicherlich möglich, daß er sich, wenn er diese Aktivitäten ausschließlich als solche und um ihrer selbst willen betrachtet, durch diese angezogen fühlt. Er kann sie allein vermöge der ihnen eigenen Charakteristika als auf verlockende Art erfreulich oder angenehm ansehen. In diesem Falle ist jedoch seine

Liebe genauso eigeninteressiert, genauso bedingt und genauso passiv, wie sie es wäre, wenn er die ihn in Anspruch nehmende Liebesaktivität nur auf ihren Nutzen hin bewerten würde, ihm die von dem Geliebten erhofften Vorteile zu gewähren.

Sich um ein Kind zu sorgen mag mit Aktivitäten und Erfahrungen verbunden sein, die den Eltern innerlich genauso wünschenswert sind wie ein belebendes Training oder das Hören guter Musik. Die Eltern können sie um ihrer selbst willen schätzen, ganz unabhängig davon, wie sie das Kind betreffen. Aber angenommen, die Eltern lieben auch das Kind und diese Liebe dem Kind gegenüber ist gänzlich aktiv und unbedingt, mit anderen Worten gesagt, die Liebe hängt weder von der Aussicht auf irgendwelche, durch das Kind zu erzielende Vorteile noch von einem auf sich selbst bezogenen Interesse an den Aktivitäten und Erfahrungen ab, die das Lieben mit sich bringt. Zweifellos könnte gesagt werden, daß die Eltern, auch wenn die Liebe wirklich unbedingt ist, dennoch durch ein eigennütziges persönliches Interesse motiviert seien. Sie motiviere letztlich ihr Interesse am Wohl des Kindes. Für wesentlich ist jedoch zu erachten, daß ihr Interesse am Kind gänzlich *uneigennützig* ist. Ihm kann vollständig und nur dadurch genüge getan werden, daß Interessen entsprochen wird, die im ganzen verschieden und unabhängig von denen sind, welche die Eltern an sich selbst nehmen. Das Interesse, das die hingebungsvollen Eltern bewegt, ist fraglos *persönlich*, jedoch auch absolut *selbstlos*.

Obwohl aktive Liebe dem Liebenden nur der Vorteile wegen wertvoll ist, die sie dem Geliebten gewährt, kann auch gesagt werden, daß sie ihm um seiner selbst willen wertvoll ist. Die Liebe ist ihm jedoch *genau* und *nur* aufgrund ihres Nutzens von Wert. Den Zwecken und Interessen des von ihm Geliebten zu dienen ist etwas, das er als einen Zweck in sich selbst schätzt. Falls er seine liebende Hingabe nicht als zweckdienlich erachten würde, dem von ihm Geliebten Vorteile zu gewähren, wäre sie ihm nicht intrinsisch wertvoll.[4]

---

4 Der aktiv Liebende schätzt die Zwecke und Interessen des von ihm Geliebten um ihrer selbst willen. Der ihm innere Wert macht sie ihm in bestimmter Hinsicht zweckdienlich, weil die Tatsache, daß sie ihm einen inneren Wert bilden, eine Bedingung des inneren Wertes seiner Hingabe an sie darstellt. Seine Hingabe ist ihm folglich aufgrund ihres Nutzens innerlich wertvoll und die Zwecke und Interessen des von ihm Geliebten sind ihm zweckdienlich aufgrund ihres inneren Wertes. Ich habe diese etwas ungewohnten und paradoxen Aspekte der Beziehung zwischen Zwecken und Mitteln in meinem Essay *Über die Nützlichkeit letzter Zwecke* (in diesem Band S. 86–103) untersucht.

V. Kant stellt sich vor, daß »man allenthalben auf das liebe Selbst (stößt)«, es sei denn, man ordnet sein Tun dem moralischen Gesetz unter.[5] Er glaubt, daß Interessenverzicht unmöglich ist, wenn der Wille sich den strengen unpersönlichen Beschränkungen der Pflicht nicht unterwirft. Um das liebe Selbst hinter sich zu lassen, ist es aber nicht, wie er annimmt, notwendig, auf alle Interessen zu verzichten. Wir brauchen unseren Willen nicht zu purifizieren. Wir können an unseren Interessen festhalten, solange sie uneigennützig sind. Um auf das liebe Selbst zu verzichten, muß der Wille nicht rein oder unpersönlich sein, dafür ist nur wesentlich, daß er selbstlos ist.

Soweit seine Interessen eher persönlich als rein apriori sind, wird natürlich auch der selbstloseste Wille durch Kontingenzen bestimmt. Mit Nachdruck betont Kant, daß die Beschäftigung mit jeglichen kontingenten Interessen unvermeidlich Heteronomie bedeute. Diese Auffassung steht in Zusammenhang mit der Annahme, daß das Wollen eines Willens, soweit letzterer durch Kontingenzen determiniert wird, eher nebensächlich denn eine Folge seiner eigenen inneren Natur ist. Aus dieser Annahme ergibt sich, daß ein durch persönliche Interessen motivierter Wille durch ihm äußerliche Umstände bewegt wird und folglich passiv und heteronom sein muß.

Meiner Meinung nach ist Kants Annahme falsch. Die Interessen einer Person können auch dann zur Wesensnatur ihres Willens gehören, wenn sie kontingent sind. Was eine Person liebt, kann folglich zu ihren wesentlichen volitionalen Charakteristika zählen, trotz der Tatsache, daß es sich bei unbedingter Liebe um eine persönliche Angelegenheit handelt. Autonomie erfordert nicht, daß die Wesensnatur des Willens apriori sein muß, sondern daß die sich aus ihm ergebenden Imperative genuine *Autorität* beinhalten. Kant beharrt darauf, daß die notwendige Autorität nur durch die Erfordernisse der Vernunft gewährt werden könne. Ich glaube, daß sie auch durch jene der aktiven Liebe zu erlangen ist.

Bei aktiver Liebe sorgt sich der Liebende selbstlos um das Geliebte. Es ist ihm um seiner selbst willen bedeutsam, daß der Gegenstand seiner Liebe gedeiht. Er widmet sich uneigennützig dessen Interessen und Zwecken. Nun ist dies nicht das einzige wesentliche, konstitutive Merkmal aktiver Liebe. Ein anderes ihrer bestimmenden Kennzeichen besteht darin, daß die unbedingte Bedeutsamkeit, die das Geliebte für den Liebenden besitzt, keine freiwillige Angelegenheit ist. Der Liebende kann nicht anders als sich selbstlos dem

---

5   Immanuel Kant, Grundlegung zur Metaphysik der Sitten, 407

Geliebten zu widmen. Er ist in dieser Hinsicht nicht frei. Er ist im Gegenteil der Natur der Sache nach durch das von ihm Geliebte und seine Liebe *ein-genommen*. Der Wille des Liebenden wird rigoros genötigt. Liebe ist keine Frage der Wahl.

Von den hypothetischen Imperativen der Klugheit und Geschicklichkeit sagt Kant, daß wir der Macht dieser Imperative, weil die sie begründenden Bedürfnisse und Neigungen nur kontingent sind, entfliehen können, wann immer wir den Willen dies zu tun haben. Nur in den Vorschriften des mora-lischen Gesetzes, so behauptet er, finden wir Imperative, von deren Autorität wir uns nicht aus freien Stücken abwenden können, »weil, was bloß zur Errei-chung einer beliebigen Absicht zu thun notwendig ist, an sich als zufällig betrachtet werden kann, und wir von der Vorschrift jederzeit los sein können, wenn wir die Absicht aufgeben, dagegen das unbedingte Gebot dem Willen kein Belieben in Ansehung des Gegentheils frei läßt, mithin allein diejenige Nothwendigkeit bei sich führt, welche wir zum Gesetze verlangen.«[6] Demzu-folge sind einzig die Vernunftgebote des moralischen Gesetzes kategorisch. Sie allein genießen folglich die Gesetzen eigene Notwendigkeit oder inhärente Autorität. Alle anderen Gebote sind nur hypothetisch und verlieren ihre Kraft, wenn die kontingenten Bedingungen, auf denen sie beruhen, nicht länger den Ausschlag geben.

Die Gebote selbstloser Liebe aber sind ebenfalls kategorisch. Die Forde-rungen, die uns durch unsere Ideale oder unsere Kinder oder all das auferlegt werden, was wir sonst uneigennützig und ohne Voraussetzungen lieben mögen, sind so bedingungslos und unnachgiebig wie die der Moral und Vernunft. Liebe ist selbstverständlich eine kontingente Angelegenheit; anders als die Diktate des reinen Willens werden die der Liebe nicht durch rationale Not-wendigkeit gestützt. Die Tatsache, daß Liebe und ihre Gebote logisch gesehen beliebig sind, bedeutet jedoch nicht, daß sie nach Belieben preisgegeben oder unwirksam gemacht werden können. Ein »Belieben in Ansehung« der Ent-scheidung, was wir lieben sollen oder was Liebe uns abverlangen soll, steht uns sicherlich nicht frei.

Es ist natürlich wahr, daß die Gegenstände, die eine Person im Laufe der Zeit liebt, wechseln können. Die Liebe mag kommen und vergehen. Ein Gegenstand der Liebe kann an die Stelle eines anderen treten oder zu ihm hinzukommen. Wandlungen dieser Art ändern die Gestalt des Willens. Die Tatsache aber, daß

---

6 Ebd., 420.

es sich dabei um Wandlungen des Willens handelt, bedeutet nicht, daß diese Wandlungen von uns abhängen. Sie unterliegen in der Tat nicht unserer bewußten volitionalen Kontrolle. Manchmal ist es einer Person möglich, den Zustand ihrer Umwelt oder ihrer selbst so zu beeinflussen, daß sie es vermag, die Liebe einem bestimmten Gegenstand gegenüber zu beenden oder zu beginnen. Das aber besagt nicht, daß die Liebe für sie eine Frage der freien Wahl ist. Durch einen bloßen Willensakt kann sie, soweit es das von ihr Geliebte betrifft, ihren Willen unmittelbar nicht beeinflussen. Ob sie auf innige Weise für den Gegenstand ihrer Liebe empfänglich ist, hängt nicht von ihr ab. Den Fängen der Liebe begegnet oder entgeht man nicht einfach nach Belieben.

VI. Scheinbar unterscheidet sich Liebe in dieser Hinsicht nicht merklich von einer Vielzahl anderer bekannter Zustände. Es gibt eine Reihe von Gefühlen und Impulsen, von denen Menschen gelegentlich derart zwingend ergriffen und wirksam bewegt werden, daß es ihnen unmöglich ist, sie zu unterdrücken oder ihnen zu widerstehen. Wir sind nicht nur durch die Fänge der Liebe gefährdet, sondern auch durch die Versklavung durch Eifersucht oder den Zwang, Drogen zu nehmen. Möglicherweise sind diese Leidenschaften ebenfalls unserer freiwilligen Kontrolle entzogen und uns ist es nicht möglich, ihrer Herrschaft auszuweichen.

Wenn Zustände wie Eifersucht und Drogenabhängigkeit uns zu Sklaven machen, so geschieht das ihrer bloßen, überwältigenden Intensität oder Stärke wegen. Sie sind dann so mächtig, daß wir einfach der Fähigkeit ermangeln, von den abverlangten Handlungen Abstand zu nehmen. Die Macht, mit der sie uns bewegen, ist buchstäblich unwiderstehlich. Möglicherweise würden wir es ehrlich vorziehen, uns ihnen nicht zu beugen. Aber wir können ihnen nur nachgeben. In Fällen wie diesen ist der wirksame Antrieb des Gefühls oder des Zwangs von unseren eigenen bewußten Absichten und Wünschen mehr oder weniger unabhängig. Er vermag unser Tun ungeachtet dessen zu bestimmen, wie wir es vorziehen würden zu handeln.

In vielen Situationen betrachten wir Kräfte dieser Art als uns fremd. Wir tun dies nicht deshalb, weil sie unwiderstehlich sind, sondern weil wir uns nicht mit ihnen identifizieren und von ihnen nicht bewegt werden wollen. So wünschen wir vielleicht, uns von dem zwingenden Einfluß der Eifersucht und Drogensucht befreien zu können, vielleicht ziehen wir es vor, uns entsprechend anderer Motive zu verhalten, und wir können uns tatkräftig bemühen, ob erfolgreich oder nicht, so zu handeln. Aber unwiderstehliche Kräfte widersetzen sich oder konfligieren nicht in gleichbleibender Weise mit Wünschen oder

Absichten, von denen wir es vorziehen, bewegt zu werden. Sie können uns unwiderstehlich auf die eine oder andere Weise bewegen, die wir ungeteilt billigen wollen. Zwischen dem, was wir tun müssen, und der Art, wie wir uns in jedem Falle zu verhalten wünschen, muß kein Widerspruch bestehen. In diesem Falle ist die unwiderstehliche Kraft uns überhaupt nicht fremd.

Die volitionalen Einstellungen, die eine Person zu ihren eigenen elementaren motivationalen Tendenzen unterhält, hängen ganz von ihr ab. Leidenschaften wie Eifersucht und Sehnsucht liefern ihr sozusagen nur das psychische Rohmaterial, aus welchem heraus sie den Charakter und die Struktur ihres Willens gestalten und formen muß. Sie selbst enthalten wesentlich keinerlei affirmative oder negative volitionale Einstellungen gegenüber den motivationalen Tendenzen, in welchen sie bestehen. Ob sich eine Person mit diesen Leidenschaften identifiziert oder ob diese Leidenschaften als fremde, außerhalb der Grenzen der Identität ihres Willens bleibende Mächte auftreten, hängt davon ab, was sie selbst möchte, daß es ihr Wille sei.

Wie imposant und stark auch immer die motivationale *Macht*, welche die Leidenschaften mobilisieren, sein mag, die Leidenschaften selber haben keine inhärente motivationale *Autorität*. Tatsächlich stellen die Leidenschaften an uns überhaupt keine *Forderungen*. Reinweg an sich selbst betrachtet, abgesehen von irgendwelcher zusätzlichen Triebkraft oder Unterstützung, die wir selbst, indem wir auf sie eingehen, liefern mögen, ist ihre Wirksamkeit, uns zu bewegen, gänzlich eine Angelegenheit *bloßer roher Macht*. Es gibt da nichts, was anders wäre als die Stärke dieser Macht, das von uns verlangte oder uns sogar zuredete, ihnen folgend zu handeln.

Liebe unterscheidet sich davon. Die Tatsache, daß eine Person etwas liebt, liefert ihr nicht nur elementares Rohmaterial. Liebe ist keine elementare psychische Gegebenheit, die selbst keine besondere bewertende oder praktische Einstellung seitens des Liebhabers hinsichtlich ihrer motivationalen Tendenzen beinhaltete. Sicherlich kann eine Person bedauern, das zu lieben, was sie liebt. Sie mag versucht haben, zu vermeiden es zu lieben und sie kann versuchen, ihre Liebe auszulöschen. Zweifellos gibt es viele mögliche Arten volitionaler Komplexität und Zwiespältigkeit. Da aber Liebe selbst ein Aspekt des Willens ist, kann es nicht stimmen, daß die Liebe einer Person, die etwas wirklich aufrichtig liebt, völlig unfreiwillig ist.[7]

---

7 Dies betrifft den sowohl im Ton als auch in der Sache grundsätzlichen Unterschied zwischen den beiden Formulierungen: von der Liebe »eingenommen« und von der Leidenschaft »versklavt« zu sein.

Das heißt natürlich nicht, daß eine Person den Interessen desjenigen, was immer sie liebt, zu dienen die höchste Priorität beimessen muß. Letztlich mag ihre Liebe mehr als einem Gegenstand gelten und nicht jeder kann an erster Stelle stehen. Die Tatsache, daß eine Person etwas liebt, beinhaltet jedoch wirklich, daß sie nicht anders zu handeln vermag, als sich um dessen Interessen zu kümmern, und daß deren Bedeutsamkeit für sie zu den Rücksichten zählt, von denen sie nur wünschen kann, daß ihre Wahlentscheidungen und ihr Verhalten dadurch gesteuert werden. Ihre Bereitschaft, den Interessen des von ihr Geliebten zu dienen, ist nicht einfach ein primitives Gefühl oder ein Impuls, dem gegenüber ihre Einstellung bisher noch völlig unbestimmt sein kann. Sie ist ein Moment ihrer bestehenden Willensnatur und somit ihrer Identität als Person.

Manchmal sind Menschen im Zwiespalt. Das heißt, daß sie sich zu Zeiten teilweise einer motivationalen Tendenz widersetzen, mit der sie sich aber auch teilweise identifizieren. Dementsprechend gibt es Sachlagen, in denen sich zu Recht behaupten ließe, daß eine Person durch Liebe »überwältigt« sei. Eine solche Behauptung jedoch könnte streng genommen nicht so verstanden werden, daß dadurch, daß sie durch Liebe überwältigt wird, die Person in einem Kampf mit einer fremden Macht niedergerungen worden sei. Eine sich im Zwiespalt befindende Person ist gleichzeitig auf beiden Seiten des in ihr selbst tobenden Kampfes. Ihr Wille selbst ist entzweit. Deshalb kann er nicht völlig oder endgültig durch eine der widerstreitenden Kräfte geschlagen werden. Durch Liebe überwältigt zu sein ist dann notwendigerweise gleichbedeutend damit, durch einen Teil ihrer selbst statt durch eine äußerliche oder fremde Macht überwältigt zu sein.

VII.  Dies läßt, so glaube ich, deutlicher werden, warum die Ansprüche der Liebe, anders als die bloßen Zwänge von Gefühl und Verlangen, nicht einfach Macht, sondern Autorität besitzen. Die Autorität der Ansprüche, die dem Liebenden gegenüber durch seine Liebe eingefordert werden, ist die Autorität seiner eigenen Wesensnatur als einer Person. Sie ist, anders gesagt, die ihm gebietende Autorität der Wesensnatur seines eigenen individuellen Willens.

Was ist hier mit der »Wesensnatur« einer Person gemeint? Die Wesensnatur eines Dreiecks beinhaltet die Eigenschaften, die jede korrekt als Dreieck identifizierte Figur notwendigerweise besitzt. Die wesentlichen Eigenschaften eines Dreiecks sind jene, die jedes echte Dreieck haben muß. Die Wesensnatur einer Person ist ähnlich zu verstehen. Sie beinhaltet die Eigenschaften, die wesentlich die Identität der Person festlegen. Die wesentliche Identität eines Individuums unterscheidet sich jedoch von der Art wesentlicher Identität, die einem Ding zukommt. Das Wesen eines Dreiecks ist eine apriorische Angelegenheit *definitorischer* oder *begrifflicher* Notwendigkeit. Das Wesen einer Person andererseits ist eine Angelegenheit kontingenter volitionaler Notwendigkeiten, durch welche der Wille einer Person tatsächlich genötigt wird.

Diese Nötigungen lassen sich nicht durch begriffliche oder logische Analyse bestimmen. Sie sind eher substanziell als bloß formal zu sein. Sie betreffen die Zwecke, Präferenzen und die anderen persönlichen Eigenschaften, welche das Individuum zu besitzen nicht ändern kann und welche die Aktivitäten seines Willens wirksam bestimmen. Sie sind, anders gesagt, im Falle einer jeden Person durch das bestimmt, was sie liebt. Unsere Wesensnaturen als Individuen sind dann in dem begründet, wofür Sorge zu tragen wir nicht ändern können. Die Nötigungen der Liebe sowie deren relative Ordnung und Stärke bestimmen unsere volitionalen Grenzen. Sie markieren diese und entwerfen somit unsere Gestalt als Personen.

Dies bedeutet, daß Liebe in einer bestimmten Weise reflexiv ist. Soweit eine Person etwas liebt, erfordert die Tatsache, daß sie so, wie sie es tut, für etwas Sorge trägt, daß sie sich gleichzeitig darum kümmern muß, wie sie in Fragen handelt, die für das, was sie liebt, von Belang sind. Weil Liebe zur Folge hat, daß der Liebende bestimmte volitionale Einstellungen gegenüber dem Gegenstand seiner Liebe hat, hat sie auch zur Folge, daß er entsprechende volitionale Einstellungen sich selbst gegenüber besitzt. Es kann ihm nicht egal sein, wie das, was er tut, das von ihm Geliebte berührt. Im Maße dessen er sich um den Gegenstand seiner Liebe kümmert, sorgt er sich daher notwendigerweise auch um sein eigenes Verhalten.

Sich um das, was man liebt, zu sorgen, ist dann gleichbedeutend damit, sich um sich selbst zu sorgen. Indem er sich dem Wohl des Gegenstands seiner Liebe als eines idealen Ziels verschreibt, widmet sich der Liebende der Aufgabe, in sich selbst ein entsprechendes Ideal zu verwirklichen – das Ideal nämlich, ein Leben zu führen, daß den Interessen und Zwecken des von ihm Geliebten verbunden ist. Jemand, der zum Beispiel Gerechtigkeit liebt, wird mit Notwendigkeit eine Person zu sein wünschen, die den Interessen der Gerechtigkeit dient. Er betrachtet zwangsläufig diese Interessennahme nicht nur als Beitrag zur Verwirklichung einer erwünschten sozialen Lage, sondern auch als integrales Moment der Verwirklichung des ihn selbst betreffenden Ideals. Seine Liebe bestimmt zumindest teilweise die Motive und Präferenzen seines idealen Selbst.

Eine Person, die es unterläßt, so zu handeln, wie die Sorge um das Geliebte es erforderte, scheitert notwendigerweise daran, ein Leben in Übereinstimmung mit dem sie selbst betreffenden Ideal zu führen. Der Verrat am Gegenstand ihrer Liebe ist auch ein Verrat an ihr selbst. Nun hat die Tatsache, daß eine Person sich selbst verrät natürlich zur Folge, daß ihr innerer Zusammenhalt oder ihre Einheit zerreißt. Das bedeutet eine Entzweiung ihres Willens. Es gibt, so glaube ich, ein ziemlich ursprüngliches menschliches Bedürfnis danach, volitionale Einheit zu etablieren und aufrechtzuerhalten. Jede Bedrohung dieser Einheit – das heißt, jede Bedrohung des Zusammenhalts dieser Einheit – wird in der Tendenz die Person alarmieren und sie zu einem Versuch der »Selbsterhaltung« mobilisieren.

Mir scheint, daß die Autorität, welche die Liebe für uns besitzt, eng mit diesem nötigenden und nicht reduzierbaren Bedürfnis nach dem Schutz der Einheit des Selbst verknüpft ist. Da sich die Gebote der Liebe aus der Wesensnatur des Willens einer Person herleiten, handelt eine freiwillig jene Gebote mißachtende Person aus freien Stücken den Erfordernissen ihres eigenen Willens zuwider. Sie widersetzt sich den Zwecken und Interessen, die ihrer Natur als Person wesentlich sind. Anders gesagt, sie verrät sich selbst. Wir haben eine natürliche Abscheu dagegen, uns solch drastische psychische Verletzungen zuzufügen.[8]

Sofern jemand seine eigene Wesensnatur verletzt, verzichtet er darauf, sich selbst unzweideutig als ein Zweck anzusehen. Das heißt, er behandelt sich ohne unbeschränkte Achtung. Selbstverrat steht in der Tat unmißverständlich und grundsätzlich im Widerspruch zur Selbstachtung. Weil der Betrug an dem, was wir lieben, zwangsläufig ein Betrug an uns selbst ist, manifestiert eine ihre Liebe verratende Person einen Mangel an Selbstachtung. Unser grundlegendes Bedürfnis nach Selbstachtung, das in sehr engem Zusammenhang mit unserem

---

8   Situationen, in welchen es einer Person unmöglich ist, diese Art Selbstverrat zu vermeiden, liefern das Thema für eine Vielzahl menschlicher Tragödien. So wird Agamemnon zu Aulis durch einen unüberwindbaren Konflikt zwischen zwei gleichermaßen seine eigene Natur definierenden Elementen zerstört: seine Liebe zu seiner Tochter und seine Liebe zu der von ihm geführten Armee. Seine Ideale beinhalten ihm beides, ein hingebungsvoller Vater zu sein und jemand, der sich um das Wohl seiner Männer sorgt. Wird er dazu gezwungen, eines der beiden zu opfern, ist er damit gezwungen, sich selbst zu verraten. Selten, wenn überhaupt jemals, haben Tragödien dieser Art Fortsetzungen. Weil die volitionale Einheit des tragischen Helden unheilbar zerrissen ist, läßt sich in einer bestimmten Hinsicht sagen, daß die Person, die er war, nicht mehr existiert. Folglich kann es keine Fortführung *seiner* Geschichte geben.

Bedürfnis nach psychischer Einheit steht, bildet für uns die Grundlage der Autorität der Gebote der Liebe.[9]

VIII. Das Handeln aus Liebe ist kein Spezialfall des Handelns aus Pflicht. Die Autorität der Liebe darf nicht mit der Autorität des moralischen Gesetzes verwechselt werden. Einige Denker verstehen fälschlicherweise die Gebote der Liebe als bloße Erfordernisse einer bestimmten Art moralischer Verpflichtung. Möglicherweise ist dieser Irrtum durch den Unwillen motiviert, anzuerkennen, daß die Bedeutsamkeit moralischer Verpflichtung eher begrenzt ist. Auf jeden Fall befördert ein solches Mißverständnis der Liebe die Ignoranz der Tatsache gegenüber, daß es unbedingt autoritative Gebote gibt, die überhaupt nichts Spezifisches mit dem moralischen Gesetz zu tun haben.

Betrachten wir die folgende Schilderung der Ansicht eines der führenden Moralphilosophen unserer Zeit: »Zum Beispiel könnte es aufgrund meiner besonderen Verpflichtung meinem eigenen Kind gegenüber *für mich* die wichtigste Sache der Welt sein, daß mein Kind erfolgreich oder glücklich sein solle.«[10] Dies läßt darauf schließen, daß die eigentümliche Bedeutung, welche die Eltern dem Wohlergehen ihrer Kinder beimessen, ihren Ursprung oder Grund irgendwie in moralischen Gesetzen hat. Es wird angenommen, daß Mütter und Väter sich in besonderem Maße aufgrund ihrer Verbindlichkeiten als Eltern um ihre Kinder sorgen.

Die große Bedeutung, welche das Wohlergehen meiner Kinder für mich besitzt, leitet sich jedoch mit Sicherheit *nicht* von irgendwelchen angeblichen »besonderen Pflichten« her, die ich als ihr Vater haben mag, ihnen Fürsorge und Unterstützung angedeihen zu lassen. Das Glück und der Erfolg meiner Kinder sind mir nicht wegen eines Prinzips wichtig, an dem ich festhielte und aus welchem heraus ich auf deren Bedeutsamkeit schließen könnte. Sie sind mir

9   Zwiespalt als solcher hat eine Art Selbstverrat zur Folge. Er besteht in einem Wankelmut oder Widerstreit innerhalb des Selbst, der dafür sorgt, daß ein volitionales Element durch ein anderes bekämpft wird, so daß die Person nicht vermeiden kann, sich selbst zuwider zu handeln. Zwiespalt ist folglich ein Gegner der Selbstachtung.

10   Die in Frage stehende Ansicht, welche sich auf die vermuteten »besonderen Pflichten« bezieht, macht Thomas Nagel geltend. Vgl. Thomas Nagel, Der Blick von nirgendwo, Frankfurt/M. 1992, 283 ff. Das Beispiel für Nagels Vorstellung hat C. Korsgaard geliefert. Vgl. dies., The Reasons We Can Share in: Social Philosophy & Policy, vol. 10, no. 1 (1993), 33.

einfach deshalb wichtig, weil ich meine Kinder sehr liebe. Dies ist schon ausreichend, um meine Anerkennung dessen zu erklären, daß es bestimmte Dinge gibt, die ich genau aus dem Grunde tun muß, weil ich meine Kinder liebe, und nicht irgend eines prinzipiellen Grundes wegen.

Hier geht es sicherlich nicht um moralische Verpflichtung. Auch wenn Eltern irgendwie moralisch verpflichtet sind, ihre Kinder zu lieben oder für sie zu sorgen, lieben sie ihre Kinder normalerweise nicht wirklich solcherart Verpflichtungen wegen. Eltern sorgen sich im allgemeinen nicht um sie, weil sie verpflichtet sind, sondern einfach deshalb, weil sie ihre Kinder lieben. Und selbstredend ist die Liebe keine Liebe der Pflicht, sondern eine Liebe den Kindern gegenüber. Es gibt keinen Grund, sich auf das moralische Gesetz zu berufen, um Rechenschaft über die Nötigungen und die Autorität elterlicher Liebe abzulegen.

IX. Von der Nötigung des Kantschen kategorischen Imperativs wird angenommen, daß sie sich von den absoluten Anforderungen der Vernunft selbst herleitet. Die Diktate des reinen Willens sind nicht nur unbedingt, stimmige Alternativen zu ihnen sind nicht einmal vorstellbar. Das heißt jedoch nicht, daß in der Tat keine Alternative zu ihnen verfolgt werden wird. Trotzdem das moralische Gesetz eine apriorische Wahrheit ist, kann es mißachtet werden. Die Tatsache, daß seine Gebote rational notwendig sind, verleiht ihnen ihre Autorität. Es garantiert Kant zufolge nicht direkt oder unvermeidlich, daß sich eine Person ihnen tatsächlich unterwirft.

Das moralische Gesetz kann, so glaubt Kant, auf das Verhalten einer Person nur dadurch einwirken, daß es durch *Achtung* vermittelt wird. Eher durch seine Achtung des moralischen Gesetzes als einfach durch sein Verstehen oder seine Wahrnehmung der Vernünftigkeit desselben wird ein rational Handelnder dazu gebracht, seine Neigungen den Erfordernissen der Pflicht zu unterwerfen. Ob der Handelnde wirklich den Forderungen der Verbindlichkeit beipflichtet, bestimmt sich folglich dadurch, ob seine Achtung dem moralischen Gesetz gegenüber stark genug ist, die persönlichen Neigungen zu überwinden, die mit ihm im Widerstreit liegen.

Die relative Stärke der Neigung und der Achtung des moralischen Gesetzes hängen von einer Vielzahl kontingenter empirischer Umstände ab. Die Wirksamkeit des moralischen Gesetzes bei der Bestimmung des wirklichen Verhaltens auch dessen, der im vollen Sinne versteht, was das Gesetz ihm abfordert, ist folglich eine kontingente Angelegenheit. Obwohl das moralische Gesetz theoretische Notwendigkeit besitzt, nötigt es als solches praktisch nicht. Die

Notwendigkeit begründet die Autorität des Gesetzes, garantiert selbst aber nicht, daß Menschen ihm folgen werden.

Hinsichtlich der Liebe ist die Situation ganz ähnlich. Die Nötigungen der Liebe sind natürlich nicht rational, sondern volitional. Liebe nötigt eher den Willen als den Verstand. Wie aber das moralische Gesetz nicht anders sein kann, als es ist, können wir nicht anders als zu lieben, was wir lieben. Außerdem genießen die Diktate der Liebe, wie die Anforderungen des moralischen Gesetzes, unbedingte Autorität. Auf grundsätzlich verschiedenen, aber genau einander entsprechenden Wegen teilen sie uns beide mit, was wir zu tun haben.

In beiden Fällen können die Gebote mißachtet werden. Sowohl in Fragen der Pflicht als auch der Liebe können wir aus Nachlässigkeit, Vorsatz oder Willensschwäche das zu tun unterlassen, was wir tun müssen. Was unsere Folgebereitschaft in jedem der Fälle stützt, ist eine Art Achtung. Es läßt sich schwer nachweisen, ob die Achtung des moralischen Gesetzes oder die Selbstachtung die allgemein widerstandsfähigere und verläßlichere ist. In jedem Fall ist es klar, daß die kategorischen Anforderungen beider, der Pflicht und der Liebe, durch Übertretung und Verrat verletzbar sind. Wie die theoretische Notwendigkeit der einen nicht die Rechtschaffenheit der rational Handelnden absichern kann, so auch nicht die volitionale Nötigung der anderen die Wahrhaftigkeit der Liebenden.

# Eine angebliche Asymmetrie
## zwischen Handlungen und Unterlassungen

Unterscheiden sich die Bedingungen moralischer Verantwortlichkeit in Hinsicht darauf, ob es sich bei dem in Frage Stehenden um eine Handlung oder eine Unterlassung handelt? John Fischer und Mark Ravizza behaupten, daß dem so sei.[1] Ihrer Meinung nach kann jemand für die Ausführung einer Handlung moralisch verantwortlich sein, auch wenn er nicht anders hätte handeln können. Eine Person aber könne nicht moralisch dafür verantwortlich gemacht werden, die Ausführung einer Handlung unterlassen oder versäumt zu haben, wenn sie nicht anders hätte handeln können – das heißt, sie nicht hätte ausführen können. Den Gedanken, daß hier eine bedeutsame Asymmetrie zwischen Handlungen und Unterlassungen dieser Art vorliege, finde ich nicht besonders plausibel. Mir scheint, daß es keinen triftigen Grund dafür gibt, warum Fälle des Vollzugs von Handlungen als solche moralisch gesehen verschieden sein sollten von Fällen, in denen sie nicht vollzogen werden. Letztlich ist die Unterscheidung zwischen Handlungen und Unterlassungen nicht besonders tiefgehend. Oftmals ist es in der Tat eine eher willkürliche Angelegenheit, ob das, was eine Person tut, als Vollzug einer Handlung beschrieben wird oder als Unterlassung des Vollzugs einer Handlung. Somit würde es überraschen, wenn sich die moralische Bewertung in irgendeiner besonders bedeutsamen Weise dahingehend unterscheidet, ob sie Handlungen oder Unterlassungen betrifft.

Stellen wir uns vor, daß sich eine Person – nennen wir sie »Stanley« – absichtlich völlig reglos verhält. Aus einem bestimmten Grunde unterläßt er jede Bewegung seines Körpers. Warum sollte unsere moralische Bewertung dieser Situation die Berücksichtigung von Überlegungen erfordern – derart, ob es Stanley freistand, sich anders zu verhalten –, die bei der Bewertung einer

---

1 John Fischer/Mark Ravizza, Responsibility and Inevitability, in: Ethics 101 (Januar 1991), 258–278, im folgenden fortlaufend im Text zitiert. Ich hatte die Abhandlung von Fischer/Ravizza auf dem Greensboro Colloquium zu kommentieren, auf dem sie vorgestellt wurde. Der hier vorliegende Artikel enthält die wesentlichen Punkte meiner zu diesem Anlaß vorgetragenen Bemerkungen.

Situation überhaupt nicht in Betracht zu ziehen gewesen wären, in welcher er absichtlich seinen Körper bewegt hätte? Was zählt, sind seine Absichten und deren Ausführung. Warum sollte es von Bedeutung sein, ob das, was er tut, sich *zu bewegen* beinhaltet?

Ich stimme mit Fischer/Ravizza hinsichtlich dessen überein, wie es zu verstehen ist, daß eine Person für eine Handlung moralisch verantwortlich sein kann, obwohl sie nicht anders hätte handeln können. Die Tatsache, daß jemand anders nicht hätte handeln können, mag in der wirklichen Abfolge der Ereignisse keine kausale Auswirkung auf sein Verhalten haben. Möglicherweise spielt sie überhaupt keine Rolle bei der Erklärung seiner Handlung. Er kann in Wirklichkeit durch gänzlich andere Erwägungen dazu gebracht werden, das zu tun, was er tut. Aufgrund dieser Möglichkeit erfordert, wie Fischer/Ravizza sagen, »moralische Verantwortung für eine Handlung nicht die Freiheit, von ihrem Vollzug absehen zu können« (262).

Nun scheint mir, daß wir auf genau die gleiche Erklärungsmöglichkeit treffen, wenn wir von Handlungen zu Unterlassungen übergehen. Die wirkliche Abfolge der Ereignisse betreffend mag die Tatsache, daß jemand eine bestimmte Handlung nicht hätte vollziehen können – und somit die Unterlassung nicht hätte vermeiden können –, keine kausale Auswirkung auf sein Verhalten haben. Möglicherweise spielt sie überhaupt keine Rolle bei der Erklärung dafür, daß er den Vollzug der Handlung unterläßt. Die Person kann wirklich durch völlig andere Erwägungen dazu gebracht werden, die Handlung zu unterlassen.

Nehmen wir also an, es gibt jemanden, der ein starkes Interesse daran hat, daß Stanley sich jedweder absichtlichen Bewegungen enthält, und der die Dinge so in die Wege zu leiten vermag, daß Stanley von einer generalisierten Paralyse betroffen werden wird, falls er irgendeine Neigung zeigt, sich zu bewegen. Dennoch kann Stanley ganz aus sich selbst heraus regungslos bleiben, ganz unabhängig von der Intrige dieser Person. Warum sollte Stanley in diesem Falle nicht für sein Stillehalten in dem Maße moralisch verantwortlich sein, wie er es wäre, hätte ihn nichts davon abgehalten, sich zu bewegen, wenn er dies zu tun beschlossen hätte?

Genau dieselbe Art konditionaler oder störungsfreier Überdetermination, kraft deren es moralische Verantwortlichkeit in Hinblick auf nicht vermeidbare Handlungen geben mag, kann in Fällen nicht vermeidbarer Unterlassung vorliegen. Es sollte somit keine moralphilosophisch instruktive Asymmetrie zwischen Handlungen und Unterlassungen geben, es sei denn, es ließe sich ein *anderer*, moralphilosophisch sachdienlicher Aspekt der Unterscheidung dieser zwei Arten des Verhaltens aufweisen. Fischer/Ravizza vertreten die Auffassung, daß es solch einen Unterschied gebe. Sie behaupten, daß eine Person, um für eine Handlung moralisch verantwortlich zu sein, die Körperbewegung, die der Vollzug jener Handlung erfordert, unter »wirklicher kausaler Kontrolle« haben müsse. Das heißt, daß der Akteur die fraglichen Handlungen absichtlich hervorrufen muß. Um im Gegensatz dazu für eine Unterlassung moralisch verantwortlich zu sein, muß eine Person die relevante Körperbewegung unter »regulativer Kontrolle« haben. Das heißt, der Akteur muß befähigt sein, sowohl die Handlung hervorzurufen als auch ihr Auftreten zu verhindern. Fischer/Ravizza versuchen, die moralische Asymmetrie von der Unterscheidung dieser zwei Arten von Kontrolle herzuleiten.

Was aber wird als Erklärung der Unterscheidung der Arten von Kontrolle angenommen, welche Handlungen und Unterlassungen erfordern? Fischer/Ravizza liefern einfach keine Begründung für ihre Überzeugung, daß Fälle des einen Typus eine andere Art Kontrolle erfordern als Fälle des anderen. Meines Erachtens spricht alles dafür, einer klar symmetrischen Erklärung den Vorzug zu geben. Wenn moralische Verantwortlichkeit im Falle einer Handlung einfach »wirkliche kausale Kontrolle« der relevanten *Bewegung* erfordert, dann erfordert sie im Falle der Unterlassung genau dieselbe »wirkliche kausale Kontrolle« der *Unterlassung* der relevanten Bewegung. Das besagt (hier sind Fischer/Ravizza gleicher Meinung), daß eine Person für eine Handlung moralische Verantwortung tragen kann, wenn sie absichtlich die relevante Bewegung hervorruft, ungeachtet dessen, ob sie jene Bewegung hätte verhindern können. Das besagt aber auch (im Gegensatz zu dem, was sie behaupten), daß eine Person für eine Unterlassung im Falle dessen moralische Verantwortung tragen kann, daß sie absichtlich die relevante Bewegung auch dann verhindert, wenn sie diese Bewegung nicht hätte hervorrufen können.

Betrachten wir einige der von Fischer/Ravizza diskutierten Beispiele. In »Sloth« (261) beschließt John, ein ertrinkendes Kind nicht zu retten, das (weil Haie in der Nähe sind) auch dann ertrunken wäre, wenn John versucht hätte, es zu retten. Fischer/Ravizza behaupten, es wäre in sich widersprüchlich, darauf zu beharren, daß John unter diesen Umständen moralische Verantwortung dafür trägt, das Kind nicht gerettet zu haben. Damit haben sie recht. Die Widersprüchlichkeit wird jedoch nicht, wie sie annehmen, durch die Tatsache erklärt, daß John das Kind unmöglich retten konnte.

Diese Tatsache hätte Umständen ganz anderer Art geschuldet sein können, als jenen, die Fischer/Ravizza beschreiben. Stellen wir uns also vor, daß falls John, gerade als er begann in Erwägung zu ziehen, das Kind zu retten, durch ein buchstäblich unwiderstehliches Verlangen, etwas anderes zu tun, überwältigt worden wäre. Und stellen wir uns weiter vor, daß dies ihn veranlaßt hätte, jeden Gedanken an die Rettung des Kindes fallen zu lassen. Mit dieser Abänderung entspricht der Fall von John genau einem anderen der Beispiele von Fischer/Ravizza – dem von Matthew (»Hero«).[2] Sie betrachten Matthew zu Recht als lobenswert für seine Handlung, trotz der Tatsache, daß er »von buchstäblich unwiderstehlichen Schuldgefühlen überwältigt worden wäre«, die ihn im Falle dessen von der Unterlassung abgehalten hätten, daß er eine alternative Folge in Erwägung zu ziehen begonnen hätte, in welcher die Handlung von ihm unterlassen worden wäre. Wenn aber Matthew eindeutig lobenswert ist, dann ist John für sein Tun eindeutig tadelnswert, trotz der Tatsache, daß er der Umstände in der alternativen Folge wegen, die genau derselben Art sind, nicht anders hätte handeln können, als von der Handlung, das Kind zu retten, Abstand zu nehmen.

In Fischers und Ravizzas Version des Beispiels trägt John keine moralische Verantwortung für die Unterlassung der Rettung des Kindes. Der Grund dafür ist jedoch nicht, daß er das Kind nicht retten kann. Der wirkliche Grund besteht darin, daß sein Tun keinen Einfluß auf die Rettung des Kindes hat. Die Haie sind sowohl in der wirklichen als auch in der alternativen Handlungsfolge aktiv und sorgen dafür, daß das Kind, egal was John tut, ertrinkt. In der überarbeiteten Version des Beispiels ertrinkt das Kind ebenfalls zwangsläufig. Aber der Sinn der Überarbeitung des Beispiels besteht darin, daß das Kind in der überarbeiteten wirklichen Handlungsfolge *nur* deshalb ertrinkt, weil John sich der Handlung, das Kind zu retten, enthält. In der überarbeiteten wirklichen Handlungsfolge gibt es keine Faktoren, die Johns alleinige Verantwortung für das Ertrinken des Kindes in jener Folge in Frage stellen. *Deshalb* ist John moralisch dafür verantwortlich, die Rettung des Kindes unterlassen zu haben, auch wenn er es vor dem Ertrinken nicht hätte retten können.[3]

---

2  »Matthew läuft einen Strand entlang ..., er sieht ein Kind mit dem Wasser ringen und überlegt schnell ..., springt ins Wasser und rettet das Kind. Wir können uns vorstellen, daß Matthew sich keine Gedanken darüber macht, das Kind nicht zu retten, daß er aber, falls er in Erwägung gezogen hätte, das Kind nicht zu retten, von buchstäblich unwiderstehlichen Schuldgefühlen überwältigt worden wäre, die ihn veranlaßt hätten, ins Wasser zu springen und das Kind irgendwie zu retten ... Offensichtlich ist Matthew moralisch verantwortlich – in der Tat lobenswert – für seine Tat, obwohl er anders nicht hätte handeln können.« (259)

3  Es scheint dann, daß die ursprüngliche Version des Beispiels am selben Mangel leidet, für den Fischer/Ravizza Susan Wolf kritisieren. (260)

Vor diesem Hintergrund könnte man vielleicht wünschen, daß mit dem Fall von Matthew sorgsamer umgegangen wird. Letzten Endes lag der Erfolg der Rettung des Kindes nicht gänzlich in seiner Hand. Er hing in der wirklichen Folge von Umständen ab, die Matthew nicht unter Kontrolle hatte – zum Beispiel davon, daß keine Haie in der Nähe waren. Man könnte es deshalb vorziehen zu sagen, daß Matthew nicht dafür zu loben ist, daß er wirklich das Kind *gerettet* hat, sondern nur dafür, daß er das Kind zu retten unternommen hat. Wenn dies einsichtig ist, so sollte man es natürlich auch vorziehen zu sagen, daß John nicht dafür zu tadeln ist, daß er es unterlassen hat, das Kind zu retten, sondern nur dafür, daß er es unterlassen hat, die Rettung des Kindes zu unternehmen. Die beiden Sachlagen sind in jedem Falle völlig symmetrisch. Wenn es irgendwie widersprüchlich ist, John dafür moralisch verantwortlich zu machen, daß er es unterlassen hat, das Kind zu retten, dann ist es gleichfalls widersprüchlich, Matthew für dessen Rettung moralische Verantwortlichkeit zuzumessen.

# Gleichheit und Achtung

## I.

1. Ich möchte eine Warnung und eine Vorankündigung vorausschicken. In dem vorliegenden Aufsatz werde ich mich mit Fällen beschäftigen, in denen der moralische Wert der Gleichheit geltend gemacht wird. Nach meiner Einschätzung trägt die Auseinandersetzung mit diesen Fällen nichts Substantielles zur Lösung der Frage bei, welche Sozialpolitik befolgt oder vermieden werden sollte. Meine Überlegungen beziehen sich ausschließlich auf konzeptionelle und analytische Fragen. Sie basieren nicht auf einer sozialen Ideologie oder auf politischen Interessen.

2. Die Annahme, der Egalitarismus sei von intrinsisch moralischem Wert, wird von mir kategorisch abgelehnt, gleichgültig, um welche Spielart des Egalitarismus es sich dabei handelt. Dies bedeutet ausdrücklich nicht, daß ich bestehende Ungleichheiten billige oder ihnen gegenüber indifferent bin. Auch soll damit nicht gesagt sein, daß ich Bestrebungen entgegenstehe, solche Ungleichheiten zu beseitigen. Tatsächlich unterstütze ich viele solcher Bestrebungen. Was mich jedoch zu dieser Unterstützung veranlaßt, ist nicht die Überzeugung, daß Gleichheit ein moralischer Wert sei, der um seiner selbst willen anzustreben wäre und daß egalitäre Zielsetzungen daher ebenfalls um ihrer selbst willen wertvoll seien. Es handelt sich vielmehr um die kontingente und pragmatisch begründete Überzeugung, daß ein Zuwachs an Gleichheit gleich welcher Art die Befolgung anderer sozial wünschenswerter Ziele erleichtern wird. Gleichheit als solcher kommt meines Erachtens kein inhärenter und unabgeleiteter moralischer Wert zu.[1]

---

[1] In ihrer Einleitung zur Anthologie *Equality: Selected Readings* schreiben mir Louis Pojman/Robert Westmoreland die Ansicht zu, daß »wir in einer Wohlstandsgesellschaft lediglich die Pflicht haben, die elementarsten Bedürfnisse von Menschen zu befriedigen, aber nicht mehr« (1997, S. 11). Das ist nicht meine Position. In dem Aufsatz *Egalitarianism as a Moral Ideal*, der im Oktober 1987 ursprünglich in der Zeitschrift *Ethics* erschien und anschließend in meiner Aufsatzsammlung *The Importance of What We Care About* wiederabgedruckt wurde, habe ich dafür argumentiert, daß nicht das gleiche Einkommen oder der gleiche Wohlstand von Personen moralisch relevant ist, sondern es vielmehr darauf

3. Für einige Philosophen ist eine Gleichverteilung bestimmter wertvoller Ressourcen schon deshalb ein bedeutsames moralisches Gut, weil es sich um eine Gleichverteilung handelt. Andere halten dagegen, daß nicht die Gleichverteilung der Ressourcen moralisch bedeutsam ist, sondern die Tatsache, daß jede Person das gleiche Niveau an Wohlfahrt besitze. Einigkeit besteht zwischen diesen Philosophen darin, daß eine bestimmte Form der Gleichheit um ihrer selbst willen moralisch wertvoll ist, unabhängig davon, welcher Nutzen daraus für die Verfolgung anderer moralisch wünschenswerter Ziele entstehen mag.

Sofern egalitäre Ideale mit der Unterstellung begründet werden, irgend eine Form von Gleichheit sei an und für sich moralisch wünschenswert, scheint mir der moralische Anspruch des Egalitarismus auf einer Illusion zu gründen. Meiner Ansicht nach ist Gleichheit nicht um ihrer selbst willen moralisch wertvoll. Es ist zwar richtig, daß bei Individuen mit moralischem Bewußtsein der Appell an Gleichheit oft eine beträchtliche emotionale Wirkung besitzt; auch gibt es, wie ich angedeutet habe, Situationen, in denen moralische Überlegungen tatsächlich fordern, eine bestimmte Ungleichheit zu vermeiden oder zu mindern. Dennoch glaube ich, daß es stets ein Fehler ist, Gleichheit in irgendeiner Form um ihrer selbst willen für wünschenswert zu halten. Es gibt kein egalitäres Ideal, dessen Verwirklichung schon um seiner selbst willen wertvoll ist. Wenn das Streben nach Gleichheit moralisch geboten ist, dann deshalb, weil dadurch ein anderer Wert gefördert wird und nicht, weil Gleichheit als solche moralisch erstrebenswert ist.

Zusätzlich zur Ressourcengleichheit und Wohlfahrtsgleichheit können noch andere Formen der Gleichheit unterschieden werden: Chancengleichheit, Rechtsgleichheit, gleiche Achtung, gleiche Rücksicht, gleiche Anteilnahme und so weiter. Nach meiner Überzeugung ist *keine* dieser Formen von Gleichheit intrinisch wertvoll. Daher vertrete ich auch die Position, daß keines der korrespondierenden egalitären Ideale von unabgeleitetem moralischen Wert ist.

4. Mit Bezug auf die ungleichen Bedingungen, die bei einer deutlichen Schichtung sozio-ökonomischer Klassen vorherrschen, stellt Thomas Nagel die Frage:»Wie könnte es denn etwa kein Übel sein, daß dem Leben unzähli-

ankommt, daß jede Person genug hat. Unter »genug« verstand ich: genug für ein gutes Leben – und nicht nur (wie Pojman/Westmoreland annehmen) genug, um über die Runden zu kommen.

ger Menschen von Geburt an im Verhältnis zum Leben anderer automatisch
nur ein drastisch eingeschränktes Spektrum von Möglichkeiten zuteil wird?«[2]
Die Frage hat zweifellos rhetorische Kraft. Es scheint ausgeschlossen, daß eine
anständige Person mit normalen Empfindungen menschlicher Wärme nicht
sehen würde, daß drastische Diskrepanzen in den bei Geburt mitgegebenen
Lebensaussichten moralisch nicht hingenommen werden dürfen und daß eine
Bereitschaft, solche Ungleichheiten zu akzeptieren, offenkundig unmoralisch
wäre.

Und dennoch: ist es wirklich unbestreitbar, daß solche Diskrepanzen immer
so schlimm sein müssen? Auch wenn die Lebensaussichten von Mitgliedern
unterer sozio-ökonomischer Schichten so gut wie immer schrecklich gewesen
sind, so ist es doch keine notwendige Wahrheit, daß diese gewohnte Beziehung
zu allen Zeiten bestehen muß. Weniger zu besitzen ist schließlich vereinbar mit
dem Besitz einer ganzen Menge, und schlechter abzuschneiden als andere
impliziert nicht, schlecht abzuschneiden. Es ist wahr, daß Menschen der untersten gesellschaftlichen Schicht im allgemeinen unter schrecklichen Bedingungen leben, aber diese Verknüpfung von niedriger sozialer Position und erbärm-
licher Lebensqualität ist völlig kontingent. Es besteht keine notwendige
Verbindung zwischen dem Leben am unteren Rand der Gesellschaft und
Armut in dem Sinne, in dem Armut ein ernsthaftes und moralisch unannehm-
bares Hindernis zu einem guten Leben ist.

Angenommen wir würden erfahren, daß Personen mit »radikal minderwertigeren« Lebensaussichten in Wirklichkeit recht gute Aussichten haben – zwar
nicht so gut wie die Aussichten, mit denen manch andere beginnen, aber doch
gut genug, um ein Leben zu gewährleisten, das viele wahrhaft wertvolle Elemente enthält und das von sensiblen und vernünftigen Menschen als zutiefst
befriedigend empfunden wird. Dadurch würde sich wohl die Qualität unserer
Bedenken ändern. Selbst wenn wir weiterhin insistieren sollten, daß keine
Ungleichheit jemals vollständig hingenommen werden kann, erscheinen uns
doch Diskrepanzen zwischen sehr guten Lebensaussichten und noch besseren
Lebensaussichten als nicht so moralisch dringlich, wie dies durch die Charakterisierung jeder Diskrepanz dieser Art als *Übel* nahegelegt wird.

5. Die egalitäre Verdammung von Ungleichheit als inhärent schlecht verliert meines Erachtens an Überzeugungskraft, sobald die Möglichkeit aner-

---

2  Thomas Nagel, Eine Abhandlung über Gleichheit und Parteilichkeit, Ferdinand Schö-
ning 1994, 44.

kannt wird, daß Personen, die bedeutend schlechter gestellt sind als andere, dennoch sehr gut gestellt sein können. Die egalitäre Position ist jedoch selbst dann irreführend, wenn ihre moralischen Forderungen abgeschwächt werden. Schließlich ist Ungleichheit eine rein *formale* Eigenschaft. Aus dieser formalen Eigenschaft einer Beziehung zwischen zwei Dingen folgt überhaupt nichts bezüglich der Wünschbarkeit oder des Wertes eines dieser Dinge. Sicherlich sind es nicht formale, sondern substantielle Bestimmungen, die genuin moralische Bedeutung haben. Es kommt darauf an, ob Menschen eine gutes Leben führen, und nicht, wie deren Leben relativ zu dem Leben anderer steht.

Angenommen es wird behauptet, ein Leben, das im Vergleich zu anderen radikal minderwertig ist, könne unmöglich ein gutes Leben sein. Es wird vermutlich zugegeben werden, daß ein gutes Leben weniger gut als ein anderes sein kann, und daß daher minderer Wert *alleine* noch nicht beinhaltet, daß ein Leben notwendig schlecht ist. Es wird vielleicht weiterhin zugegeben werden, daß diese Schlechtheit auch dann nicht folgt, wenn ein Leben *erheblich* minderwertiger ist als das andere. Nehmen wir aber an, die Behauptung lautet, daß allein der Begriff eines *radikal* minderwertigeren Daseins nicht nur enthält, daß ein Leben weniger gut ist als andere, sondern daß ein solches Leben entschieden unterhalb der Schwelle liegt, durch die sich ein gutes Leben von einem schlechten Leben abgrenzt.

Akzeptieren wir also als notwendige begriffliche Wahrheit, daß radikal minderwertigere Leben ausnahmslos schlecht sind. In diesem Fall wird es vernünftig sein, der Aussage zuzustimmen, daß die radikale Minderwertigkeit der Lebensaussichten einiger Menschen in der Tat ein – wie Nagel sagt – Übel ist. Aber warum ist es ein Übel? Das Übel liegt nicht in dem Umstand, daß die minderwertigeren Leben zufällig in einem Verhältnis der Ungleichheit zu anderen Leben stehen. Das Übel, daß manche Menschen ein schlechtes Leben führen, entsteht nicht dadurch, daß andere Menschen ein besseres Leben führen. Das Übel liegt einfach in der unverkennbaren Tatsache, daß schlechte Leben schlecht sind.[3]

---

3    Die Tatsache, daß einige schlechte Leben in dem Verhältnis radikaler Minderwertigkeit zu anderen Leben stehen, ist natürlich äußerst relevant für die Sozialpolitik. Daß einige ein besseres Leben führen, zeigt zumindest, daß bessere Leben möglich sind. Die radikale Überlegenheit der besseren Leben legt zudem nahe, daß die schlechten Leben durch Nutzung der Ressourcen der besseren Leben verbessert werden könnten. Diese Überlegungen haben jedoch nichts mit der Frage zu tun, ob Gleichheit als solche an sich wertvoll ist.

6. Welche wirklich wichtigen Gesichtspunkte muß eine Person berücksichtigen, die sich fragt, ob sie mit den Ressourcen, die ihr zur Verfügung stehen, zufrieden sein soll oder wie sie das Niveau ihres Wohlergehens beurteilen soll? Die Bewertungen, die sie vermutlich vornehmen wird, sind von persönlicher Art und betreffen die spezifische Qualität des eigenen Lebens. Die Person muß, so viel scheint klar, diese Bewertungen auf der Grundlage einer realistischen Einschätzung vornehmen, in welchem Maße der eingeschlagene Lebensweg den individuellen Fähigkeiten entspricht, die eigenen speziellen Bedürfnisse befriedigt, die besten Potentiale ausschöpft und sie mit dem versorgt, woran ihr besonders gelegen ist. Für keine dieser Erwägungen scheint es mir erforderlich, die eigenen Umstände gegen die irgendeiner anderen Person aufzurechnen. Natürlich können solche Vergleiche oft aufschlußreich sein, da sie einer Person helfen können, die eigene Lage besser zu verstehen. Aber selbst dann sind sie im besten Falle von heuristischem Wert und stellen kein eigenständiges Kriterium dar.

Wenn eine Person über genügend Ressourcen verfügt, um ihre Bedürfnisse und Interessen zu befriedigen, dann sind ihre Ressourcen völlig angemessen. Deren Angemessenheit hängt nicht zusätzlich von der Menge der Ressourcen ab, über die andere Personen verfügen. Ob die Möglichkeiten, die eine Person hat, diejenigen Alternativen enthalten, zwischen denen sich diese Person gerne entscheiden möchte, hängt davon ab, welche Möglichkeiten zu ihren Fähigkeiten, Interessen und Potentialen passen. Es hängt aber nicht davon ab, ob ihre Möglichkeiten mit denen anderer Personen übereinstimmen.

Dasselbe Argument trifft auch auf Rechte, Achtung, Rücksicht und Anteilnahme zu. Die Rechte zu genießen, die der eigenen Person angemessen sind, und mit der angemessenen Achtung, Rücksicht und Anteilnahme behandelt zu werden, hat nichts Wesentliches zu tun mit der Achtung, Rücksicht und Anteilnahme, die anderen Personen zuteil wird oder mit den Rechten, die andere zufällig genießen. Jeder Person sollten die Rechte, die Achtung, die Rücksicht und die Anteilnahme zukommen, auf die sie kraft dessen, was sie ist und was sie geleistet hat, Anspruch erheben kann. Das Maß dieses Anspruchs hängt nicht davon ab, ob andere Personen ebenfalls darauf Anspruch erheben können.[4]

---

4 In *Inequality Reexamined* behauptet Amartya Sen, daß ethische Urteile über soziale Angelegenheiten, »um irgendeine Art der Plausibilität zu besitzen, eine elementar gleiche Berücksichtigung aller in bezug auf eine Ebene, die als kritisch betrachtet wird, aufweisen müssen« (Amartya Sen, Inequality Reexamined, Cambridge, Mass. 1992, Übers. – T. B.). Aber was bedeutet »gleiche Berücksichtigung«? Menschen gleich zu berücksichtigen

Es mag sein, daß die Ansprüche auf manche Dinge tatsächlich für alle Menschen dieselben sind. Wenn dem so ist, dann jedoch nicht, weil es auf Gleichheit ankommt. Es ist vielmehr deshalb so, weil alle Menschen nun einmal auf dieselbe Art beschaffen sind in bezug auf die Eigenschaften, von denen die fraglichen Ansprüche hergeleitet werden – z. B. in bezug auf das gemeinsame Menschsein, die Fähigkeit zu leiden, die Mitgliedschaft in einem Reich der Zwecke oder anderes. Die bloße Tatsache, daß eine Person etwas besitzt oder auf etwas Anspruch erheben kann, ist – für sich genommen – *überhaupt kein Grund* für andere Personen, dieselben Dinge zu wollen oder zu glauben, ebenfalls Anspruch darauf erheben zu können. Gleichheit als solche besitzt, mit anderen Worten, keine moralische Bedeutung.

## II.

7. Damit ist die Geschichte jedoch noch nicht zu Ende. Man betrachte eine Person, der an Gleichheit um ihrer selbst willen nicht gelegen ist, und die außerdem recht zufrieden damit ist, von allem so viel zu besitzen, wie sie benötigt, die aber von bestimmten Dingen weniger besitzt als andere. Die Tatsache, ungleich behandelt zu werden, mag sie auch dann verletzten, wenn sie gegen Ungleichheit als solche nichts einzuwenden hat. Sie mag die Ungleichheit zwischen den Bedingungen, unter denen sie lebt, und den Bedingungen anderer verwerflich finden, weil es ihr naheliegend scheint, daß, wer auch immer für die Diskrepanz verantwortlich ist, es an einer bestimmten Art von Achtung ihr gegenüber fehlen läßt. Mit einer entsprechenden Achtung behandelt zu werden und Gleichbehandlung werden leicht durcheinandergebracht. Es handelt sich aber nicht um dasselbe. Ich bin der Überzeugung, daß die weit-

---

bedeutet sicherlich nicht, sich gleich lang oder gleich intensiv mit ihren Interessen oder ihre Ansprüchen zu beschäftigen. Sen selbst schlägt vor, daß es etwas mit der Vermeidung von Willkür zu tun hat: »Die Abwesenheit einer solchen Gleichheit würde dazu führen, daß eine Theorie willkürlich diskriminiert und nur schwer aufrechtzuerhalten wäre« (ebd.). Die Vermeidung von Willkür hat aber nichts mit der Gleichbehandlung von Menschen zu tun. Es geht dabei um die Frage, ob man eine vernünftige Grundlage hat, Menschen so zu behandeln, wie man es tut. Es wäre eine willkürliche Diskriminierung, würde man eine Person mehr berücksichtigen als eine andere, ohne für die Unterscheidung zwischen ihnen eine vernünftige Basis zu besitzen. Ebenso wäre es willkürlich, beide Personen gleich stark zu berücksichtigen, wenn es einen vernünfigen Grund dafür gibt, sie verschieden zu behandeln. Um Willkür zu vermeiden, müssen wir Gleiches gleich und Ungleiches ungleich behandeln. Das ist weder ein egalitärer noch ein inegalitärer Grundsatz.

verbreitete Tendenz, die moralische Bedeutung egalitärer Forderungen über-
zubewerten, zumindest zum Teil aus dem Mißverständnis der Beziehung zwischen einer Gleichbehandlung von Personen und einer achtungsvollen
Behandlung herrührt.

Die grundlegende Differenz zwischen Gleichheit und Achtung hat mit dem
Fokus und der Absicht zu tun. Bezüglich irgendeines Parameters – egal, ob es
sich dabei um Ressourcen, Wohlfahrt, Chancen, Achtung, Rechte, Rücksicht,
Anteilnahme oder etwas anderes handelt – geht es bei Gleichheit darum, ob
eine Person gleich viel davon hat wie andere. Achtung hingegen ist persönlicher. Einer Person Achtung entgegenzubringen bedeutet, in dem hier einschlägigen Sinne, mit ihr ausschließlich auf der Grundlage der Aspekte ihres
besonderen Charakters oder ihrer Rahmenbedingungen umzugehen, die in der
gegebenen Sachlage tatsächlich relevant sind.[5]

Personen mit Achtung zu behandeln, schließt aus, ihnen spezielle Vor- oder
Nachteile zukommen zu lassen, es sei denn, dies geschieht aus Gründen, die
verschiedene Geltung für verschiedene Personen haben. Dies beinhaltet
Unparteilichkeit und das Vermeiden von Willkür. Jene, denen es an Gleichheit
gelegen ist, zielen auf Resultate, die in bestimmter Hinsicht ununterscheidbar
sind. Wer andererseits Menschen mit Achtung begegnen will, zielt auf Resultate, die den Besonderheiten des Individuums angemessen sind. Es ist offensichtlich, daß die Richtung, in die ein Wunsch nach Gleichheit verweist, abwei-
chen kann von der Richtung, in die ein Interesse an Achtung und Unparteilichkeit führt.

5   Ich bin nicht sicher, wie sich mein Begriff der »Achtung« zu dem von Avishai Margalit
(1996) verhält. So wie ich ihn verstehe, ist die achtlose Behandlung von Menschen eng verbunden mit deren Demütigung bzw. damit, ihnen eine Grund dafür zu geben, sich
gedemütigt zu fühlen. In meinem Gebrauch des Begriffs ist dies nicht unbedingt der Fall.
Da der der Achtung zugeschriebene Wert von anderen Werten übertrumpft werden kann,
bevorzugen es Menschen oft – aus guten und sogar bewundernswerten Gründen – so behandelt zu werden, als besäßen sie Eigenschaften, die sie nicht besitzen, oder als mangelte es
ihnen an Eigenschaften, die sie tatsächlich besitzen. Dies bedeutet, daß sie es bevorzugen,
ohne »Achtung« (in meinem Sinne) behandelt zu werden, aber es versteht sich keinesfalls
von selbst, daß sie dadurch auch demütigendes Verhalten provozieren. Ich bin mir darüber
im klaren, daß es ziemlich unstimmig ist, solche Menschen als Personen zu charakterisieren,
die vermeiden wollen, daß man ihnen mit Achtung begegnet. Nicht als die Person auftreten
und behandelt werden zu wollen, die man ist, mag vielleicht manchmal, aber nicht immer,
auf einen Mangel an *Selbst*achtung hindeuten. Ich war nicht in der Lage, eine passendere
Begrifflichkeit zu entwerfen.

8. Unter bestimmten Bedingungen werden die Forderungen, die aus den Postulaten von Gleichheit und Achtung resultieren, sicher konvergieren. Es ist wichtig, diese Konvergenz nicht falsch zu verstehen. Man betrachte eine Situation, in der keine Information über relevante Ähnlichkeiten von zwei Personen oder über relevante Unterschiede zwischen ihnen verfügbar sind. In diesem Fall besteht der natürliche und vernünftige Umgang darin, beide Personen auf dieselbe Weise zu behandeln, d. h. sie gleich zu behandeln. Die Tatsache, daß eine egalitäre Politik unter diesen Bedingungen die einzig plausible ist, erweckt den Eindruck, bei einer Präferenz für Gleichheit handelt es sich um eine Standardeinstellung, die eingenommen werden muß, wenn keine Gründe vorhanden sind, die für die Notwendigkeit einer alternativen Politik sprechen. Viele Autoren behaupten in der Tat, daß eine Politik des Egalitarismus mutmaßlich einen moralischen Vorteil gegenüber anderen Politiken besitzt. Nach ihrer Überzeugung sollte sich Gleichheit stets Geltung verschaffen, es sei denn, die anfängliche moralische Überlegenheit einer egalitären Politik geht durch die besonderen Beschaffenheiten der vorliegenden Situation verloren.

Isaiah Berlin entwickelt diese Position wie folgt: »Die Behauptung ist, daß Gleichheit keiner Rechtfertigung bedarf und nur Ungleichheit einer bedarf. ... Wenn ich einen Kuchen besitze und es zehn Personen gibt, unter denen ich ihn aufteilen will, dann entsteht – zumindest nicht automatisch – ein Rechtfertigungsbedarf, wenn ich jeder Person genau ein Zehntel des Kuchens zukommen lasse. Wenn ich jedoch von diesem Grundsatz der Gleichverteilung abrücke, wird von mir erwartet, besondere Gründe dafür anzugeben.«[6]

Diese Art der Darstellung findet bei vielen Menschen Anklang. Häufig wird davon ausgegangen, daß sie durch den gesunden Menschenverstand bestätigt wird. Tatsächlich aber ist die Behauptung, die Berlin aufstellt, falsch. Gleichheit besitzt keinen inhärenten moralischen Vorteil gegenüber Ungleichheit und es gibt keinen Grund zu einer Voreingenommenheit zugunsten egalitärer Ziele.

Es wäre wohl in der Tat moralisch richtig, Berlins Kuchen in gleichen Teilen zu verteilen. Die Erklärung hierfür ist nicht, wie er annimmt, daß Gleichheit keiner Rechtfertigung bedarf oder eine egalitäre Verteilung eine anfängliche moralische Überlegenheit gegenüber alternativen Verteilungen besitzt. Das entscheidende Kennzeichen der Situation, so wie er sie sich offensichtlich

6  Isaiah Berlin, Equality as an Ideal, in: Proceedings of the Aristotelian Society 56 (1955–56); Wiederabdr. in: Frederick Olafson (ed.), Justice and Social Policy, Englewood Cliffs, N.J.: Princeton Hall 1961. Übers. – T.B.

vorstellt, besteht darin, daß er *weder* einen besonderen Grund dafür hat, den Kuchen in gleiche Stücke zu teilen, *noch* einen besonderen Grund dafür besitzt, ihn in ungleiche Stücke zu teilen. Die Situation ist, in anderen Worten, eine, in der er nicht weiß, ob die Personen, unter denen der Kuchen aufzuteilen ist, *entweder* in einem Sinne gleich sind, der eine Gleichverteilung rechtfertigt, *oder* sich in einer Hinsicht unterscheiden, die es rechtfertigen würden, ihnen ungleiche Teile zu geben. Er besitzt überhaupt keine relevanten Informationen über diese Personen.

Dies bedeutet natürlich, daß die Menge der relevanten Informationen, die ihm über jede Person zur Verfügung steht, exakt dieselbe ist: nämlich *Null*. Wenn aber seine relevanten Informationen über jede Person identisch sind mit den relevanten Informationen über jede andere Person, dann wäre es willkürlich und achtlos, die Personen ungleich zu behandeln. Unparteilichkeit erfordert, daß jeder auf die gleiche Weise behandelt wird. Von daher *besitzt* er einen Grund, eine egalitäre Verteilung des Kuchens zu rechtfertigen. Es ist vielmehr die moralische Bedeutung von Achtung und daher von Unparteilichkeit als die vermeintlich vorgängige oder vorwegnehmende moralische Bedeutung von Gleichheit, die uns dazu anhält, Personen auf dieselbe Weise zu behandeln, wenn uns keine Informationen zur Verfügung stehen, die uns einen besonderen Grund für deren Ungleichbehandlung geben.

In Fällen wie denen, die Berlin beschreibt, ist es nur ein Zufall, daß die Anforderung der Gleichheit und der Achtung zusammenfallen. Es mag auch Umstände geben, in denen das Zusammenfallen dieser Anforderungen nicht so kontingent ist. Angenommen wir stimmen darin überein, daß jeder einen Anspruch auf bestimmte Dinge schon allein deshalb hat, weil er ein Mensch ist. In bezug auf diese Ansprüche können individuelle Differenzen natürlich keine relevante Grundlage dafür bieten, zwischen der einen und der anderen Person zu unterscheiden. Schließlich werden die einzig relevanten Eigenschaften einer jeden Person – nämlich einfach jene, die sein Menschsein ausmachen – notwendig von allen anderen Menschen geteilt. Die Kriterien der Unparteilichkeit und der Gleichheit müssen daher in diesem Fall unausweichlich zu demselben Resultat führen.

Die Tatsache, daß ein solcher Fall Gleichheit gebietet, ist jedoch nicht in einer moralischen Autorität begründet, die dem Egalitarismus eigen ist. Der Anspruch des Egalitarismus ist vielmehr abgeleitet. Er findet seine Begründung in den grundlegenderen Anforderungen der Achtung und Unparteilichkeit. Das Gebot, allen Menschen dieselben Ansprüche einzuräumen, ist ursächlich durch die moralisch bedeutsame Annahme gegeben, daß deren gemeinsamen

Menschsein mit Unparteilichkeit zu begegnen ist. Es hat sein Fundament nicht in der angeblichen moralischen Bedeutung von Gleichheit als einem eigenständig zwingenden Ziel.

## III.

9. Wodurch wird Unparteilichkeit und – die von mir so bezeichnete –»Achtung« zu einem moralischen Imperativ? Warum ist es wichtig, sich im Umgang mit Menschen nur daran zu orientieren, was an ihnen wirklich relevant ist? In einem gewissen Sinn ist die Orientierung an dem Relevanten – und dadurch die Gleichbehandlung relevant ähnlicher Fälle und die Ungleichbehandlung relevant verschiedener Fälle – ein wesentlicher Aspekt von Rationalität.[7] Unparteilich und achtungsvoll zu sein ist in diesem Sinne ein Spezialfall davon, rational zu sein. Man kann dementsprechend vorschlagen, daß der moralische Wert dieser Art des Umgangs mit Menschen sich aus der Bedeutsamkeit herleitet, die Irrationalität zu vermeiden, die mit einer Orientierung an Irrelevanzen in Verbindung steht. Dadurch stellt sich allerdings eine andere Frage. Worin liegt die moralische Bedeutung des Vermeidens von Irrationalität?

10. Es ist erstrebenswert, daß Menschen rational sind. Andererseits ist damit nicht gemeint, daß Irrationalität als solche unmoralisch ist. Wenn die Annahme einer bestimmten Überzeugung oder das Besitzen eines bestimmten Habitus den Anforderungen der Rationalität zuwiderläuft, ist damit nicht zugleich gemeint, daß ein moralischer Imperativ verletzt wurde. Menschen, die falsch urteilen, sind sicher nicht allein deshalb moralisch schuldig. Das Nichtentgegenbringen von Achtung muß also über die Verletzung der Rationalität hinaus eine unmittelbarere und speziellere moralische Bedeutung haben.

Menschen, die sich über achtloses Verhalten ärgern, machen dies, weil ein solches Verhalten seinem Wesen nach eine Weigerung ist, die Wahrheit über sie anzuerkennen.[8] Eine Person nicht zu achten bedeutet, die Relevanz eines Aspektes seines Wesens oder seiner Situation zu ignorieren. Der Mangel an Achtung besteht darin, daß einem wichtigen Merkmal der Person keine entsprechende Aufmerksamkeit geschenkt wird oder daß es nicht angemessen

---

7   Was als relevant zählt und was nicht, hängt natürlich oft von moralischen Erwägungen ab.

8   Wie ich in Fußnote 5 nahegelegt habe, kann eine Person, welche die Wahrheit über sich selbst verdecken oder verdrehen will, es begrüßen, ohne Achtung behandelt zu werden. Im folgenden werde ich mich nur mit Fällen beschäftigen, in denen eine Person einen achtlosen Umgang mit sich verübelt.

berücksichtigt wird. Die Person wird, mit anderen Worten, behandelt als wäre sie nicht, was sie wirklich ist. Die Einbeziehung signifikanter Merkmale ihres Lebens wird übergangen oder verweigert. Einschlägige Aspekte ihres Daseins werden behandelt als besäßen sie keine Realität. Es ist, als würde mit der Verweigerung der angemessenen Achtung die Existenz dieser Person vermindert.

Diese Form des Umgangs kann schmerzhafte Gefühle des Unmuts wecken, zumindest wenn es sich um folgenreiche Angelegenheiten handelt. Sie kann auch ein mehr oder weniger latentes Gefühl der Angst hervorrufen. Denn wenn eine Person behandelt wird, als würden signifikante Bestandteile ihres Lebens nicht wahrgenommen, ist es für sie naheliegend, dies in bestimmter Weise als einen Angriff auf ihre Realität zu erfahren. Woran es ihr gelegen ist, wenn Menschen handeln als wäre sie als diese besondere Person nicht existent, ist eine Art der Selbsterhaltung. Natürlich ist es nicht ihr biologisches Überleben, das bedroht wird, wenn man ihr Wesen leugnet. Es geht um die Realität ihrer Existenz für andere und daher auch um die Stabilität ihrer Wahrnehmung der eigenen Realität.

11. Die Erfahrungen, ignoriert zu werden – nicht ernst genommen zu werden, nicht zu zählen, unfähig zu sein, die eigene Präsenz auszudrücken oder der eigenen Stimme Gehör zu verschaffen – kann äußerst verstörend wirken. Sie lösen bei Menschen oft einen ungewöhnlich heftigen Schutzmechanismus aus, der in seiner Vehemenz in keinem Verhältnis zu dem Schaden stehen muß, der durch die Bedrohung ihrer objektiven Interessen entsteht. Die klassische Artikulation dieser Reaktion findet sich in dem grenzenlos rücksichtslosen Ausruf: »Laß Gerechtigkeit widerfahren auch wenn die Welt darüber zugrunde geht!«. Was zu einem solch maßlosen und vielleicht selbstzerstörerischem Verlangen nach Wiedergutmachung führt, ist sicher keine Einschätzung der zugefügten Ungerechtigkeit oder eine Einschätzung dessen, was nötig ist, um diese Ungerechtigkeit wieder aufzuheben. Das Verlangen stammt in einer weniger berechenbaren Weise aus dem unerträglich schweren Leiden und der Angst, die entstehen kann, wenn Menschen ungerecht behandelt werden – d. h. wenn deren personale Realität durch die Verweigerung der Unparteilichkeit bedroht wird, die Achtung gebietet.

Forderungen nach Gleichheit besitzen eine ganz andere Bedeutung in unserem Leben als Forderungen nach Achtung. Wer auf einer Gleichbehandlung beharrt, berechnet seine Forderungen auf der Grundlage dessen, was andere besitzen statt auf der Basis dessen, was mit seinen eigenen Lebensumständen übereinstimmt und am besten zu seinen eigenen Interessen und Bedürfnissen paßt. In seinem Wunsch nach Gleichheit liegt keine Bestätigung seiner eigenen

Person. Im Gegenteil, das Verlangen nach Gleichheit neigt dazu, Menschen von sich selbst zu entfremden. Es verleitet sie dazu, ihre Projekte in Begriffen zu definieren, die nicht durch die spezifischen Anforderungen des eigenen Wesens und der eigenen Umstände geprägt sind. Es hält sie tendenziell von der Einsicht fern, daß wahrhaft authentische Projekte solche sind, die ihren Ursprung im Charakter des eigenen Lebens haben und nicht solche, die ihnen durch die Bedingungen, unter denen andere kontingenterweise leben, aufgezwungen werden.

Natürlich erbringt die Verfolgung egalitärer Ziele oft einen erheblichen Nutzen für die Förderung einer Vielzahl bestechender politischer und sozialer Ideale. Aber die verbreitete Überzeugung, daß Gleichheit als solche einen fundamentalen Wert als unabhängig bedeutsames moralisches Ideal besitzt, ist nicht nur fehlgeleitet. Sie ist ein Hindernis auf dem Weg der Identifikation dessen, was wahrhaft von fundamentalem moralischen und sozialen Wert ist.

# Vom Sorgen oder: Woran uns liegt*

## I. Sorge und Notwendigkeit

1. Philosophische Diskussionen über die Natur menschlicher Handlungen, deren wesentliche Determinanten und die Struktur praktischer Vernunft stützen sich häufig auf ein begrenztes Standardrepertoire von Begriffen. Der vertrauteste unter ihnen ist das unverzichtbare, allgegenwärtige und wandlungsfähige *Wollen*, mit dem das *Wünschen* [desire] synonym gesetzt wird – jedenfalls in einem etwas gezwungenen Wortgebrauch, den ich hier übernehme. Es kommt routinemäßig und oftmals ungenau in verschiedenen Rollen zum Einsatz. Diese verschiedenen Rollen des Wollens müssen allerdings sorgfältig unterschieden werden, weil die Bedeutung einiger wesentlicher Aspekte unseres Lebens sonst arg verwischt zu werden droht. In diesem Zusammenhang halte ich es für sinnvoll, das Standardrepertoire um einige Begriffe zu erweitern, die ziemlich vernachlässigt worden sind, obwohl auch sie philosophisch bedeutsam und uns im Alltag vertraut sind.

2. Worum geht es in der praktischen Vernunft? Eine natürliche und verführerisch plausible Antwort ist die, daß man überlegt oder sich der praktischen Vernunft bedient, um zu bestimmen, wie sich die Ziele, die man zu erreichen wünscht, auch erreichen lassen. Jemand will bestimmte Dinge, und deshalb versucht er herauszufinden – eben mittels praktischer Vernunft –, wie ihm dies am besten gelingt. Ich will jetzt keineswegs behaupten, daß dieses Verständnis falsch sei. Es verschleiert allerdings die Komplexität und Vielfalt, von denen unsere Motivationen und Interessen geprägt sind.

In vielen Fällen wird nämlich unser Verhalten und Denken nicht durch bloßes *Wollen* geleitet. Oft ist es genauer und angemessener, das, was uns antreibt, so zu umschreiben, daß *uns an etwas liegt* [we care about it] oder wir

---

* Der Titel lautet im Original »On Caring«. Die Wendung »to care about something« wurde im vorliegenden Text mit »an etwas liegen« übersetzt, im Unterschied zu dem Text *Über die Bedeutsamkeit des sich Sorgens (The Importance of what We Care about)*, in welchem diese Wendung mit »sich sorgen«, »kümmern«, »Sorge für etwas tragen« wiedergegeben wurde. Die Unterschiede sind auf die Bearbeitung der Texte durch jeweils verschiedene Übersetzer zurückzuführen. (Anmerkung Veit Friemert)

etwas als *wichtig für uns* erachten. Und in einigen Fällen können wir das, was uns leitet, noch enger eingrenzen, indem wir von *Sorge* [caring] in einem ganz besonderen Sinne sprechen – nämlich von *Liebe*. Mir geht es im folgenden vor allem um diese Konzepte: woran uns liegt, was wichtig für uns ist und was wir lieben.

Ich hatte angedeutet, daß ich »Wünschen« und »Wollen« als Synonyme behandeln will. Hier folgt eine weitere begriffliche Vorgabe: Die Tatsache, daß einer Person *an etwas liegt*, und die Tatsache, daß sie es als *wichtig für sich selbst* erachtet, müssen als im wesentlichen gleichbedeutend aufgefaßt werden. Ich will damit nicht sagen, daß sie völlig bedeutungsgleich seien, denn das sind sie nicht. Meine Voraussetzung ist nur diese eingeschränktere, daß, wie immer man die beiden Ausdrücke richtig verstehen mag, jemand notwendigerweise das, woran ihm liegt, auch als wichtig für sich selbst erachtet. Entsprechend gilt, daß ihm notwendigerweise an allem liegt, was er als wichtig für sich selbst erachtet.

3. Philosophisch relevante Bezugnahmen auf das Wünschen sind natürlich keineswegs beschränkt auf spezielle logische und metaphysische Untersuchungen der praktischen Vernunft und des Handlungsbegriffs. Sie spielen auch eine wichtige Rolle im moralphilosophischen und politischen Diskurs. Erhebungen darüber, was die Leute wollen, wird häufig rechtfertigende Autorität zugesprochen, und wenn Einstellungen, Gewohnheiten und Verhaltensweisen von Individuen und Gesellschaften erfaßt werden, so lassen sich damit oft starke rhetorische Effekte erzielen. Jedes plausible Verständnis von den Vorrechten und Verantwortlichkeiten der Regierung und jedes überzeugende Verständnis moralischer Forderungen muß das Gewicht, das den Ansprüchen des Wollens zusteht, erwägen. Daher müssen sich solche Konzepte auch auf ein Verständnis der verschiedenen Formen und Strukturen des Wünschens stützen.

Der philosophische Liberalismus beschäftigt sich in besonderer Weise damit, das Ideal einer Gesellschaft zu bestimmen und zu verteidigen, die ihren Mitgliedern die Freiheit bietet, das zu tun, was sie wollen. Ein Argument, das dazu vorgebracht wird, lautet: Wenn man den Leuten ermöglicht, so zu handeln, wie es ihnen gefällt, erhöht sich die Wahrscheinlichkeit, daß sie bekommen, was sie wollen; also ermöglicht die Sicherung ihrer Freiheit den Erfolg im Streben nach Glück. Man kann sich aber nicht darauf verlassen, daß Handeln, wie es einem gefällt, und Bekommen, was man will, durch ein Junktim verbunden sind. Und die Beziehung zwischen Wunscherfüllung und Glücklichsein ist vielleicht noch problematischer.

Gleichwohl sind einige Leute offenbar überzeugt davon, daß die ganze Eigenart des Glücks in nichts anderem liege als in der Wunscherfüllung. Dieser Ansicht ist Thomas Hobbes, der meint, daß »Glückseligkeit« nichts anderes sei als »ständige(r) Erfolg im Erlangen der Dinge, die man von Zeit zu Zeit begehrt«[1] Anders gesagt, Glück liegt demnach gänzlich und ausschließlich in vollständiger und regelmäßiger Befriedigung von Wünschen. Man wird glücklich, indem man einfach immer das tut und bekommt, was man zufällig gerade will.

Solch ein pauschales Vertrauen auf die bloße Tatsache des Wünschens erscheint mir außerordentlich undifferenziert. Hobbes macht sich keine Sorgen darüber, daß man bei dem, was man will, auch irregeleitet sein kann; er faßt Glück schlicht als Befriedigung der jeweils aktuellen Wünsche. Natürlich zwingt ihn dies nicht zu der Behauptung, daß jede Bedürfnisbefriedigung gleich viel wert sei. Er kann einräumen, daß es mehr zum Glück einer Person beiträgt, das eine – und nicht ein anderes – Bedürfnis zu befriedigen, wenn diese Person eben jenes stärker befriedigen will als dieses. In diesem Fall *zieht* sie die eine der anderen Befriedigung *vor*. Aber sich auf eine solche Präferenz zurückzuziehen, reicht nicht aus, um die Unterscheidungen zu treffen, die eine angemessene Darstellung des Verhältnisses von Glück und Wunsch bereitstellen muß.

Zum einen ist offenkundig, daß sich jemand sowohl in seinen Wünschen als auch in seinen Präferenzen irren kann. Doch die Behauptung, daß Glücklichsein gleichbedeutend damit sei, zu tun oder zu bekommen, was man begehrt, hat noch einen anderen Haken. Nehmen wir an, eine Person sei nicht irregeleitet und mache keine Fehler. Wenn sie einen bestimmten Wunsch in der Rangordnung ihrer Präferenzen höher ansiedelt als einen anderen, kann dann trotzdem nicht vorausgesetzt werden, daß es für ihr Glück ergiebiger sei, dem ersten anstelle des zweiten Wunsches nachzugehen. Die Präferenz der einen Bedürfnisbefriedigung gegenüber der anderen kann ganz in Ordnung sein, sie kann auch ungetrübt von falschen Tatsachenannahmen oder Urteilen sein. Dennoch könnte das Glück der Person davon unabhängig sein, welchen jener Wünsche sie sich erfüllt. In der Tat könnte sogar ihr Glück davon unberührt bleiben, wenn sich keiner von beiden erfüllt.

Ob jemand glücklich ist, hängt weder bloß davon ab, was er will, noch davon, was er bevorzugt. Es ist denkbar, daß das Glück einer Person weder von

---

[1]  Thomas Hobbes, Leviathan, Frankfurt/M. 1989, 48.

ihrem Erfolg bei der Wunscherfüllung gesteigert noch von ihrem einschlägigen Mißerfolg beeinträchtigt wird. Dies hat seinen Grund darin, daß manches, was Menschen wollen oder präferieren, Sachen sind, an denen ihnen nicht liegt. Wenn jemand eine Sache mehr will als eine andere, so heißt dies noch lange nicht, daß ihm mehr daran liegt, denn es ist damit noch nicht gesagt, daß ihm überhaupt daran liegt.[2]

Aus meinem Wunsch nach Schokoladeneis oder aus meiner Vorliebe für Schokoladeneis statt für Ananassorbet kann nicht abgeleitet werden, daß Schokoladeneis für mich wichtig wäre. Es ist durchaus üblich, daß Leute diverse Dinge wollen, ohne daß ihnen wirklich daran gelegen wäre. Sie befriedigen lieber einen Wunsch als einen anderen, ohne daß eines der Objekte dieser Wünsche für sie von irgendeiner Bedeutung wäre. Sicherlich kann nicht angenommen werden, daß ihr Glück überhaupt oder gar wesentlich von der Befriedigung von Wünschen oder Präferenzen abhängt, an denen ihnen nicht liegt.

4. Einfach zu bekommen, was man will: das haben wir nicht im Sinn, wenn wir von Glück sprechen. Schließlich treten auch bei vielen Tierarten Wünsche und Vorlieben auf, und das macht sie sowohl für Lustgefühle als auch für Frustration empfänglich. Daraus folgt aber nicht, daß diese Tiere die Fähigkeit besitzen, glücklich zu sein. Sie wollen manche Dinge, und sie wollen auch manche mehr als andere. Aber ihnen fehlt die zusätzliche psychische Komplexität, die nötig ist, damit ihnen an etwas liegen kann. Die Tatsache, daß ein Tier seine Wünsche und Vorlieben befriedigt, berechtigt uns nicht, es für glücklich zu halten. Meines Erachtens macht es keinen Sinn, einem Wesen Glück oder Unglück zuzuschreiben, das nichts für wichtig für sich selbst nehmen kann.

Man könnte nun vielleicht zugeben, daß die Tatsache, daß jemandem an etwas liegt, nicht dasselbe ist wie sein Wollen; man könnte auch zugeben, daß nichtmenschliche Lebewesen Wünsche haben, ohne daß ihnen an etwas liegt, und unsere Situation doch anders beschreiben. Dann würde man behaupten: Die Tatsache, daß eine *Person* etwas will, rechtfertigt bereits den Schluß, daß ihr daran liegt, zumindest in Fällen, wo sie es *sehr stark* will. Denn eine Person, die

---

2    Einer Person, der an keiner von zwei Sachen liegt, könnte es nichtsdestoweniger um ihre Präferenz der einen gegenüber der anderen Sache gehen. Das bedeutet, daß sie es für wichtig halten könnte, daß ihre Prioritäten respektiert werden. Wünsche, die in ihrer Rangordnung höher stehen als andere, sollten nicht um anderer Wünsche willen enttäuscht werden. Im Text geht es mir allerdings um ein anderes Problem, und ich will dieses hier nicht weiterverfolgen.

etwas sehr stark will, wäre natürlich ziemlich unglücklich, wenn ihr Wunsch enttäuscht würde. Wir können vernünftigerweise annehmen, daß jemand, dem überhaupt an etwas liegen kann, alles daransetzen wird, Unbehagen zu vermeiden. Wie es sich bei den Tieren verhält, sei dahingestellt, für *Personen* können wir demnach annehmen, daß ihnen an etwas liegt, wenn sie es sehr stark wollen.

Aber auch wenn es stimmt, daß einer Person, die etwas sehr stark will, notwendig daran liegt, die Enttäuschung ihres Wunsches zu vermeiden, können wir doch nicht annehmen, daß ihr auch am *Objekt* ihres Wunsches liegt. Wenn Wunschbefriedigung die *einzige* Möglichkeit wäre, Enttäuschung zu vermeiden, *müßte* jedem, der nicht frustriert werden will, daran liegen, die Dinge zu bekommen, die er will. Aber man kann auch Enttäuschungen vermeiden, ohne die Objekte seines Wunsches zu bekommen: Man muß nur aufhören, sie zu wollen. Überdies ziehen es die Leute oft vor, das Unbehagen der Frustration zu verhindern, indem sie ihre Wünsche lieber aufgeben als befriedigen. In jedem Falle ist es nicht dasselbe, ob einem daran liegt, die Enttäuschung eines Wunsches zu vermeiden, oder ob einem an der Befriedigung eines Wunsches liegt, resp. an irgendeiner Sache, durch die der Wunsch befriedigt werden würde.

5. Daß mir an etwas liegt, unterscheidet sich nicht nur von meinen Wünschen oder Vorlieben, sondern auch von meinem Urteil, etwas sei wertvoll. Jemand, der zugesteht, daß etwas einen beträchtlichen inneren Wert hat, braucht es deshalb noch nicht zu seinem Anliegen zu machen. Vielleicht legt er sich darauf fest anzuerkennen, daß man es um seiner selbst willen begehren und als letzten Zweck verfolgen kann. Aber das bedeutet noch lange nicht, daß er es tatsächlich begehrt oder erstrebt oder daß er eines davon tun sollte. Obwohl er dessen Wert anerkennt, reizt es ihn einfach nicht, und selbst wenn es ihn reizt, kann er gute Gründe dafür haben, es weder zu wollen noch zu verfolgen. Jeder von uns kann sicher vielerlei nennen, was zu tun oder zu haben lohnenswert wäre, wozu man sich aber nicht besonders hingezogen fühlt und was man aus guten Gründen lieber nicht anstrebt.

Nehmen wir jedoch an, jemand setzt sich ein bestimmtes Ziel; er hält dieses für an sich wertvoll und verfolgt es als Zweck in sich. *Nach wie vor* läßt sich aber nicht voraussetzen, daß ihm daran liegt. Oftmals investieren wir Zeit, Mühe und andere Ressourcen, um Ziele zu verfolgen, die wir wegen ihres intrinsischen Wertes zu erreichen wünschen, die uns aber nicht als wichtig für uns selbst erscheinen. Zum Beispiel gibt es viele mehr oder weniger belanglose Vergnügungen, denen wir nur um ihrer selbst willen nachgehen, aber an denen uns überhaupt nicht wirklich liegt. Wenn ich nur wegen des Eßvergnügens ein

Eis haben will, ist dieses Vergnügen für mich ein Zweck in sich. Ich begehre es um seiner selbst willen. Aber das bedeutet kaum, daß mir daran liegt. Umgekehrt ist es ziemlich wahrscheinlich, daß ich das Eisessen überhaupt nicht für wichtig halte. Man kann etwas als in sich wertvoll preisen und aktiv als Zweck an sich erstreben, ohne daß einem wirklich daran gelegen wäre.

Wenn Leute darüber nachdenken, wie sie ihr Leben gestalten oder ihr Verhalten beurteilen, stoßen sie oft auf ähnliche Probleme: Was wollen wir? Welche Dinge wollen wir mehr als andere? Was halten wir für an sich wertvoll und daher um seiner selbst willen erstrebenswert? Welche letzten Zwecke, die wir tatsächlich anstreben, wollen wir uns setzen? Wir sind aber auch noch mit einem Problem anderer Art konfrontiert: Wir müssen entscheiden oder entdecken, woran uns liegt oder was wir für wichtig für uns selbst halten. Die Kriterien dafür, woran jemandem liegt, sind nicht dieselben, mit denen man seine Wünsche und Vorlieben, seine Wertzuschreibungen und letzten Zwecke bestimmt.

6. Was bedeutet es also, daß einem an etwas liegt? Angenommen, jemand hat vor, zu einem Konzert zu gehen, bei dem eine ihm besonders nahegehende Musik aufgeführt wird. Man kann sich leicht Umstände vorstellen, unter denen er aufrichtig und entschieden erklärt, er würde wohl schon gerne das Konzert besuchen, es sei ihm aber nicht wirklich wichtig. Man denke an das folgende Szenario. Unser Konzertbesucher *in spe* wird von einem engen Freund um einen Gefallen gebeten. Wenn er ihm den Gefallen tut, kann er nicht zum Konzert gehen. Er ist gerne zu diesem Gefallen bereit, äußert aber beiläufig dem Freund gegenüber, daß er nun seine Pläne für den Abend ändern müsse. Als der Freund dies hört, reagiert er irritiert und schuldbewußt; er zögert nun, die gutwillige Bereitschaft des Freundes, seine Pläne platzen zu lassen, in Anspruch zu nehmen. Als er seine Bitte wieder zurückziehen will, unterbricht ihn der Musikliebhaber und sagt: »Mach dir keine Sorgen, daß du meine Freundschaft ausnützt. Es ist wirklich nicht wichtig für mich, zu diesem Konzert zu gehen. Es macht mir überhaupt nichts aus, wenn ich es versäume.«

Natürlich ist es möglich, daß der Musikliebhaber nicht ganz aufrichtig ist. Vielleicht ist er sich selbst völlig bewußt darüber, daß es ihm doch etwas ausmacht, aber er zieht es vor, dies zu verhehlen, um seinen Freund nicht verlegen zu machen. Zweifellos kann es auch die lautere Wahrheit sein, wenn er behauptet: Obwohl ich gerne zum Konzert gehen würde, ist es für mich nicht wirklich wichtig. Aber angenommen, er sagte die Unwahrheit? Angenommen, sein Dementi entstellte das, was ihn bewegt, und er selbst wäre sich der Tatsache wohl bewußt, daß der Konzertbesuch für ihn wichtig sei. Was würde daraus folgen?

Unter anderem würde dies heißen, so scheint mir, daß das Verpassen des Konzerts ihn um etwas bringen würde: Er wäre enttäuscht, und er würde ein unangenehmes Gefühl des Verlustes oder Versäumnisses verspüren. Wenn ihm wirklich daran liegt, zum Konzert zu gehen, wird es ihn schmerzen, es nicht zu tun. Und wenn es ihn schmerzen wird, darauf zu verzichten, muß dies daran liegen, daß er den Konzertbesuch auch noch nach der Entscheidung, statt dessen dem Freund zu helfen, gerne unternehmen würde. Wenn er keinen Wunsch mehr verspüren würde, das Konzert zu besuchen, gäbe es keinen Grund mehr sich daran zu stören, nicht hingehen zu können.

Die Tatsache, daß ihm an dem Konzertbesuch liegt, auch nachdem er in den Verzicht darauf eingewilligt hat, hat mindestens folgende Konsequenz: Weiterhin wünscht er, zum Konzert zu gehen – und damit ist er empfänglich für den Schmerz über die Frustration dieses Wunsches –, obwohl er jetzt dessen Erfüllung für weniger wichtig hält als den Gefallen für seinen Freund. Angesichts der gegebenen Umstände ist er bereit, auf das Konzert zu verzichten. Aber sein Wunsch hinzugehen bleibt bestehen, wenn auch mit geringerer Priorität als vorher.

Das ist allerdings noch nicht das Ende der Geschichte. Um zu begründen, daß einer Person an etwas liegt, reicht es kaum aus zu beweisen, daß ihr Wunsch fortbesteht, nachdem sie das Vorhaben zu dessen Befriedigung aufgegeben hat. Im Falle unseres Musikliebhabers kann man aus der Dauerhaftigkeit seines Wunsches keineswegs den Schluß ziehen, ihm sei tatsächlich an dem Konzert gelegen; sein Wunsch könnte auch aufgrund einer gewissen Trägheit seiner Willens- und Gefühlsregungen andauern. Um jenen weitergehenden Schluß zuzulassen, muß der Wunsch aufgrund der Willensaktivität einer Person andauern, nicht aufgrund irgend eines ihm innewohnenden Schwungs.

Diese Willensaktivität muß nicht voll bewußt oder wohl überlegt sein. Aber die Anfälligkeit etwa für die Enttäuschung über das verpaßte Konzert muß doch irgendwie mit einem *Tun* der Person verbunden sein. Dies kann nicht einfach eine Sache des Versehens oder der Passivität sein. Daß der Musikliebhaber darüber enttäuscht ist, das Konzert wegen des von ihm geleisteten Gefallens zu verpassen, kann seinen Grund nicht darin haben, daß er zu nachlässig und träge ist oder Neigungen und Haltungen im Lichte seiner Entscheidung nicht angemessen ändern kann. Mit anderen Worten: Die Dauerhaftigkeit seines Wunsches muß dem geschuldet sein, daß er nicht bereit ist, ihn aufzugeben.

Ihm liegt daran, das Konzert zu besuchen, und das heißt, daß er dazu disponiert ist, diesen Wunsch aufrechtzuerhalten, auch nachdem er sich dafür entschieden hat, statt dessen einen anderen Wunsch zu befriedigen. Auf das Konzert zu verzichten, würde seinen Wunsch erster Ordnung, es zu besuchen, enttäuschen. Dies würde aber auf der anderen Seite einen Wunsch höherer Ordnung nicht berühren können – den er vielleicht hat oder auch nicht hat –: nämlich den, daß sein Wunsch erster Ordnung nicht einfach ausgelöscht oder aufgegeben wird. Daß ihm an dem Konzert liegt, hat eben damit zu tun, daß er sich mit einem solchen Wunsch höherer Ordnung identifiziert.

Das Konzert zu verpassen, mag für ihn natürlich auch dann ärgerlich sein, wenn ihm gar nicht daran liegt. Es ist unnötig zu betonen, daß Menschen nicht immer ihre Neigungen so gestalten können, wie sie es gerne hätten. Daher mag sein Wunsch, das Konzert zu besuchen, anhalten, auch wenn er sich nicht bemüht, ihn aufrechtzuerhalten, und es eigentlich lieber sähe, wenn er verschwände. In diesem Falle muß er sich mit einem Wunsch, den er nicht will, herumschlagen. Aber sein Verhältnis zu diesem Wunsch und dessen Rang in seinem Seelenhaushalt sind wesentlich davon bestimmt, daß er nicht will, daß der Wunsch anhält.

Die Tatsache, daß dem Musikliebhaber nicht an dem Konzert liegt, kann nicht garantieren, daß sein Wunsch nach dem Konzertbesuch sang- und klanglos getilgt wird, sobald er die Entscheidung zugunsten seines Freundes fällt. Sie impliziert jedoch, daß er sich mit seiner Entscheidung von dem Wunsch trennt und sich vornimmt, nicht mehr von ihm bewegt zu sein. Er schreibt ihm nicht einfach nur eine niedrigere Priorität zu als zuvor. Eher verweigert er ihm überhaupt eine Position in seiner Hierarchie der Präferenzen. Womöglich könnte er nun immer noch merken, wie sich dieser Wunsch weiterhin in ihm regt. Aber jetzt hat er ihm sozusagen die Bürgerrechte aberkannt und ihn von sich entfremdet.

Ob der Person an dem Konzert liegt, hat also nicht grundsätzlich mit der Frage zu tun, wie begeistert sie davon wäre hinzugehen, für wie wohltuend sie es hielte oder was sie sich davon erwartete. Zweifellos zeigen Überzeugungen, Gefühle und Erwartungen dieser Art in vielen Situationen mehr oder minder verläßlich an, ob jemand etwas für wichtig für sich hält. Im Kern geht es aber gerade nicht um *Gefühl*, *Überzeugung* oder *Erwartung*, sondern um *Willen*. Die Frage, ob jemandem an etwas liegt, hängt wesentlich daran, ob er seinem Wunsch in der Weise *verschrieben* ist, wie ich dies umrissen habe, oder ob er willens und bereit ist, diesen Wunsch aufzugeben und aus seiner Hierarchie der Präferenzen auszuschließen.

Menschen sind höchst komplizierte Wesen, die dazu neigen, sich ambivalent und inkonsistent zu verhalten; zudem sind sie einfallsreich, und all das macht sie schwer zu fassen. Besonders in Hinblick auf die wichtigsten Aspekte ihres Lebens sind sie in der Regel schwer festzulegen, zu sortieren oder gar auf den Punkt zu bringen. Stellt man fest, daß einer Person an etwas liegt, sollte man im Kopf behalten, daß es dafür verschiedene wichtige Bestimmungen gibt: a) Mag jemandem auch aufgrund seiner eigenen Wünsche an etwas liegen, so kann er doch unter Umständen nichts dafür, weil er nämlich nichts dafür kann, gerade diese Wünsche zu verspüren; b) ihm mag an etwas gelegen sein, auch wenn er einsieht, daß dies töricht oder gar irrational ist, weil der Wunsch, den er nicht aufgeben will, nämlich zu denen gehört, die nie befriedigt werden könnten; c) jemandem könnte an etwas liegen, obwohl er sich wünschte, daß dies nicht so wäre, und er sich redlich bemüht, damit aufzuhören; d) jemandem mag wirklich an Dingen gelegen sein, ohne überhaupt zu merken, daß ihm daran liegt, und umgekehrt könnten ihm Dinge ziemlich egal sein, von denen er annimmt, daß sie sehr wichtig für ihn seien.

7. Sich einem Wunsch zu verschreiben oder sich an ihn zu binden [being committed], ist ganz und gar nicht dasselbe wie ihn nur zu billigen oder zu bekräftigen. Bindung in diesem Sinne geht tiefer als die bloße Akzeptanz des Wunsches und die daher rührende Bereitschaft, durch ihn bewegt zu werden. Sie zieht vielmehr die Haltung nach sich, sich aktiv darum zu kümmern, daß der Wunsch nicht vernachlässigt oder preisgegeben wird. Eine Person, der an etwas liegt, muß dieses nicht unbedingt als Ziel verfolgen; schließlich kann sie andere Dinge, an denen ihr mehr liegt, statt dessen verfolgen wollen. Sie wird jedoch notwendigerweise darauf achten, daß jener Wunsch weiterhin eine wichtige Position in ihrer Hierarchie von Präferenzen behält. Sollte der Wunsch verblassen, wird sie bereit sein, ihn aufzufrischen und den Einfluß, den dieser Wunsch auf ihre Handlungen und Entscheidungen ausübt, bis zu dem gewünschten Maß zu verstärken.

Wenn nun dies zumindest ein *Teil* der angemessenen Bestimmung dessen ist, was es heißt, daß uns an etwas liegt, dann ist es von ziemlich fundamentaler Bedeutung für die Form unseres Lebens, daß uns an verschiedenen Dingen liegt. Angenommen, uns läge an nichts. In diesem Falle wären wir Wesen ohne aktives Interesse daran, irgendeine thematische Kontinuität in unserem Willensleben herzustellen oder beizubehalten. Wir wären nicht bereit, uns zu bemühen, irgendwelche Interessen, Ziele und Ambitionen aufrechtzuerhalten, von denen wir bisweilen motiviert werden.

Natürlich wären wir noch motiviert, unsere Wünsche zu *befriedigen*; dies gehört unweigerlich zu deren Natur. Wir könnten auch weiterhin bestimmte Wünsche haben und durch diese in unserem Tun motiviert sein wollen; und wir könnten wollen, andere nicht zu haben und auch nicht von ihnen zum Handeln bewegt zu werden. Anders gesagt: Unsere Fähigkeit zum Wollen und Wünschen *höherer Ordnung* könnte völlig intakt bleiben. Darüber hinaus könnten einige unserer Wünsche höherer Ordnung eine Tendenz zur Dauerhaftigkeit haben und damit für ein bestimmtes Maß an Konsistenz oder Stabilität des Wollens in unserem Leben sorgen. Von unserem Standpunkt der Handelnden aus erschiene allerdings jede Kohärenz oder Einheit, die auf diese Weise entstünde, als bloß zufällig und unabsichtlich. Sie wäre eben nicht das Ergebnis einer überlegten leitenden Absicht unsererseits. Wünsche und Volitionen würden in verschiedenen Rangordnungen kommen und gehen und vielleicht manchmal eine Zeitlang andauern. Aber bei ihrer Gestaltung und Entwicklung würden wir selbst keine verantwortliche oder bestimmende Rolle spielen.

*Daß* uns überhaupt an etwas liegt, ist für uns daher viel bedeutsamer als die Wichtigkeit dessen, *woran* uns liegt. Es lohnt sich kaum zu sagen, daß es besser für uns ist, wenn uns an wirklich wertvollen Dingen liegt und nicht an Beiläufigkeiten oder Dingen, die uns schaden könnten. Allerdings ergibt sich der Wert dessen, daß uns an vielen verschiedenen Dingen liegt, nicht einfach aus dem Wert oder der Eignung der Objekte selbst. Daß uns überhaupt an etwas liegt, ist selbst schon wichtig für uns. Es ist eine unentbehrliche, grundlegende Tätigkeit, durch die wir für Kontinuität und Kohärenz in unserem Willensleben sorgen. Unabhängig davon, ob die Objekte angemessen sind, besitzt die Tatsache, daß uns an ihnen liegt, einen eigenen Wert aufgrund der wesentlichen Rolle, die sie dabei spielt, uns zu der besonderen Spezies zu machen, die wir sind.

8. Vorausgesetzt, Sorge sei ein konstitutives Merkmal unseres Lebens – welche praktische Funktion hat sie dann darin? Welche Rolle spielt sie *innerhalb* unseres Lebens, abgesehen davon, daß sie unser Leben zu dem macht, was es ist? Lassen wir also einmal die Tatsache beiseite, daß wir es schon für wünschenswert halten, Wesen zu sein, die ein solches Leben leben. Worin liegt der *instrumentelle* Wert dessen, daß uns an Dingen liegen kann? Was erreichen wir dadurch?

Ich glaube, daß es sachdienlich ist, in diesem Zusammenhang das Verhältnis zwischen Wichtigkeit und Bedürfnis zu betrachten. So, wie ich dieses Verhältnis begreife, sind Dinge uns wichtig – egal ob wir ihre Wichtigkeit für uns erkennen oder nicht –, insoweit wir sie *brauchen*; und *wie* wichtig sie uns sind, hängt davon ab, wie dringend wir sie brauchen. Diejenigen Dinge, die wir gar nicht brauchen, sind nicht wichtig für uns; und Dinge sind für uns nur dann unwichtig, wenn wir ihrer nicht bedürfen. Notwendig sind diejenigen Dinge für uns, die wir notwendig brauchen, um Schaden zu vermeiden. Zu behaupten, daß eine Person etwas braucht, bedeutet nur, daß sie unvermeidlich auf die eine oder andere Weise geschädigt wird, solange sie es nicht hat. Kann umgekehrt eine Person ohne etwas auskommen und nimmt dabei doch keinen Schaden, dann braucht sie dies nicht wirklich. Ein Schaden kann freilich sehr unterschiedlich ausfallen. Daher müssen bei dieser sehr allgemeinen Bestimmung der Natur von Bedürfnissen – die zugegebenermaßen den üblichen Gebrauch der einschlägigen Begriffe nur bis zu einem bestimmten Punkt trifft – einige Bedürfnisse als sehr viel ernster gelten als andere, und einige sind überhaupt nicht ernst zu nehmen. Wenn es vergleichsweise belanglos wäre, einen bestimmten Schaden oder Schmerz zu erleiden, wäre auch das Bedürfnis nach dem, was ihn zuverlässig vermeiden könnte, nicht besonders dringend und hätte überhaupt kaum Bedeutung. Aber es handelte sich hierbei immer noch um ein echtes Bedürfnis, wenn auch kein zwingendes, weil seine Befriedigung der einzige Weg ist, einen echten – wenn auch geringeren Schaden – abzuwenden. Zweifellos könnte es hier Streitfälle geben, ob oder in welchem Umfang eine bestimmte Situation wirklich schädlich für jemanden wäre. Und in diesem Falle wäre die entsprechende Frage nach den Bedürfnissen der Person ähnlich umstritten.

Angesichts dieser Beziehung zwischen Bedürfnis und Schädigung liegt es in unserem Interesse, das zu bekommen, was wir brauchen. Darüber hinaus haben wir ein genauso klares Interesse, das zu *wollen*, was wir brauchen. Natürlich liegt es in unserem Interesse, die Dinge zu wollen, die tatsächlich wichtig für uns sind. Wenn wir sie wirklich brauchen und sie daher auch wichtig für uns sind, dann geschieht es zu unserem Vorteil, daß wir sie zu haben begehren. Schließlich könnte die Wahrscheinlichkeit, sie zu bekommen, sinken, wenn wir sie gar nicht wollten. Es ist anzunehmen, daß sich unsere Lage verschlechtert, wenn wir Dinge brauchen, aber nicht begehren, denn dann sind wir nicht geneigt, sie anzustreben oder anzunehmen. Wenn insofern jemand etwas für wichtig für sich hält, es also braucht, dann wird er es normalerweise auch für wichtig halten, es zu begehren. Mehr noch: Er wird auch motiviert sein zu verhindern, daß er sein Begehren verliert. Es ist gut für uns, daß wir motiviert sind, unsere Bedürfnisse zu befriedigen. Also ist es ratsam, diese Motivation beizubehalten und zu stärken, wenn sie zu verschwinden droht.

9. Nun gibt es viele gute Sachen, die wir für wirklich wertvoll halten, wollen und erstreben, die wir aber nicht brauchen. Wir brauchen sie nicht, weil sie nicht unentbehrlich für uns sind, wie attraktiv oder wertvoll sie auch sein mögen. Wenn es uns nicht gelingt, sie zu bekommen, schmerzt es uns nicht, da adäquater Ersatz leicht zur Verfügung steht. Jede Befriedigung, die wir durch

diese Dinge erlangen, ist ohne zusätzliche Mühe ersetzbar durch Befriedigungen, die wir anderweitig erreichen können. Daher kommen wir genauso gut ohne sie aus.

Andererseits können Dinge, die wir nicht brauchen, durchaus unsere Bedürfnisse befriedigen. Viele unserer Bedürfnisse sind in der Tat disjunktiv. Das bedeutet, daß sie mit unterschiedlichen Mitteln befriedigt werden können, und jedes dieser Mittel ist in der Lage, jenes Bedürfnis zu befriedigen, weil es ein bestimmtes Merkmal mit allen anderen teilt. Was genau am Ende dazu dient, ein disjunktives Bedürfnis zu befriedigen, muß nicht selbst wieder etwas sein, was wirklich gebraucht wird. Denn der bedürftigen Person mag es möglich sein, das Bedürfnis genauso gut auf andere Weise zu befriedigen.

Das bedeutet nicht, daß wir die Dinge, die unsere disjunktiven Bedürfnisse befriedigen, nur wollen, weil sie von instrumentellem, also nicht intrinsischem Wert sind. Tatsächlich können wir sie ausschließlich um ihrer selbst willen begehren – d. h. allein wegen ihres intrinsischen Wertes. Schließlich könnte jemand in einer bestimmten Situation *das eine oder das andere* brauchen oder tun, das jeweils intrinsischen Wert hat. Sein Bedürfnis ist dann disjunktiv, denn es kann eine Menge von Dingen geben, die es bei mehr oder minder gleichem Aufwand befriedigen. Aber dieses Bedürfnis kann von den verschiedenen Dingen nur befriedigt werden, weil jedes von ihnen intrinsisch wertvoll ist. Wenn dasjenige, was ausgewählt wird, ein Bedürfnis erfüllt, tut es dies genau deshalb, weil es um seiner selbst willen wertvoll ist. Wenn jemand es auswählt, wählt er es dementsprechend als Selbstzweck und nicht als Mittel zu etwas anderem.

Angenommen, es ist wahr, daß der Person in meinem Beispiel, die ursprünglich geplant hatte, zu einem Konzert zu gehen, nicht wirklich daran liegt. Sie betrachtet also den Konzertbesuch als nicht wichtig für sich. Sie glaubt nicht, daß sie ihn braucht. Mit anderen Worten, sie erwartet nicht, daß es für sie unvermeidlicherweise ein Verlust wäre, nicht dorthin zu gehen. Wir können uns freilich vorstellen, daß sie ihren Abend auf irgendeine Weise verbringen will, die in sich wertvoll ist, aber daß dieses Interesse disjunktiv ist (man könnte es auch »gattungsmäßig« nennen). Die Person will vermeiden, den Abend zu vertrödeln, aber sie sieht ein, daß ein Konzertbesuch dafür nicht die einzige Möglichkeit ist. Sie nimmt an, daß es einen intrinsischen Wert hat, Musik zu hören. Aber die Alternative, die ihr von dem Freund geboten wird, eröffnet ihr eine Möglichkeit, der sie nicht weniger Eigenwert zuschreibt; und aus irgendeinem Grund zieht sie diese vor. Daher kann eine Person, die etwas ausschließlich um seiner selbst willen wünscht (z. B. Musikhören), gerne auch etwas anderes an dessen Stelle akzeptieren (z. B. einen Freundschaftsdienst), was auch einen intrinsischen Wert besitzt, allerdings dank ganz anderer Eigenschaften.

10. Diese Überlegungen helfen dabei, einige Aspekte der eigentümlichen Struktur der Liebe und ihrer Bedeutung für unser Leben zu verstehen. Lieben ist eine Art des Sorgens. Unter den Dingen, an denen uns liegt, gibt es solche, bei denen wir nicht umhinkönnen, daß uns an ihnen liegt, und unter diesen Dingen gibt es wiederum solche, die wir lieben. Ich werde im folgenden nicht versuchen, eine strenge und umfassende Bestimmung des Wesens der Liebe zu entwickeln. Es kann gut sein, daß dieser Begriff, so wie er üblicherweise, ohne große Sorgfalt, gebraucht wird, zu diffus ist, um klar und abschließend erfaßt zu werden. Ich muß mich aber jedenfalls bemühen, die Klasse von Phänomenen in den Blick zu rücken, an die ich denke.

Wenn ich hier von Liebe spreche, beziehe ich mich, grob gesagt, auf die Sorge um das Wohlergehen und Gedeihen eines geliebten Objektes – eine Sorge, bei der der willentliche Zugriff *beschränkt* ist, die also nicht ganz Sache des freien Willens oder völliger willentlicher Kontrolle ist und die zudem mehr oder weniger *interesselos* ist. Wie andere Arten der Sorge ist diese Sorge nicht gleichbedeutend mit einem Gefühl oder einer Erkenntnis – und auch nicht davon verursacht. Etwas zu lieben ist nicht dasselbe – oder gar darin impliziert – wie etwas sehr zu mögen, unbedingt zu wollen oder daraus große Befriedigung zu ziehen bzw. solche zu erwarten. Liebe folgt auch nicht daraus, daß man etwas besonders begehrenswert oder attraktiv findet oder für besonders wertvoll hält. Vielmehr ist die Liebe wesentlich eine irgendwie unfreiwillige und komplexe *willentliche* Struktur, die sowohl beeinflußt, wie eine Person zu handeln disponiert ist, als auch, wie sie mit ihren Motiven und Interessen umgeht. Daher prägt die Liebe nicht nur das Verhalten einer Person im Bezug zu dem, was sie gerade liebt. Die Person läßt sich von ihr auch bei der Gestaltung und Ordnung ihrer eigenen Zwecke und Prioritäten leiten.

Interesselose Liebe muß wohl unterschieden werden von einer ganz anders gearteten Sorge um das Wohlergehen oder Gedeihen von etwas, die grundsätzlich durch Klugheit motiviert ist. Das aktive Interesse daran, daß irgendein Objekt in gutem Zustand sei, mag alles andere als interesselos sein. Im Gegenteil könnte dahinter die Erwartung stehen, daß das Objekt sonst nicht in der Lage wäre, bestimmte Wohltaten bereitzuhalten, nach denen sich der Liebende selbst sehnt. Die Sorge, die ich im Sinn habe, ist nicht in dieser Weise instrumentell. Wenn ich sie als »interesselos« charakterisiere, meine ich eine Sorge, in der das Wohl des Geliebten um seiner selbst willen begehrt wird, nicht um der Beförderung anderer Interessen willen.

Gewöhnlich nehmen wir an, daß die stabilsten und einschlägigsten Formen der Liebe in Beziehungen zwischen Menschen zu finden seien – insbesondere in romantischen und familiären Beziehungen. So wie ich Liebe hier verstehe, ist jedoch die Bandbreite der möglichen Objekte sehr weit. Das geliebte Objekt mag eine Person sein, es kann aber auch ein konkretes Individuum anderen Typs sein, wie etwa ein Land oder eine Institution. Es kann sogar etwas noch Abstrakteres sein, wie ein moralisches oder nicht-moralisches Ideal, dem jemand sich widmet. Das Geliebte mag gar weder ein Individuum noch etwas Abstraktes sein, sondern zum Beispiel eine Tradition oder eine bestimmte Art, Dinge zu tun.

Darüber hinaus halte ich die Annahme für wenig ratsam, daß romantische Beziehungen besonders authentische Paradigmen der Liebe bereitstellen sollen. Zum einen schließen solche Beziehungen im allgemeinen eine Reihe verwirrender Momente ein – beispielsweise viele starke Emotionen –, die nicht zum Wesen der Liebe gehören; wegen ihrer Lebendigkeit und Unruhe machen diese eine scharf gefaßte Analyse fast unmöglich. Zum anderen ist die Haltung romantischer Liebhaber gegenüber ihren Geliebten kaum interesselos, und die Aspekte ihrer Haltung, die wirklich interesselos sind, werden in der Regel von vordringlichen Belangen überschattet, die offen oder versteckt selbstbezogen sind. Unter den menschlichen Beziehungen scheint mir die liebende Sorge von Eltern für ihre kleinen Kinder eine Form von Sorgen zu repräsentieren, die meinem Verständnis von Liebe am nächsten kommt – jedenfalls weit näher als romantische oder erotische Hingabe.

11. Liebe unterscheidet sich nicht nur von einer Sorge um andere, die grundlegend von Erwägungen der Nützlichkeit oder Klugheit motiviert ist. Sie unterscheidet sich auch von einer Sorge, die man ohne Zweifel interesselos nennen kann, die aber wesentlich unpersönlich oder unspezifisch ist. Jemand, der hingebungsvoll, aus Nächstenliebe, Kranken oder Armen nur um ihrer selbst willen hilft, ohne einen Gedanken an irgendwelche anderen Nutzeffekte oder Nutznießer zu verschwenden, kann gleichwohl der Identität derjeniger, denen er hilft, gleichgültig gegenüberstehen. Seine hilfsbereite Hingabe mag vielleicht Liebe zu etwas ausdrücken, aber nicht Liebe zu den Menschen, denen er Hilfe leistet. Sie sind Empfänger seiner Wohltaten nicht aufgrund ihrer Eigenschaften als spezifischer Individuen, sondern aufgrund ihrer Zugehörigkeit zu einer bestimmten Klasse. Für jemanden, der danach eifert, den Armen oder Kranken zu helfen, ist jeder Arme oder Kranke gut genug.

Diese Art von Gleichgültigkeit gegenüber der Identität des Objekts der Sorge ist im Hinblick auf das, was wir lieben, undenkbar. Das geliebte Objekt durch irgendein anderes zu ersetzen, ist keine akzeptable und vielleicht auch eine unverständliche Option. Die Bedeutung dessen, was er liebt, ist für den Liebenden nicht die eines Exemplars. Dessen Wichtigkeit für ihn ist nicht gattungsmäßig, sondern unweigerlich partikular. Es ist sinnvoll für jemanden, der den Armen und Kranken helfen will, seine Hilfsempfänger zufällig unter denen auszuwählen, die krank oder arm genug sind, um unter diesen Begriff zu fallen. Er muß außerdem bereit sein, aus gutem Grund jedem von diesen und keinem anderen zu helfen. So ist auch für jemanden, der vorhat, mit einem Freund eine Partie Schach zu spielen, die Erwägung sinnvoll, ob er mit ihm nicht auch einen Spaziergang machen könnte – und umgekehrt. Dies sind akzeptable Alternativen, weil es ihm gar nicht um diese selbst geht. Das Interesse, von dem er motiviert wird, wenn er diese Möglichkeiten erwägt, ist kein irreduzibel auf sie gerichtetes Interesse. Es handelt sich um ein eher allgemeines Interesse, ein oder zwei Stunden mit dem Freund zu verbringen und etwas zu tun, in dem beide einen Genuß um seiner selbst willen sehen.

Die Situation eines Liebenden ist grundlegend anders als die Situation einer Person, die glaubt, all ihre einschlägigen Interessen dadurch befriedigen zu können, daß sie der einen statt der anderen Person wohltut oder ein Schachspiel durch einen Spaziergang im Grünen ersetzt. Es mag einer Person wirklich egal sein, ob sie dem einen oder anderen Bedürftigen hilft oder der einen oder anderen Freizeitbeschäftigung nachgeht. Im Gegensatz dazu kann es dem Liebenden nicht egal sein, ob er sich dem interesselos widmet, was er tatsächlich liebt, oder etwas anderem. Nur dem Wohl seines Geliebten, und nicht dem eines anderen, kann seine Sorge gelten. Die Bedürfnisse, die seiner Liebe entspringen, sind nicht disjunktiv oder gattungsmäßig, sondern streng spezifisch und partikular.

## II. Die Notwendigkeiten der Liebe

1. In der ersten Vorlesung habe ich von Liebe als einer interesselosen Sorge um das Wohlergehen und Gedeihen eines geliebten Objekts gesprochen. Mein Gebrauch des Begriffs »interesselos« mag Sie vielleicht überrascht haben und Ihnen fehl am Platz erscheinen. Schließlich scheint dieser Begriff eine asketische Selbstkontrolle nahezulegen. Die Haltung, auf die er sich bezieht, scheint im wesentlichen farblos und ohne menschliche Wärme zu sein. Natürlich habe ich davor gewarnt, die Liebe mit einer Romanze gleichzusetzen. Und tatsächlich habe ich vorgeschlagen, daß die Objekte der Liebe nicht unbedingt Menschen sein müssen, sondern auch Abstraktionen sein können. Auch wenn Liebe

nicht notwendigerweise heißblütig, blindlings und besessen zu sein braucht, assoziieren wir mit Liebe jedoch eine Art von Leidenschaft oder Dringlichkeit, die *Interesselosigkeit* auszuschließen scheint. Tatsächlich war »interesselos« auch gar nicht mein Begriff erster Wahl. Zuerst dachte ich daran, die Sorge eines Liebenden um das Wohlergehen des Geliebten nicht als »interesselos«, sondern als »selbstlos«zu bezeichnen. Der Ausdruck »selbstlose Hingabe« klingt recht natürlich, und es kommt der subjektiven Qualität und Intensität des persönlichen Engagements näher, die wir normalerweise mit Liebe assoziieren. Von »interesseloser Hingabe« zu sprechen, klingt hingegen verdächtig plump. Und der etwas natürlichere Ausdruck »interesselose Sorge« ruft das Bild einer Objektivität und Distanz hervor, die klinisch und kalt erscheint.

Es gibt aber zwei Gründe, warum der Begriff der Selbstlosigkeit doch nicht paßt. *Zum einen* ist sein Bedeutungsradius zu klein. Für die Sorge des Liebenden ist wesentlich, daß sie nicht nur frei von *selbst*bezogenen Motiven ist, sondern auch kein anderweitiges höheres Ziel haben darf. Liebe als bloß *selbstlos* zu bezeichnen, ist daher nicht ausreichend. Obwohl der Begriff »interesselos« – rhetorisch gesehen – im Ton und in seinen Konnotationen ein bißchen irreführend ist, hat er den Vorteil, daß er nicht nur selbstbezogene Überlegungen, sondern *alle* Überlegungen, die von den Interessen des Geliebten verschieden sind, im Feld der Liebe für irrelevant erklärt.

*Zum anderen* wird mit dem Begriff »selbstlos« als wesentlichem Merkmal der Liebe die Möglichkeit unnötig erschwert, daß sich jemand kohärenterweise selbst lieben könne. Ich glaube, daß Philosophen immer mit terminologischen Merkwürdigkeiten rechnen müssen, die doch mehr oder weniger bereitwillig akzeptiert werden, aber es wäre doch zuviel verlangt, so etwas wie »selbstlose Selbstliebe« akzeptieren zu müssen. Ich gebe zu, daß es sich auch etwas faul anhört, Selbstliebe als »interesselos« zu charakterisieren, aber dies ist jedenfalls kein offenkundiges Oxymoron.

Tatsächlich läßt sich die Bestimmung der Selbstliebe als interesselos ziemlich einfach verdeutlichen. Zu sagen, daß ein Liebender interesselos sei, bedeutet nur, daß er das Wohl des Geliebten um seiner selbst willen wünscht, und nicht um anderer Sachen willen. Selbstliebe ist in diesem normalen Sinne interesselos, insofern eine Person ihr eigenes Wohlergehen um seiner selbst willen wünscht und nicht aufgrund von Überlegungen, die – wie sie erkennen mag – für ihr Wohlergehen äußerlich sind: z. B. daß ihre Eltern Gefallen daran finden, wenn es ihr gutgeht, daß sie berühmt oder beliebt bzw. von denen bewundert wird, deren Gefallen sie erregen will, oder daß sie einfach Spaß daran hat.

In der Selbstliebe sind Liebender und Geliebter eins. Daher können ihre wahren Interessen notwendigerweise nicht divergieren. Das macht es schwierig, davon zu sprechen, daß der Selbstliebende *selbstlos* sei, wenn man denn damit meint, daß er von keiner selbstbezogenen Sorge motiviert ist. Andererseits wird es dadurch einfacher einzusehen, wie der Wunsch nach dem Wohlergehen des Geliebten sehr wohl interesselos sein kann – d. h. von keiner instrumentellen Sorge motiviert ist. Denn es ist unproblematisch anzunehmen, daß jemand, der will, daß es ihm gutgeht, dabei an keinen höheren Zweck denkt.

Aus diesem Blickwinkel mag Selbstliebe sogar als eine besonders reine Form der Liebe erscheinen. Natürlich nicht rein im Sinne von edel oder frei von Lastern, aber im Sinne völliger Hingabe und Eindeutigkeit. Das kommt daher, daß Selbstliebe die Form von Liebe ist, die wohl am wenigsten von Motiven getrübt werden kann, die einer aus ganzem Herzen kommenden[3] Hingabe an die Interessen des Geliebten äußerlich sind. Selbstliebe scheint auch die Variante der Liebe zu sein, die die vollständigste und uneingeschränkteste Befriedigung gewährt, weil kein Platz für einen Konflikt zwischen der Sorge des Liebenden um das Wohl des Geliebten und der Sorge um sein eigenes Wohl bleibt. Selbstliebe ist die einzige Variante der Liebe – außer vielleicht der Liebe zu Gott –, die den Liebenden nicht dazu zwingen kann, seine eigenen wahren Interessen zu gefährden oder zu opfern.

2. Liebende sorgen sich nicht nur um die Interessen ihrer Geliebten. In einem Sinne, den ich hier nicht zu definieren versuchen will, aber den ich für hinreichend verständlich und bekannt halte, *identifizieren* sie diese Interessen als ihre eigenen. Selbstliebe, bei der die Interessen des Liebenden und des Geliebten *buchstäblich* identisch sind, ist ein unzweideutiges Paradigma dafür. Selbstliebe ist auch noch für einen anderen Fall paradigmatisch. Wie ich am Ende meiner ersten Vorlesung hervorgehoben habe, ist das Interesse eines Liebenden an seinem Geliebten nicht gattungsmäßig. Er liebt das Geliebte nicht deshalb, weil es bestimmte unabhängig spezifizierbare Bedingungen erfüllt, die es als Mitglied einer bestimmten Klasse ausweisen. Wenn das so wäre, würde

---

3 »Wholehearted« wurde hier mit »aus ganzem Herzen kommend« übersetzt. Im Text *Identifikation und ungeteilter Wille (Identification and Wholeheartedness)* findet sich, wie dies der Titel schon anzeigt, für »wholehearted« der deutsche Terminus »ungeteilt«. Wiederum sind die Unterschiede auf die Bearbeitung der Texte durch jeweils verschiedene Übersetzer zurückzuführen. Die Übersetzung mit »ungeteilt« wird in der dortigen Eingangsfußnote erläutert (Anm. Veit Friemert, vgl. auch 116)

seine Liebe auch durch jedes andere zu dieser Klasse gehörige Objekt erfüllt. Tatsächlich kann jedoch die Liebe zu einem geliebten Objekt durch nichts anderes als durch dieses Objekt selbst befriedigt werden. Diese Besonderheit ist im Falle der Selbstliebe unmißverständlich. Denn es wäre höchst unplausibel, aus der Tatsache, daß jemand sich selbst liebt, zu schließen, er würde jede Person lieben, die ihm nur hinreichend ähnlich ist. Meine Liebe zu mir selbst kann einfach nicht durch das Wohlergehen eines anderen, der mir zufällig sehr ähnelt, erfüllt werden. Dies gilt aber für Liebe insgesamt. Die Bande zwischen Liebenden und Geliebten sind nicht übertragbar. Man kann keinen Ersatz für sein geliebtes Objekt akzeptieren, auch wenn man sich sicher wäre, daß man das Ersatzobjekt am Ende genauso sehr lieben würde wie das Geliebte, das es ersetzt.

Die Situation eines Liebenden ist wesentlich verschieden von der Situation einer Person, die ihre einschlägigen Interessen ganz befriedigen zu können glaubt, indem sie das Vergnügen eines erfrischenden Spaziergangs im Grünen durch den Spaß an einer Partie Schach ersetzt. Es mag dieser Person wirklich egal sein, ob sie ihre Zeit mit der einen oder der anderen Freizeitbeschäftigung verbringt. Einem Liebenden kann es hingegen unmöglich egal sein, ob er sich dem hingibt, was er tatsächlich liebt, oder etwas anderem.

Nun darf man nicht annehmen, daß die Liebe zu etwas die Unterstellung enthält, dieses sei qualitativ einzigartig. Überraschenderweise ist die Tendenz weit verbreitet, der Einzigartigkeit eine übertriebene Bedeutung zuzuschreiben. Wir sind gewohnt zu hören, daß zwei Menschen niemals genau gleich seien, daß diese Einzigartigkeit jedes Individuum besonders wertvoll mache und dies bedeutsame Konsequenzen dafür habe, wie man Menschen behandeln solle. Wahrscheinlich stimmt es, daß Menschen weit weniger interessant wären, wenn sie sich nicht unterscheiden würden. Zumindest hätte man weniger Grund, mehr von ihnen kennenzulernen. Aus meiner Sicht wären jedoch der moralische Wert und der moralische Anspruch von Individuen – im Unterschied zu ihrem Wert als Gattungswesen – nicht im mindesten beeinträchtigt oder verändert, wenn wir alle völlig gleich wären. Auf jeden Fall ist der Grund dafür, daß es unsinnig ist, ein geliebtes Objekt durch ein anderes zu ersetzen, nicht der, daß die Liebe zu etwas mit der Annahme einhergeht, es sei einmalig. Stellen Sie sich vor, daß eines Tages eine junge Frau auftaucht und ich entdecke, daß sie in allen erkennbaren physischen und psychischen Merkmalen und in ihrem Verhalten ununterscheidbar ist von einer meiner geliebten Töchter. Ich fände das bestürzend; und es würde mich sicherlich bekümmern und irgendwie hemmen. Aber wie verwirrend und verstörend diese Umstände auch sein mögen, so würden sie mich doch sicher nicht zu dem Schluß verleiten, daß ich bei der Liebe zu meiner Tochter die ganze Zeit einem Irrtum aufgesessen wäre, weil ich fälschlicherweise angenommen hatte, es gebe sie kein zweites Mal.

Der Grund dafür, daß es keinen Sinn hat, einen Ersatz für etwas Geliebtes zu akzeptieren, liegt nicht darin, daß das Geliebte qualitativ unterscheidbar wäre. Der Grund ist der, daß man es in seiner prinzipiell nicht reproduzierbaren *Konkretheit* liebt. Die Liebe einer Person zielt nicht auf jene generellen und daher wiederholbaren Eigenschaften, die das Geliebte *beschreibbar* machen. Vielmehr ist es die spezifische Besonderheit, die das Geliebte *benennbar* macht – etwas, das geheimnisvoller als Beschreibbarkeit ist und sich der Definition entzieht.

3. Aufgrund dieser Besonderheit, die nicht verdoppelt oder zerteilt werden kann und insofern auch nicht anderswo verfügbar wird, ist das Wohlergehen dessen, was von einer Person geliebt wird, für sie eine unersetzliche *Notwendigkeit*. Wenn eine Person begonnen hat, etwas zu lieben, zieht dies nach sich, daß die Befriedigung ihrer Sorge um das Gedeihen dieser besonderen Sache zu etwas geworden ist, das sie *braucht*. Wenn sie anfängt zu glauben, daß es dem Geliebten nicht gutgehe, leidet sie unvermeidlicherweise darunter. Deshalb ist das Wohlergehen des Geliebten wichtig für sie. Es ist deswegen notwendigerweise ihr Interesse, das Wohlergehen des Geliebten als wichtig für sich zu betrachten und es auch zu wünschen. Lieben erlegt uns daher eine Art Notwendigkeit auf. Ich glaube, dies ist ein wichtiger Aspekt der Liebe, der oft mißverstanden wird.

Wir erfahren Liebe charakteristischerweise so, daß wir dabei das Gefühl haben, bestimmte Dinge tun zu *müssen*. Liebe fordert von uns, daß wir das Wohlergehen unseres Geliebten befördern, soweit es die Umstände uns ermöglichen; und sie verbietet uns, seine Interessen zu vernachlässigen oder es zu verletzen. Wenn wir diese Forderungen und Verbote mißachten, spüren wir, daß wir uns falsch verhalten – daß wir unsere Liebe verraten. Nun ähneln der Zugriff und die Strenge der Forderungen, die die Liebe uns auferlegt, denen der moralischen Verpflichtung. In beiden Fällen, solchen der Liebe und solchen der Pflicht, scheint es uns, daß wir nicht frei sind, einfach das zu tun, was uns gefällt oder was wir wollen; Liebe und Pflicht lösen bei uns gleichermaßen das Gefühl aus, daß wir keine andere Wahl haben als zu tun, was sie fordern. In jedem der beiden Fälle fühlen wir uns irgendwie in der Schuld, wenn wir diesen Forderungen nicht nachkommen, und dies dient allgemein als Anhaltspunkt für eine negative Einschätzung unseres Charakters.

Die Wahrnehmung und Befolgung von Forderungen moralischer Verpflichtung und solchen der Liebe sind also sehr ähnlich, und daraus wird gemäß einer verbreiteten Auffassung geschlossen, daß diese Forderungen von derselben Art seien. Diese Auffassung ist allerdings falsch. Die Autorität hinter den Imperativen der Liebe ist überhaupt nicht dieselbe wie die Autorität, mit der moralische Imperative ausgestattet sind. Etwas Geliebtes zu betrügen wird oft als ein moralisches Vergehen betrachtet; es ist aber keines. Die Forderungen der Liebe sind keine moralischen Imperative. Die Notwendigkeit, von der man sich in dem einen und in dem anderen Fall erfaßt sieht, hat nicht dieselben Wurzeln.

4. Es wird viel Aufhebens um die »speziellen« moralischen Verpflichtungen gemacht, die angeblich eingegangen werden, wenn man eine andere Person liebt oder mit ihr befreundet ist. Ich bezweifle, daß es solche speziellen Verpflichtungen gibt. Ich bezweifle dagegen keineswegs, daß Menschen normalerweise moralische Verpflichtungen denen gegenüber verspüren, die sie lieben. Unsere Beziehungen zu denjenigen, die wir lieben, sind oft intimer Art, und intime Beziehungen führen unvermeidlich zu Erwartungen und Abhängigkeitsverhältnissen, mit denen ungewöhnlich schwerwiegende Verpflichtungen verbunden werden. Weil es besonders intensive und relativ ungeschützte Beziehungen sind, in denen solche Verpflichtungen entstehen, erscheinen letztere schwerwiegender als solche, die in Beziehungen mit geringerer Tragweite entstehen. Nichtsdestoweniger scheinen mir beide von derselben Art zu sein. Meines Erachtens gibt es keine eigene Kategorie moralischer Verantwortung, die auf Liebe gegründet ist.

Manchmal ist es dem Geliebten auch egal, ob er geliebt wird. Ich könnte eine Frau aus der Entfernung lieben, ohne die Gelegenheit zu bekommen, irgendwie auf sie einzuwirken, und sie könnte nicht die leiseste Ahnung haben, daß ich überhaupt existiere. In diesem Falle hat meine Liebe keine direkten oder indirekten Auswirkungen auf sie, und aus ihr ergeben sich auch keine Abhängigkeiten oder Erwartungen. Mit Sicherheit würde ich durch die bloße Tatsache, daß ich diese Frau liebe, nicht von ihr in die Pflicht genommen. Dies läßt die Möglichkeit offen, daß meine Liebe mich in gewisser Weise moralisch verpflichtet, aber eben nicht *ihr gegenüber*. Ich möchte diese Möglichkeit jetzt nicht ergründen, die mir im übrigen auch nicht besonders vielversprechend erscheint; statt dessen möchte ich eine bessere Erklärung für die unbezweifelbare Wahrheit liefern, daß die Liebe zu jemandem oder zu etwas – auch in Fällen von distanzierter und sozusagen »unbefleckter« Liebe – im allgemeinen bestimmte Dinge nach sich zieht, die wir *tun müssen* und *nicht tun dürfen*. Eine authentische und erhellende Erklärung dieser Notwendigkeiten aus Liebe läßt sich m. E. ohne Bezug auf moralische Verpflichtung geben. Die Erklärung, an die ich denke, gründet in zwei der Formen, in denen die Liebe für uns wichtig wird. Zum einen ist das, was wir lieben, für uns aufgrund der Tatsache wichtig, daß wir die Interessen unseres Geliebten als unsere eigenen identifizieren, und daß wir daher Hemmungen haben, das Geliebte leiden zu sehen oder ihm Schaden zuzufügen; diese Hemmungen sind in Ausmaß und Art denen ähnlich, die wir verspüren, wenn wir uns selbst schaden oder solche Schädigung zulassen. Wenn wir glauben, daß die Interessen unseres Geliebten auf dem Spiel stehen, meinen wir, daß wir bestimmte Dinge tun müssen und andere Dinge nicht fertigbringen. Dies sind besondere Fälle einer starken Willensbeschränkung, die wir erfahren, wenn wir hier der Förderung oder dem Schutz unserer Interessen gerecht werden wollen.

Abgesehen davon, daß das Wohlergehen unseres Geliebten so wichtig für uns ist, weil wir es mit unserem eigenen Wohlergehen identifizieren, gibt es noch die andere – vielleicht tiefere – Tatsache, daß *das Lieben selbst* wichtig für uns ist. Wir haben nicht bloß das Bedürfnis, daß es unserem Geliebten gutgeht. Wir müssen lieben. Um dieses Bedürfnis zu befriedigen, müssen wir alles tun, was die Liebe von uns verlangt. Im folgenden wird es mir hauptsächlich um diesen zweiten Grund für die aus der Liebe erwachsenden Notwendigkeiten gehen. Ich werde damit beginnen, einen weiteren Aspekt der Liebe zu erörtern: daß nämlich diese Wichtigkeit des Liebens nicht (zumindest nicht ausschließlich) von irgendeiner Wertschätzung dessen abhängt, was wir lieben.

5. Es gibt viele Beispiele, in denen etwas, das ansonsten keinen großen (oder gar keinen) Wert für uns hat, nur dadurch wertvoll *wird* (oder an Wert gewinnt), daß wir es zu lieben beginnen. Zweifellos kann Liebe manchmal durch den Wert seines Gegenstandes hervorgerufen werden. Aber Liebe kann selbst auch Werte erzeugen. Ich glaube, daß es sich z. B. mit dem Wert des Lebens, d. h. unseres individuellen Lebens, so verhält. Unser Leben ist uns nicht deshalb wichtig, weil es einen großen inhärenten Wert hat, sondern weil wir – dank biologischer Selektion – das Leben lieben. Natürlich können wir uns entscheiden, unser Leben abzulehnen oder zu zerstören, wenn es zu hart oder zu grausam wird. Aber selbst in solchen Fällen zeigt sich unsere Liebe zum Leben daran, daß wir es doch allemal vorziehen würden, die Lebensumstände zu ändern, als unser Leben aufzugeben.

Wenn wir das Leben nicht liebten, brauchten wir einen anderen Grund zu leben. Solch ein Grund könnte vielleicht durch ein überzeugendes »Projekt« gegeben sein, dem wir uns widmen würden. Es diente dann dazu, eine

Zukunftsperspektive zu eröffnen, und ohne es fehlte uns die Motivation, überhaupt weiterzumachen. In diesem Falle wäre der Wert des Lebens für uns allerdings bloß instrumentell. Dagegen ist für eine Person, die das Leben liebt, dieses selbst ein Wert in sich. Die Gier nach Leben auszusetzen und sich zu fragen, ob es noch andere gute Gründe gebe, weiterzumachen – dies wäre für sie ein klarer Fall von »Um die Ecke gedacht!«.[4]

Das Leben ist nicht die einzige Sache, die wir einfach dadurch, daß uns daran liegt, wichtig für uns *machen* – oder zumindest wichtiger, als es sonst wäre. Der Wert bestimmter Menschen wäre für mich z. B. nicht derselbe, wenn diese Individuen nicht meine geliebten Kinder wären. Meine Kinder sind aufgrund meiner Liebe zu ihnen unvergleichlich viel wichtiger für mich, als sie es wären, wenn ich sie nicht derart lieben würde.

Nun möchte ich hervorheben, daß abgesehen von der Tatsache, daß *meine Kinder* mir wichtig sind, auch noch die ganz andere und nicht weniger bedeutsame Tatsache besteht, daß es mir wichtig ist, *meine Kinder zu lieben*. Meine Liebe zu ihnen ist ein Teil meines Lebens, den ich hochschätze. Mein Leben wurde in vieler Hinsicht reicher und es wurde mir insgesamt wichtiger, als ich begann, meine Kinder zu lieben. Dabei wäre es ein Fehler anzunehmen, daß der Wert, der darin liegt, meine Kinder zu lieben, daher rührt, daß sie unabhängig davon wertvoll für mich wären. In einer solchen Annahme liegt kaum mehr als ein Körnchen Wahrheit. Der Grund dafür, meine Kinder zu lieben, liegt nicht wesentlich darin, daß ich erkenne, wie wertvoll oder wichtig sie für mich sind. Meine Liebe zu ihnen läßt sich nicht aus ihrem Wert oder ihrer Wichtigkeit für mich ableiten. Vielmehr funktioniert das Verhältnis genau umgekehrt. Meine Kinder sind einfach deshalb so wichtig und wertvoll für mich, weil ich sie liebe. Es geht darum, daß Liebe *inhärent* und um ihrer selbst willen wertvoll ist. Sie verbessert unser Leben nicht dadurch, daß sie die Verbindung zwischen uns und anderen wertvollen Dingen herstellt oder wir durch sie für Dinge, die an sich wertvoll sind, verantwortlich werden. Liebe ist in sich wertvoll, nicht bloß dank des Wertes ihrer Objekte. Bliebe alles sonst gleich, so wäre unser Leben ohne Liebe doch nicht dasselbe.

Es ist wohl unnötig zu betonen, daß alles sonst in der Regel eben doch nicht gleich bleibt. Daher ist Liebe nicht nur von inhärentem Wert, sondern auch

---

4  Es ist wohl offensichtlich, daß ich hier auf Bernard Williams' bekannte Überlegungen in *Personen, Charakter und Moralität* anspiele; vgl. B. Williams, Moralischer Zufall, Frankfurt/M. 1984, 11–29.

riskant. Liebende sind anfällig für bedrückende Ängste und Sorgen, wenn es irgendwie nicht gut um ihre Liebe steht. Also müssen sie vorsichtig sein. Für ein unendliches Wesen, das sich seiner Allmacht sicher wäre, wäre selbst grenzenlose Promiskuität noch ungefährlich. Gott muß nicht aus Klugheitserwägungen gewissen Versuchungen widerstehen, um das Gute des Liebens zu erfahren. In manchen Darstellungen wird Gottes schöpferische Kraft durch eine völlig ungehemmte und unerschöpfliche Liebe erzeugt und gespeist. Sie richtet sich auf eine ganz uneingeschränkte Fülle, der jedes denkbare Objekt der Liebe angehört. Was Gott liebt, ist einfach Sein aller Art. Diese göttliche, ungehemmt schöpferische Liebe zum Sein ist völlig unterschiedslos, und daher ist sie unvereinbar mit irgendeinem Ziel außer der grenzenlosen Erweiterung der Existenzformen. Insoweit die Liebe Gottes unterschiedslos ist, kann seine Schöpfung kein Motiv und keinen Zweck haben außer einem ausgesprochen promiskuitiven Drang nach Liebe ohne Grenzen. Merkwürdigerweise scheint bei einem Gott, der Liebe ist, das Universum nur die Bedeutung zu haben, einfach da zu sein.

Es ist klar, daß endliche Wesen wie wir sich solche leichtsinnigen Extravaganzen nicht leisten können. Wenn wir uns zeitweise erlauben, uns der Verletzlichkeit, die die Liebe mit sich bringt, auszusetzen, müssen wir uns in besonderer Vorsicht und Beschränkung üben. Es ist wichtig, darauf zu achten, wem wir unsere Liebe schenken. Wenn wir allmächtige Handlungssubjekte wären, wären wir frei von aller Passivität, und so könnte uns nichts widerfahren. Dann hätten wir nichts zu fürchten. Wir können es uns aber nicht leisten, *alles* zu lieben. Angesichts der Leiden, denen wir in der Liebe ausgesetzt sind, können wir nicht – wie vielleicht Gott – rücksichtslos offen sein in dem, was wir lieben.

6. Freilich bleibt es richtig, daß Liebe für den Liebenden einen Eigenwert hat, unabhängig von den Eigenschaften des Objektes, und unabhängig auch davon, daß ihr Wert für den Liebenden von den Belastungen und Verletzungen, die die Liebe ihm zumutet, überboten werden kann. Ich wäre gern in der Lage, erklären zu können, warum Liebe einen solchen intrinsischen Wert hat. Wir müssen begreifen, was an der Liebe bloß dran ist, wodurch also ihre Wichtigkeit in unserem Leben verbürgt wird. Vermutlich hat die Erklärung etwas mit der komplexen Tatsache zu tun, daß Liebe sowohl eine Willensbeschränkung als auch eine interesselose Identifikation mit dem Wohlergehen des Geliebten bedeutet. Aber mir ist unklar – außer vielleicht im Falle der Selbstliebe –, warum jedes dieser Merkmale oder auch beide zusammen für uns so wertvoll sein sollen.

Auf jeden Fall wäre das Leben – und dies will ich jetzt nur behaupten – ohne die Liebe in einer oder mehrerer ihrer Formen unerträglich formlos und leer. Um unserer selbst willen *müssen* wir lieben, sonst würden wir schreckliche Entbehrungen erleiden. Das bedeutet, daß wir uns schon unseretwegen auf eine Art und Weise verhalten müssen, in der Liebe möglich ist. Angenommen, jemand schafft es nicht, den Geboten der Liebe zu entsprechen, weil er es versäumt oder sich weigert, sich in der für die Liebe erforderlichen Weise zu verhalten. In diesem Falle fehlt seinem Verhalten ein für die Liebe konstitutives Element. Insofern liebt er eigentlich überhaupt nicht. Anders ausgedrückt, insofern jemand dem, was er liebt, untreu ist, liebt er es nicht wirklich. Und insoweit er nicht erfüllen kann, was die Liebe von ihm verlangt, und es daher nicht schafft zu lieben, verliert er notwendigerweise den unschätzbaren Wert des Liebens aus seinem Leben.

Dies hat nichts mit dem Risiko zu tun, die reziproken Genüsse zu verlieren – also die Genüsse des Geliebtwerdens. *Diese* mögen auch dem unecht Liebenden weiterhin zuteil werden. Was dieser unweigerlich verlieren wird, sind nicht die Genüsse, die ihm vom Geliebten bereitet werden, sondern diejenigen, die seiner eigenen liebenden Tätigkeit innewohnen. Es gibt ein spezifisches Argument dagegen, diejenigen, die wir lieben, zu betrügen, und es hat nicht mehr mit dem Risiko der Rache zu tun als mit den Sanktionen für Moralverstöße. Der Grund dafür, daß wir nicht betrügen dürfen, ist: wir dürfen uns nicht selbst betrügen.

7. Meine These vom unersetzbaren Wert des Liebens für uns selbst scheint schlecht zu meiner anderen These zu passen, daß Liebe wesentlich von interesseloser oder, von der Selbstliebe abgesehen, selbstloser Natur ist. Wie können die Haltungen und Handlungen einer Person überhaupt interesse- oder selbstlos sein, wenn sie durch so grundlegend selbstbezogene Überlegungen motiviert sind? Nehmen wir an, daß ein Mann einer Frau eröffnet, daß seine Liebe zu ihr das einzige sei, was sein Leben lebenswert mache. Es ist sicher unwahrscheinlich, daß sie – falls sie ihm überhaupt glaubt – nun annimmt, daß er sie ausbeute und daß es ihm um sie bloß deswegen gehe, weil *er* sich dann besser fühle. Sie wird nicht denken, daß die Selbstlosigkeit seiner Liebe zu ihr im Widerspruch stehe zu der Tatsache, daß damit ein tiefes Bedürfnis in seinem Leben befriedigt wird. Daß es für ihn so wichtig ist, sie zu lieben, wird bei ihr nicht den Eindruck hervorrufen, daß er sie selbst eigentlich überhaupt nicht liebe oder daß seine Liebe durch selbstbezogene Rücksichten getrübt sei. Der scheinbare Widerspruch zwischen Selbstlosigkeit und Eigeninteresse verschwindet, sobald man begreift, daß die Selbstlosigkeit im Eigeninteresse des Liebenden liegt. In den

Genuß des Liebens kommt er nur, wenn er echt selbstlos ist. Er befriedigt sein eigenes Bedürfnis nur, weil er in der Liebe sich selbst vergißt.

8. Obwohl die Forderungen der Liebe und die der Pflicht nicht aus derselben Quelle stammen, gibt es viele Situationen, in denen sie zusammenfallen. Zum Beispiel sind Eltern unter gewöhnlichen Umständen durch überpersönliche moralische Prinzipien verpflichtet, für das Wohlergehen ihrer Kinder zu sorgen. Eltern, die ihre Kinder lieben, erkennen normalerweise an, daß sie diese Pflicht haben. Allerdings hat ihre Bereitschaft, der moralischen Verpflichtung zur Sorge für ihre Kinder zu genügen, möglicherweise gar nichts zu tun mit dem, was sie eigentlich beim Umgang mit ihren Kindern motiviert. Liebende Eltern kümmern sich um ihre Kinder üblicherweise nicht aus Pflichtgefühl, sondern aus Liebe. Sie behandeln ihre Kinder verantwortungsvoll, weil sie sie lieben, nicht, weil sie dazu moralisch verpflichtet sind.

Handlungen aus Pflicht und Handlungen aus Liebe unterscheiden sich in formaler Hinsicht. Die praktische Vernunft, mit der Handlungen dieser beiden Arten erklärt oder gerechtfertigt werden, wird in beiden Fällen verschieden gehandhabt. Betrachten wir also zwei Situationen, in denen jemand einer bedürftigen Person Geld gibt. Nehmen wir an, daß in beiden Situationen das Geld nur gegeben wird, weil es der Empfänger braucht; und nehmen wir auch an, daß es einzig aus der Absicht zu helfen geschieht. Die Handlung und der Grund, sie auszuführen, sind in beiden Fällen dieselben: Es wird Geld gegeben, und zwar um jemandem, der es braucht, zu helfen. Nehmen wir nun aber an, daß das Geld in dem einen Fall aus Pflicht und in dem anderen Fall aus Liebe gegeben wird. Was ist unter diesen Umständen der Unterschied zwischen der Handlung aus Pflicht und der Handlung aus Liebe?

Beginnen wir mit der Untersuchung dieses Unterschieds, indem wir erwägen, warum die Voraussetzung, daß das Geld der bedürftigen Person hilft, für jeden der beiden Gebenden als Grund dafür zählt, zu schenken. Für den Gebenden, der von Pflicht geleitet ist, zählt der Grund, daß er sich moralisch verpflichtet fühlt, dem Bedürftigen zu helfen. Der Gebende, der aus Liebe handelt, sieht in der Tatsache, daß das Geld dem Bedürftigen helfen wird, einen Grund zu geben, denn dieser ist jemand, den er liebt. Soweit laufen die praktischen Überlegungen in beiden Fällen noch parallel. Beide geben dem Bedürftigen aus demselben Grunde Geld: nämlich weil es ihm helfen wird. Dies zählt für den einen Geber als Grund, weil er glaubt, es sei seine Pflicht, dem Bedürftigen zu helfen. Für den anderen Geber zählt es als Grund, weil er ihn liebt.

Es gibt freilich einen wichtigen Unterschied zwischen diesen zwei Erläuterungen, die verständlich machen, warum der pflichtbewußte und der liebende

Geber die Tatsache, daß das Geld dem Bedürftigen helfen wird, als Grund für ihr Tun ansehen. In den Überlegungen des Pflichtmenschen fungiert seine Überzeugung, daß er die Pflicht zu helfen habe, nur deshalb als Grund, weil er dazu neigt oder bestrebt ist, das zu tun, was er für seine moralische Verpflichtung hält. Diese Neigung mag aus seiner Entschlossenheit herrühren, ein tugendhaftes Leben zu führen, oder einfach der Ausdruck seines natürlichen Respekts vor dem moralischen Gesetz sein. Unabhängig von ihrer Herkunft liegt diese Neigung auf einer anderen Ebene als die Überzeugung, daß es seine Pflicht sei, dem Bedürftigen zu helfen. Und nur wenn sein Wunsch nach Pflichterfüllung mit dieser Überzeugung zusammenkommt, wird letztere handlungsleitend. Anders gesagt, solange er kein aktives Interesse daran hat, seine moralischen Pflichten zu erfüllen – zumindest in Situationen wie der beschriebenen –, wird die Tatsache, daß er die Pflicht einsieht, dem Bedürftigen zu helfen, ihn nicht zu der Entscheidung bringen, dies auch zu tun.

In der Entscheidung des Gebers, der aus Liebe handelt, ist ein drittes Element jenseits der Überzeugung, daß sein Geld der bedürftigen Person helfen wird, und der Tatsache, daß er diese Person liebt, überflüssig. Beiden Gebern dient die Tatsache, daß das Geld dem Bedürftigen helfen wird, als Grund zu geben. Die Erklärung, *warum* sie als Grund dient, ist im Falle der Liebe als motivierender Kraft allerdings keine andere als die, daß der Bedürftige jemand ist, den der Gebende liebt. Es wird kein zusätzliches Vermittlungselement benötigt zwischen seiner Liebe zu der bedürftigen Person auf der einen Seite und seiner Erkenntnis auf der anderen Seite, daß ein Grund für seine Gabe in der Hilfe zur Erfüllung von deren Bedürfnissen liegt.

Die Unmittelbarkeit der Verbindung zwischen dem Lieben und dem, was als Grund dafür zählt, Dinge zu tun, die dem Geliebten helfen, ist ein Teil der *Wesensbestimmung* der Liebe. Eine Person wird die Tatsache, daß man mit einer bestimmten Handlung einer Pflicht genügt, nicht als Grund ansehen, diese Handlung zu vollziehen, wenn sie keinen Wunsch danach verspürt, zu tun, was die Pflicht gebietet. Im Gegensatz dazu wäre es tautologisch, wenn ein Liebender die Tatsache, daß eine bestimmte Handlung seinem Geliebten helfen würde, als Grund benötigte, diese Handlung zu vollziehen. Denn daß er sie als Grund dafür ansieht, die Handlung zu vollziehen, ist kein Ergebnis einer Schlußfolgerung. Einen Grund für sein Tun gewinnt der Liebende nicht als logische Konsequenz aufgrund der Prämisse, daß er sein Geliebtes liebt. Jenen Grund anzuerkennen ist ein konstitutiver Aspekt seiner Liebe selbst: Jemanden zu lieben bedeutet im wesentlichen (zumindest teilweise): Die Tatsache, daß eine Handlung ihm helfen würde, taugt als Grund dafür, daß man sie ausführt.

Es ist dann letztlich redundant zu sagen, daß derjenige, der aus Liebe gibt, die Tatsache, daß sein Geld dem Bedürftigen hilft, als Grund für seine Gabe ansieht. Seine Liebe für ihn erklärt teilweise, warum er ihm hilft, aber sie dient ihm nicht als Grund dafür. In dieser Hinsicht unterscheidet er sich von dem pflichtbewußten Geber, denn für diesen ist die Tatsache, daß die Hilfe für den Bedürftigen seine Pflicht sei, sehr wohl ein Grund – einschließlich des Wunsches, pflichtgemäß zu handeln.

9. Jetzt möchte ich mich einigen Aspekten der Beziehung zwischen der Liebe und ihrem Objekt widmen. Liebe erfordert natürlich ein Objekt, welches geliebt wird. Aufgrund der Tatsache, daß Liebe nur durch ihr Objekt befriedigt werden kann, braucht die Person, die es liebt, das Objekt. Und weil die Person es braucht, ist es notwendigerweise wichtig und wertvoll für sie. Das, was jemand liebt, wird für ihn wertvoll; zusätzlich wird aber auch seine Liebe zum Eigenwert für ihn. Wie ich immer wieder betont habe, besitzt die Liebe einen intrinsischen Wert, der sich nicht aus dem Wert ihres Objekts ableitet. Es ist kaum der Erwähnung wert, daß die Liebe diesen intrinsischen Wert nur besitzen kann, weil sie ein Objekt hat. In der Tat ist Liebe in sich wertvoll nur unter Berücksichtigung der Tatsache, daß sie auf ein Objekt gerichtet ist.

Mir geht es hier nicht nur um Logik oder Begrifflichkeit. Sicherlich ist es sowohl logisch als auch begrifflich unmöglich zu lieben, ohne etwas zu lieben; daher kann man gewiß sagen, daß der Wert des Liebens vom geliebten Objekt abhängt – aber nur in dem uninteressanten Sinn, daß es ohne Objekt eben keine Liebe gäbe, mithin auch keine intrinsisch wertvolle Liebe. Ich schlage jedoch vor, daß das geliebte Objekt eine unentbehrliche und wesentliche Bedingung des spezifischen Wertes darstellt, der die Liebe auszeichnet.

Das geliebte Objekt ist nicht bloß eine logisch-begrifflich notwendige Bedingung der Möglichkeit des Liebens überhaupt. Der Wert des Liebens ist nicht der Wert einer angenehmen Tätigkeit, die sich ausüben und schätzen ließe, ohne auf etwas jenseits dieser Tätigkeit gerichtet zu sein. Der Wert liegt darin, in einer besonderen Art von Beziehung zu stehen. Die Tatsache, daß der Liebende genau in dieser Art von Beziehung zu dem geliebten Objekt steht, macht nicht bloß einen Teil der Definition von Liebe aus. Der besondere Wert des Liebens rührt vielmehr genau daher. Aus diesem Grunde hängt Liebe vom inhärenten Wert ihres Objektes ab, obwohl sie unabhängig vom Wert ihres Objekts einen Eigenwert hat.

Die Abhängigkeits- und Unabhängigkeitsbeziehungen zwischen dem Wert des Liebens und dem Wert des Objekts sind merkwürdig ineinander verwoben. Ich denke, sie verhalten sich analog zu einigen eigentümlichen und ziemlich vernachlässigten Eigenschaften der Beziehung zwischen Zwecken und Mitteln.

Genauso wie der Wert des Liebens für uns nicht direkt vom Wert, den das Geliebte für uns hat, abgeleitet oder bestimmt ist, ist der Wert, Mittel einzusetzen, nicht direkt abgeleitet oder bestimmt von dem Wert, den wir den Zwecken beimessen, die wir beim Einsatz jener Mittel erreichen können. Wie das Lieben einen Wert in sich hat, der vom Charakter oder Wert seines Objektes unabhängig ist, so ist es auch schon in sich wichtig für uns, Mittel einzusetzen, und dies unabhängig von der besonderen Beschaffenheit oder dem Wert der Ziele, die wir anstreben.

10. Genauso wie wir Liebe brauchen, müssen wir uns produktiv betätigen, also arbeiten. Es kommt natürlich darauf an, ob das, was wir lieben oder herstellen, unserer Liebe oder Mühe wert ist. Erst recht kommt es natürlich darauf an, ob die eventuellen Konsequenzen der Liebe und der Arbeit im großen und ganzen nützlich oder schädlich für uns und andere sind. Aber abgesehen von solchen Überlegungen ist es um seiner selbst willen wichtig, daß es etwas gibt, das wir lieben. Und es ist für uns ähnlich wichtig, daß wir irgendeine Arbeit haben.

Aus meiner Sicht ist die Bedeutung dessen, Mittel zu haben, nicht gleichbedeutend mit der Bedeutung dessen, Ziele zu erreichen. Es ist ein Fehler anzunehmen, daß sich der Wert von Mitteln im Wert der Ziele, zu denen diese Mittel führen, erschöpft. Worauf ich hier dränge, ist nicht mit dem Gemeinplatz zu verwechseln, daß eine Tätigkeit von instrumentellem Wert unabhängig davon einen Selbstwert haben kann – so wie z. B. ausdauerndes Training um seiner selbst willen schön sein kann, unabhängig von der Tatsache, daß es auch der Gesundheit förderlich ist; und natürlich kann eine Speise sowohl lecker als auch nahrhaft sein. Worauf ich hinweisen will, ist, daß manche Tätigkeiten – wie produktive Arbeit – an sich wertvoll sind, und dies nicht einfach *zusätzlich* zu ihrem instrumentellen Wert, sondern *eben wegen* ihres instrumentellen Wertes.

Ausdauerndes Training und leckere Speisen sind für uns allein schon deshalb um ihrer selbst willen wertvoll, weil wir das Trainieren oder Essen genießen; dabei kann außer acht bleiben, daß sie auch noch die Gesundheit fördern. Arbeit dagegen ist für uns in sich wertvoll unabhängig davon, ob wir die Tätigkeit nun gerade gern tun. Der Wert, der der Arbeit innewohnt, ist nicht unabhängig von der Tatsache, daß die Tätigkeit instrumentell wertvoll ist. Vielmehr ist sie deshalb inhärent wertvoll, weil sie nützlich ist.

Ohne die zielgerichtete Tätigkeit, in der sich so etwas wie instrumenteller Wert finden läßt, fehlte uns das grundlegende Selbstverständnis, daß wir rational handeln. Unser Leben würde an einem unerträglichen Mangel an Zusammenhang und Bedeutung leiden, die durch das Lösen von Problemen, das Treffen von Entscheidungen und die Ausführung von Plänen gestiftet werden. Die Tätigkeit, der wir nachgehen, kann dieses Begründungsbedürfnis nur befriedigen, insofern sie von Zwecken oder Zielen getragen ist. Sie ist aber nicht nur deshalb wertvoll für uns, sondern auch in sich wertvoll, denn es ist für uns inhärent wichtig, etwas Nützliches zu tun zu haben.

Die Tatsache, daß darin ein Eigenwert liegt, etwas Nützliches zu tun zu haben, legt einen weiteren überraschenden Gedanken nahe – daß nämlich selbst das, was wir für unsere letzten und unbedingten Zwecke halten, ebenfalls angemessen als Mittel beschrieben werden kann. Wenn wir keine Zwecke kennen würden, gäbe es letztlich auch keine nützliche Tätigkeit. Unsere Zwecke sind deshalb eine notwendige Bedingung dafür, daß wir etwas Nützliches zu tun haben. Es wird oft gesagt, daß man »alles nur wegen irgendeines Ziels« tut. Genauso kann man sagen, daß die Ziele nur um der Handlung willen da sind.

Wir brauchen Ziele, um sinnvoll tätig zu werden. Aus diesem Blickwinkel erscheint ein Ziel oder Zweck als unentbehrliches Mittel zu etwas – nämlich: nützlicher Tätigkeit –, das an sich wertvoll ist. Die den Zweck kennzeichnende Tatsache, daß er einen letzten Wert darstellt, stattet diesen gleichermaßen mit einem instrumentellen Wert aus. Daher besitzen letzte Zwecke, so paradox es auch klingen mag, gerade aufgrund ihres Wertes als Ziele notwendigerweise einen instrumentellen Wert. Und Mittel sind für uns als letzte Zwecke nur dank ihres instrumentellen Wertes, den sie als Mittel besitzen, inhärent wichtig.

11. Wir müssen umsichtig mit Liebe und Arbeit umgehen, weil wir diverse Bedürfnisse haben und daher in vieler Hinsicht verletzbar sind. Wir können uns nicht erlauben, bei der Wahl ihrer Objekte gedankenlos oder impulsiv vorzugehen. Dies legt eine Überlegung nahe, von der man annehmen muß, daß sie bei Erwägungen darüber, was wir lieben oder welche Arbeit wir tun sollten, als Rechtfertigung dienen kann. Diese Überlegung hat weniger mit der Einschätzung der Vorzüge möglicher Objekte der Liebe oder der Arbeit zu tun als mit einem Urteil über uns selbst. Das Urteil bezieht sich darauf, was wir tatsächlich lieben *können* oder zu welcher Art von Arbeit wir *fähig* sind.

Liebe und Arbeit sind für uns um ihrer selbst willen wichtig, was sie auch immer für Objekte haben mögen. Daraus folgt, daß ein guter Grund zur Wahl eines bestimmten Objekts einfach der ist, daß es uns *möglich* ist, es zu lieben; und es folgt genauso, daß ein guter Grund dafür, eine bestimmte Tätigkeit auszuführen, schlicht der ist, daß es uns *möglich* ist, sie auszuüben. Was es auch sei, das wir lieben, und was immer wir für eine Arbeit haben: Wir werden wenigstens von dem Wert profitieren, der der Liebe und der Arbeit selbst innewohnt.

Daher ist immer dann schon ein Grund für die Liebe gegeben, wenn wir etwas liebenswert finden. Das bedeutet für uns nicht, daß wir es für besonders liebenswert halten, sondern nur, daß wir jedenfalls fähig sind, es zu lieben. Natürlich mag dieser Grund nicht gut genug sein, er kann durchaus von anderen Überlegungen übertrumpft werden. Allerdings ist die Möglichkeit, etwas zu lieben, in jedem Fall ein Grund, der eine minimale Rechtfertigung für diese Liebe darstellt. Dies gilt auch für die Arbeit. Die Fähigkeit, eine bestimmte Arbeit zu verrichten, ist schon mal ein guter, wenn auch noch kein entscheidender Grund dafür, sie tatsächlich auszuführen.

12. Ich will mit einigen Beobachtungen zu Thomas Hobbes' Vorstellung schließen, daß Glück einzig darin besteht, das zu bekommen, was man will. Seine Auffassung vom Glück bekommt interessanterweise durch eine Komplikation, auf die er selbst hinweist, eine zusätzliche Nuance. In Wahrheit, so sagt er, reicht nämlich das Erreichen dessen, was jemand zufällig gerade will, nicht wirklich aus, um ihn glücklich zu machen. Jemand, dem es immer gelingt, das zu bekommen, was er will, kann doch durchaus zeitweise oder sogar dauernd unsicher sein, ob er es wirklich bekommen *wird*. Hobbes geht davon aus, daß diese Angst, ob man in Zukunft erfolgreich sein *wird*, selbst wenn sich herausstellt, daß man erfolgreich *ist*, nicht zur Glückseligkeit paßt. Daher besteht er darauf, daß es zu unserem Glück erforderlich ist, nicht nur unsere Wünsche zu befriedigen, sondern auch über das Selbstvertrauen zu verfügen, diese Befriedigung zu erreichen.

Zusätzlich zu einer Folge von einzelnen Wünschen haben wir daher den allgemeineren Wunsch zweiter Ordnung, daß unsere Wunscherfüllung sichergestellt ist. Hobbes sagt: »Gegenstand menschlichen Verlangens ist [...] sicherzustellen, daß seinem zukünftigen Verlangen nichts im Wege steht. Und deshalb gehen die willentlichen Handlungen und Neigungen aller Menschen nicht nur darauf aus, sich ein zufriedenes Leben zu verschaffen, sondern auch darauf, es zu sichern.« Jeder hat ein andauerndes Interesse daran, fähig zu sein, jeden der besonderen Wünsche zu befriedigen, die er im Laufe seines Lebens verspüren mag. Hobbes: »So halte ich an erster Stelle ein fortwährendes und rastloses Verlangen nach immer neuer Macht für einen allgemeinen Trieb der gesamten Menschheit, der nur mit dem Tode endet.«[5] Dieser endlose Wunsch

---

5   Thomas Hobbes, Leviathan, a. a. O., 75.

nach Macht ist Hobbes zufolge keineswegs größenwahnsinnig oder pervers. Es ist ein natürlicher und mehr oder weniger vernünftiger Wunsch sicherzugehen, daß wir fähig sein werden, die unaufhörlich aufeinander folgenden unvorhersehbaren Ziele zu erreichen, nach denen wir im Laufe unseres Lebens streben werden.

Die Beziehung zwischen dem Wert des Selbstvertrauens und dem Wert der verschiedenen Ziele, die zu erreichen wir uns zutrauen, entspricht den Beziehungen zwischen dem Wert von Liebe und Arbeit einerseits und dem Wert dessen, was wir lieben oder durch unsere Arbeit erreichen, andererseits. Selbstvertrauen hat mit dem Gefühl zu tun, daß man genug Macht hat – oder, anders ausgedrückt, die notwendigen Mittel –, um das zu erreichen, was man will. Es versteht sich von selbst, daß Macht nützlich ist. Allerdings ist der Wert der Macht nicht bloß instrumentell, wie Hobbes klarstellt. Weil der Besitz von Macht notwendiger Bestandteil des Glücks ist, ist er selbst ein Zweck, der für sich und um seiner selbst willen wertvoll ist. Machtbesitz wird einfach dadurch zu einem wesentlichen Bestandteil des Glücks, weil Macht einen instrumentellen Wert hat. Der einzige Grund dafür, daß man zum Glück Macht nötig hat und wir diese daher als Selbstzweck betrachten, ist der, daß sie für uns als Mittel wertvoll ist. Es verhält sich mit Machtbesitz so wie mit Liebe und Arbeit: sie gewinnen einen inhärenten Wert daraus, daß sie als Mittel zum Erreichen von Zielen dienen, die um ihrer selbst willen geschätzt werden.

# Quellen- und Übersetzungsverzeichnis

1. Alternative Handlungsmöglichkeiten und moralische Verantwortung (»Alternate Possibilities and Moral Responsibility«), übersetzt von Veit Friemert.
   Zuerst erschienen in: The Journal of Philosophy 66 (1969), wiederabgedruckt in: Harry Frankfurt (1988), The Importance of What We Care About, New York: Cambridge University Press, 1–10.

2. Willensfreiheit und der Begriff der Person (»Freedom of the Will and the Concept of a Person«), übersetzt von Jens Kulenkampff, in: Peter Bieri (Hg.) (1981), Analytische Philosophie des Geistes, Frankfurt/M.: Athenäum, 287–302.
   Zuerst erschienen in: The Journal of Philosophy 68 (1971), wiederabgedruckt, in: Harry Frankfurt (1988), The Importance of What We Care About. New York: Cambridge University Press, 11–25.

3. Drei Konzepte freien Handelns (»Three Concepts of Free Action«), übersetzt von Veit Friemert.
   Zuerst erschienen in: Proceedings of the Aristotelian Society (1975) suppl., wiederabgedruckt in: Harry Frankfurt (1988), The Importance of What We Care About, New York: Cambridge University Press, 47–57.

4. Über die Bedeutsamkeit des Sich-Sorgens (»The Importance of What We Care About«), übersetzt von Veit Friemert.
   Zuerst erschienen in: Synthese 53 (1982), wiederabgedruckt in: Harry Frankfurt (1988), The Importance of What We Care About, New York: Cambridge University Press, 80–94.

5. Identifikation und ungeteilter Wille (»Identification and Wholeheartedness«), übersetzt von Veit Friemert.
   Zuerst erschienen in: Responsibility, Character, and the Emotions: New Essays in Moral Psychology, hg. v. F.D. Schoeman, New York: Cambridge University Press 1987, wiederabgedruckt in: Harry Frankfurt (1988): The Importance of What We Care About, New York: Cambridge University Press, 159–176.

6. Über die Nützlichkeit letzter Ziele (»On the Usefulness of Final Ends«), übersetzt von Veit Friemert.

   Zuerst erschienen in: Iyyun. The Jerusalem Philosophical Quarterly 41 (1992), wiederabgedruckt in: Harry Frankfurt (1999), Necessity, Volition, and Love, New York: Cambridge University Press, 82–94.

7. Die Notwendigkeit von Idealen (»On the Necessity of Ideals«), übersetzt von Wolfgang Edelstein, in: Moral und Person, hg. v. W. Edelstein/G. Nunner-Winkler/G. Noam. Frankfurt/M.: Suhrkamp, 107–118.

   Zuerst erschienen in: The Moral Self, hg. v. G.C. Noam/T. Wren, Cambridge/Mass.: MIT Press 1993, wiederabgedruckt in: Harry Frankfurt (1999), Necessity, Volition, and Love, New York: Cambridge University Press, 108–116.

8. Autonomie, Nötigung und Liebe (»Autonomy, Necessity, and Love«), übersetzt von Veit Friemert.

   Zuerst erschienen in: Vernunftbegriffe in der Moderne. Stuttgarter Hegel-Kongreß 1993, hg. v. H.F. Fulda/R.-P. Horstmann, Stuttgart: Klett-Cotta 1994, wiederabgedruckt in: Harry Frankfurt (1999): Necessity, Volition, and Love. New York: Cambridge University Press, 129–141.

9. Eine angebliche Asymmetrie zwischen Handlungen und Unterlassungen (»An Alleged Asymmetry between Actions and Omissions«), übersetzt von Veit Friemert.

   Zuerst erschienen in: Ethics 104 (1994), wiederabgedruckt in: Harry Frankfurt (1999), Necessity, Volition, and Love, New York: Cambridge University Press, 142–145.

10. Gleichheit und Respekt (»Equality and Respect«), übersetzt von Thomas Bonschab, in: Deutsche Zeitschrift für Philosophie 47 (1999), H.1, 3–11.

   Zuerst erschienen in: Social Research 64 (1997), wiederabgedruckt in: Harry Frankfurt (1999), Necessity, Volition, and Love, New York: Cambridge University Press, 146–154.

11. Vom Sorgen oder: Woran uns liegt (»On Caring«), übersetzt von Caroline Sommerfeld/Dieter Thomä, in: Analytische Philosophie der Liebe, hg. v. D. Thomä, Paderborn: Mentis 2001.

   Zunächst unpublizierte, 1997 an der Stanford University gehaltene Kant-Vorlesungen, abgedruckt in: Harry Frankfurt (1999), Necessity, Volition, and Love, New York: Cambridge University Press, 155–180.

# Personenregister

Die mit * versehenen Angaben verweisen auf die Fußnoten